자료구조와 알고리즘을 함께 Java!

퀴즈로 쏙쏙 이해하는 초보자를 위한 입문서

퀴즈로 쏙쏙 이해하는 초보자를 위한 입문서

자료구조와 알고리즘을 함께 Java!

손상우 지음

서문

빠르게 발전하는 정보통신 분야에서 개발에 필요한 부분 중 크게 변하지 않는 것이 있습니다. 데이터를 효율적으로 관리하고 활용하기 위한 자료구조와 알고리즘입니다. 시간이 흘러 더 좋은 자료구조와 알고리즘이 나올 수 있지만, 기초적인 부분을 이해하고 있다면 새로운 자료구조 또는 알고리즘이 나오더라도 어렵지 않게 이해할 수 있고 용도에 맞게 사용할 수 있습니다.

이 책을 집필하면서 프로그래밍의 기초인 만큼 어떻게 쉽게 독자들이 이해하도록 할 수 있을까? 싶었고, 고민한 끝에 구조와 동작 방식을 본문의 내용과 함께 단순한 이미지를 사용하여 학습하도록 집필하면 이해하기 더 쉽지 않을까? 생각하였습니다. 각 챕터의 개념 및 동작 방식의 이미지에 대해 많은 노력을 하였습니다. 그리고 본문에 서술한 자료구조들은 라이브러리를 사용하지 않은 순수 Java로 구현하였습니다.

자료구조와 알고리즘을 처음 입문하는 독자분들은 챕터를 차례대로 학습하여 본문을 실습할 수 있도록 예제 코드를 구성하였습니다. 예제 코드만으로 어떻게 동작하고 짜였는지 알 수 있겠지만 프로그램을 시각화한 이미지를 먼저 학습한다면 쉽게 이해하는 데 도움이 될 것으로 생각합니다.

실무에서 개발을 진행하면 다양한 상황에서 우리는 효율적인 자료구조와 알고리즘을 결정해야 하는 상황에 놓이게 됩니다. 기초적인 본문 내용으로 완벽하게 필요한 부분을 제공해 줄 수는 없지만, 개념 및 동작에 대해 알아야 한다면 필요한 내용을 찾아서 개발하시는 데 도움이 되었으면 합니다.

지식은 공유될 때 가치가 있는 것이라 생각합니다. 이 책으로 독자분들께 조금이나마 지식이 공유되었으면 합니다.

저자 소개

손상우

6년 차 웹 프로그래머로 (주)사이냅소프트에서 2016년부터 주로 네이버 오피스의 프론트와 백엔드 성능 개선 및 API를 개발하였다. 사내 클라우드 스토리지와 관리자 기능을 개발하고 현재는 비즈니스 플랫폼 백엔드 개발에 참여 중이다. 궁금하거나 사용해 보고 싶은 새로운 기술이 있으면 사이드 프로젝트를 통해 적용하는 과정에서 재미를 느끼고 기술에 대한 갈증을 해소하는 편이다.

개발 관련 지식을 기록하기 위해 https://rerewww.github.io/ 개발 블로그를 운영하고 있다.

베타 리더 리뷰

바야흐로 코딩 인터뷰의 시대입니다. 코딩 인터뷰를 통과하지 못하면 선망하는 IT기업에 취직할 수 없거나 승진할 수 없는 시기가 요즘이 아닐까 싶습니다. 하지만 자료구조와 알고리즘이 중요하다고 해서 무작정 아무 개념이나 공부하다 보면 모르는 내용이 두서나 맥락 없이 나타나거나, 소스 코드를 따라 열심히 실습해봤지만 연관된 내용을 놓쳤기 때문에 프로그램이 제대로 동작하지 못한 경험을 누구나 한두 번쯤 해봤을 것입니다. 이 책은 자바 언어로 자료구조와 알고리즘을 처음 공부하고자 하는 사람들을 위해 기본 개념을 처음부터 끝까지 유기적으로 설명하고 있습니다. 앞에서 만들어 놓은 자료구조를 뒤에서 활용하는 방식을 취하고 있으므로, 앞에서부터 천천히 읽어 나가다 보면 어느새 코딩 인터뷰에 필요한 자료구조와 알고리즘을 시나브로 학습한 자신을 발견할 것입니다. 특히 이 책은 자바 언어로 쓰였으므로 C언어의 높은 장벽에 막혀 고생한 학습자나 스프링 웹 개발자, 알고리즘과 자료구조를 공부하고 싶은데 새로운 언어를 배우는 것에 부담을 느끼는 초보자에게 추천합니다. 코딩 인터뷰를 여러 번 통과한 C/C++ 실력자라도 포인터나 메모리 할당 없이 힙을 구현하는 내용은 지적인 만족을 충분히 제공해줄 것입니다.

이동준

자바 문법을 익힌 후 자바로 자료구조, 알고리즘 공부를 시작하려는 분들에게 도움이 되는 책입니다. 자료구조와 알고리즘에 대한 개념이 이해하기 쉽게 그림으로 설명되어 있습니다. 또한 자바 코드로 작성되어 있어 직접 실습해봄으로써 쉽게 이해할 수 있도록 구성되어 있습니다.

김민상

자료구조와 알고리즘 학습에 필요한 중요한 내용들을 총망라한 책입니다. 클래스에 대한 간단한 개념만 있다면 Java가 아닌 다른 언어를 사용하시는 분들도 쉽게 자바를 배우면서 실습하실 수 있습니다. 특히 실습 코드에서 계속 어떤 부분이 추가되는지도 자세하게 설명하기 때문에 리뷰어로 활동하면서 오류가 났던 경험이 없었을 정도로 쉬웠습니다. 왜 연결리스트라는 자료구조를 써야 하는지, 트리라는 자료구조가 왜 필요한지 잘 몰랐다면 이 책으로 개념을 보다 빠르고 정확하게 학습할 수 있을 것입니다. 실습이 어렵다면 이해하는 것도 어려워 학습의 효율성이 떨어지지만, 이 책을 통해 간단하고 쉽게 따라 할 수 있어 마치 앞에 존재하는 벽을 넘어서는 방법을 쉽게 가르쳐주는 책이라고 말씀드릴 수 있겠습니다.

공민제

자료구조와 알고리즘을 처음 공부하는 자바 학습자들을 배려하는 듯한, 자세한 개념 설명과 풍부한 예제 코드가 특징인 책입니다. 또한 이러이러한 경우라면 어째서 오류나 예외가 발생하는지도 꼼꼼히 설명되어 있어 학습자의 오개념을 바로잡아주면서도 궁금증을 속 시원하게 풀어주는 점이 무척 좋았습니다.

윤모린

목차

서문 iv
저자 소개 vi
베타 리더 리뷰 vii

CHAPTER 01 자료구조와 알고리즘   1

1.1 자료구조는 무엇일까요? 2
1.2 우리가 자료구조를 배우는 이유 3
1.3 알고리즘은 무엇일까요? 4
1.4 연습문제 7

CHAPTER 02 배열   9

2.1 배열이란? 10
2.2 배열의 선언 11
2.3 배열의 생성과 초기화 12
2.4 배열의 반복문 16
2.5 배열의 복사 26
2.6 다차원 배열 33
2.7 연습문제 40

CHAPTER 03　연결 리스트　43

3.1 연결 리스트란? 44
3.2 특징 45
3.3 종류 48
3.4 단일 연결 리스트 구현하기 50
3.5 이중 연결 리스트 구현하기 60
3.6 원형 단일 연결 리스트 구현하기 71
3.7 연습문제 81

CHAPTER 04　재귀(Recursive)　83

4.1 재귀란? 84
4.2 팩토리얼(Factorial) 89
4.3 피보나치 수열(Fibonacci numbers) 91
4.4 하노이의 탑(Tower of hanoi) 95
4.5 연습문제 107

CHAPTER 05　선형 구조　109

5.1 스택(Stack) 110
5.2 큐 (Queue) 122
5.3 원형 큐(Circular Queue) 135
5.4 데크(Deque) 141

CHAPTER 06 비선형 구조 — 149

6.1 트리(Tree) — 150
6.2 힙 트리(heap tree) — 202

CHAPTER 07 버블 정렬(Bubble Sort) — 233

7.1 동작 방식 — 234
7.2 버블 정렬 구현하기 — 237
7.3 연습문제 — 239

CHAPTER 08 선택 정렬(Selection Sort) — 241

8.1 동작 방식 — 242
8.2 선택 정렬 구현하기 — 245
8.3 연습문제 — 246

CHAPTER 09 삽입 정렬(Insertion Sort) — 247

9.1 동작 방식 — 248
9.2 삽입 정렬 구현하기 — 251
9.3 연습문제 — 253

CHAPTER 10 셸 정렬(Shell Sort) — 255

10.1 동작 방식 — 257
10.2 셸 정렬 구현하기 — 260
10.3 연습문제 — 263

CHAPTER 11 병합 정렬(Merge Sort) — 265

11.1 동작 방식 — 267
11.2 병합 정렬 구현하기 — 268
11.3 연습문제 — 274

CHAPTER 12 퀵 정렬(Quick Sort) — 275

12.1 동작 방식 — 277
12.2 퀵 정렬 구현하기 — 283
12.3 연습문제 — 288

CHAPTER 13 Collections Framework — 289

13.1 Collections Framework란 — 290
13.2 List — 290
13.3 Map — 308
13.4 Set — 316

찾아보기 — 326

CHAPTER

01

자료구조와 알고리즘

CHAPTER 01 _ 자료구조와 알고리즘

> 1.1 자료구조는 무엇일까요?

컴퓨터 프로그램을 개발할 때, 특정한 문제 및 목표를 해결하기 위해 여러 요소를 모아서 조직화된 데이터를 이루는 것을 의미합니다. 효율적으로 데이터들을 저장하고 데이터 간의 관계를 정의할 수 있으며, 각 데이터의 접근과 수정 및 삭제 등 관리에 용이합니다. 모든 개발 상황에 맞는 최적화된 자료구조는 존재하지 않지만, 현재 상황에 놓인 문제에 맞는 자료구조를 선택함으로써 효율적이고 연산 시 최적의 결과를 산출할 수 있습니다.

자료구조의 종류는 두 가지입니다. 선형 구조와 비선형 구조로 나눌 수 있습니다.

- **선형 구조**
  데이터를 일렬로 나열한 형태입니다.
  인접한 요소들 간에 하나의 요소만 존재합니다.

- **비선형 구조**
  데이터를 계층 구조화한 형태입니다.
  인접한 요소들 간에 다수의 요소들이 존재합니다.

1.2 우리가 자료구조를 배우는 이유

설명하기 앞서 한 가지 예를 들어봅시다. 아침에 출근을 위해 지하철역에 도착했는데 여러 사람이 여기저기 흩어져서 지하철을 기다리고 있습니다. 지하철이 들어오는 방송이 울리고 대기 중이던 사람들이 일제히 출입문을 향합니다. 지하철이 도착하고 출입문이 열릴 때 누가 먼저 들어가는 것이 맞을까요? 일반적으로 생각한다면 먼저 기다리고 있던 사람이 먼저 들어가는 것이 맞습니다. 그러나 지하철을 기다리는 동안 아무도 줄을 서지 않아서 순서를 알 수 없는 경우에는 플랫폼은 아수라장이 됩니다.

다른 예로, 가나다 순으로 진열이 되지 않거나 장르별 또는 주제별로 도서를 분류하지 않은 서점에 갔을 때 필요한 책을 구하기는 쉽지 않을 것입니다.

우리가 위와 같은 상황을 프로그래밍적으로 해결한다고 생각해 봅시다. 만약 자료구조를 배우지 않거나 중요하게 생각하지 않는 개발자가 극단적으로 기다리는 사람 수만큼 변수를 생성하여 해결한다고 했을 때, 사람이 1,000명이면 1,000개의 변수를 관리해야 하며 코드 라인도 1,000줄이라는 어마어마한 코드가 삽입됩니다.

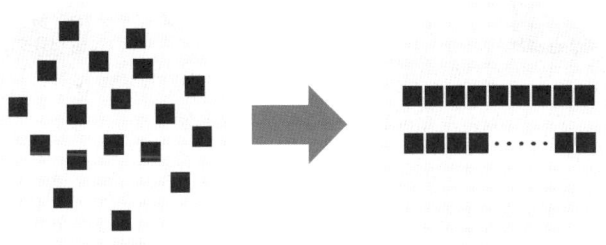

그림 1-1 여러 요소들을 조직화한 데이터로 재구성

자료구조를 배운 개발자는 여러 요소(지하철을 기다리는 사람 또는 은행 업무를 기다리는 사람)를 조직화할 수 있는 어떠한 자료구조에 요소들을 저장하고 필요에 따라서 하나씩 꺼내어 사용할 수 있습니다. 이전과 비교할 수 없을 만큼 코드 양이 줄어들 것이고 효율적으로 데이터를 관리할 수 있습니다. 위 그림과 같이 흩어진 요소들을 하나의 조직화된 구조로 구성하여 사용할 수 있다면 우리는 최선의 방법으로 데이터 관리 및 저장을 위해 자료구조를 배우고 사용할 필요가 있습니다.

1.3 알고리즘은 무엇일까요?

우리는 알고리즘을 배우지 않아도 일상 생활에서 자주 알고리즘적 생각을 하고 행동하게 됩니다. 점심에 라면을 먹는다고 가정해 봅시다. 먼저 냄비를 준비하고 물을 담아서 가스레인지에 물을 끓여 면과 소스를 넣어 직접 라면을 끓여먹는 방법이 있고, 음식점에 주문을 해서 배달 앱을 통해 라면 가게를 선택한 후 메뉴를 고르고 결제를 하여 도착한 라면을 먹는 방법이 있습니다. 다른 예로, 등교 또는 출근을 하기 위한 준비도 알고리즘을 사용합니다. 세안을 하고 옷을 입고 도보나 대중교통을 이용하여 목적지에 도착하는 방법에 이르기까지 우리는 이미 여러 방면에서 알고리즘을 사용합니다. 다시 정리하면 알고리즘은 다음과 같습니다.

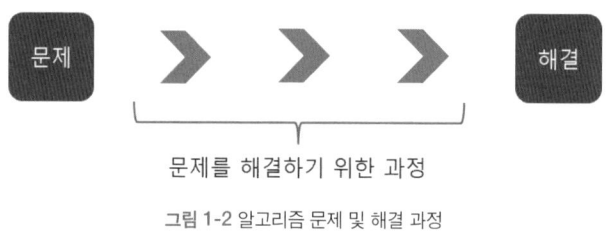

그림 1-2 알고리즘 문제 및 해결 과정

알고리즘은 주어진 문제를 해결하기 위한 일련의 과정 및 논리적인 절차입니다.

컴퓨터 프로그래밍에서 알고리즘은 주어진 입력값으로 어떠한 단계를 통해 원하는 결괏값을 출력하는 과정입니다.

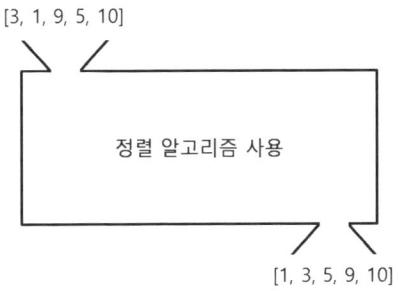

그림 1-3 오름차순 정렬의 입력값과 출력값

우리는 컴퓨터 프로그래밍으로 구현된 알고리즘을 이미 사용하고 있습니다. 유튜브의 추천 동영상이 나열되거나, SNS의 친구찾기, 최근 통화 및 문자 목록 등 다양한 방면에서 다양한 알고리즘이 사용되고 있습니다. 알고리즘과 자료구조는 함께 사용되지만, 자료구조를 사용하지 않고 알고리즘을 구현하면 어떤 상황이 일어나는지 알아봅시다.

[3, 1, 9, 5, 10] 나열된 서로 다른 숫자들이 있습니다. 가장 큰 값 또는 가장 작은 값을 찾거나 오름차순 또는 내림차순으로 정렬을 하기 위한 여러 방법들이 존재합니다. 우리는 아직 배열을 배우지 않았기 때문에 자료구조를 사용하지 않고 5개의 데이터를 각각의 변수로 할당하여 문제를 해결해 봅시다. 위 리스트 중에서 가장 작은 값을 찾기 위한 간단한 방법으로 각각의 데이터를 서로 비교하여 가장 작은 값을 찾으면 됩니다.

basic/Main.java
```java
package basic;

public class Main {
    public static void main(String[] args) {
        int data1 = 3;
        int data2 = 1;
        int data3 = 9;
        int data4 = 5;
        int data5 = 10;

        int min = data1;
        if (data2 < min) {
```

```
            min = data2;
        }

        if (data3 < min) {
            min = data3;
        }

        if (data4 < min) {
            min = data4;
        }

        if (data5 < min) {
            min = data5;
        }

        System.out.println("최솟값: " + min);
    }
}
```

▶ 실행결과

최솟값: 1

[3, 1, 9, 5, 10]의 데이터를 data1, data2, data3, data4, data5의 변수에 각각 할당합니다. 다음 최솟값을 담을 min 변수를 선언하고 data1의 값으로 할당해 줍니다. 조건문을 통해 각각의 데이터들을 모두 비교하여 min보다 작을 경우 min 변수에 재할당해 주어 다시 조건문을 진행합니다. 모든 조건문을 마친 min 변수에는 최솟값이 존재합니다. 최솟값을 구할 데이터가 5개가 아닌 10개, 100개, 1000개, …, n개일 경우에는 어떻게 될까요?

```
int data1 = 3;
int data2 = 1;
int data3 = 9;



int data1000 = 1024;
```

```
int min = data3;
if (data2 < min) {
    min = data2;
}

if (data3 < min) {
    min = data3;
}

if (data4 < min) {
    min = data4;
}

...

if (data1000 < min) {
    min = data1000;
}
```

위와 같은 방법으로 구현할 수 있겠지만 코드량은 최솟값을 구할 데이터의 개수와 중복 코드에 따라서 많아지며 가독성이 좋지 않은 코드가 생성됩니다. 효율적인 알고리즘을 구현하기 위해서 함께 사용되는 것이 자료구조이며, 다음 챕터부터 자료구조와 자주 사용되는 알고리즘을 함께 배워봅시다.

> 1.4 연습문제

문제 01_1

네 개의 값 중에서 최솟값을 구하는 메서드를 작성해 보세요.

```
public class Practice01_1 {
    public static void main(String[] args) {
        int min = minValue(5, 9, 2, 13); // 다른 값을 넣어도 됩니다.
```

```
        System.out.println("최솟값: " + min);
    }

    private static int minValue(int data1, int data2, int data3, int data4) {

        // 코드를 작성해 보세요.
    }
}
```

문제 **01_2**

중복을 포함한 다섯 개의 값 중에서 최댓값을 구하는 메서드를 작성해 보세요.

```
public class Practice01_2 {
    public static void main(String[] args) {
        int min = maxValue(20, 31, 15, 31, 7); // 다른 값을 넣어도 됩니다.
        System.out.println("최댓값: " + min);
    }

    private static int maxValue(int data1, int data2, int data3, int data4, int data5) {

        // 코드를 작성해 보세요.
    }
}
```

CHAPTER 02

배열

CHAPTER 02 __ 배열

> 2.1 배열이란?

데이터 타입이 같은 여러 개의 변수를 한데 모아서 묶어 놓은 것을 배열이라고 합니다. 많은 양의 데이터를 저장하기 위해서 각각의 데이터들을 변수로 생성하여 사용할 수도 있습니다. 만약 1,000개의 같은 데이터 타입을 생성한다고 했을 때, 변수 이름이 중복되지 않도록 서로 다른 이름을 가진 1,000개의 변수를 생성하면 많은 변수로 인해 코드 가독성이 떨어지고 데이터 관리에도 어려움을 느낄 수 있습니다.

배열을 사용하지 않는 코드를 작성할 때에 아래와 같은 일이 생길 수 있습니다.

```
// 변수의 선언 및 초기화 방식은 다름
int num1 = 1;
int num2 = 2;
int num3 = 3;
    ...
int num999 = 999;
int num1000 = 1000;

// 또는
int num1 = 1, num2 = 2, num3 = 3 ... num999 = 999, num1000 = 1000;
```

사용되는 변수가 많으면 많을수록 더 읽기 힘든 코드가 될 수밖에 없습니다. 이러한 상황에서 배열을 사용하면 아래와 같이 이해하기 쉽고 코드도 간결해집니다. 개수에 상관

없이 한 번에 많은 데이터를 저장하고 사용할 수 있습니다.

```
int[] arr = new int[1000]; // 1,000개의 int 타입을 저장하는 배열을 생성한다.
```

자료구조와 알고리즘에서 자주 사용되는 데이터 형태인 배열을 반드시 알아 두어야 이후에 나오는 자료구조 종류인 스택, 큐, 트리 등과 알고리즘의 개념을 익히고 구현하는데 어려움이 없습니다. 일반적인 변수와 다른 둘 이상의 데이터를 모아 놓은 배열을 알아봅시다.

> 2.2 배열의 선언

배열을 이루는 요소는 세 가지로 구분할 수 있습니다.

```
int[] arr = new int[3]; // 기본 자료형
String[] strings = new String[3]; // 참조 자료형
```

1. 배열을 구성하는 자료형
2. 배열의 이름
3. 배열의 길이

기본 자료형(Primitive type)과 참조 자료형(Reference type) 모두 배열을 구성할 수 있으며, 배열의 이름은 변수와 동일하게 이름을 지으면 됩니다. 아래와 같이 Java의 배열 선언은 자료형 뒤에 '[ ]'(대괄호는 배열을 의미)를 붙이거나 변수명 뒤에 '[ ]'를 붙이는 두 가지 경우가 있습니다. 배열의 길이는 '[ ]' 안에 음의 정수(음수)를 제외한 나머지 양의 정수(양수)와, 0을 사용하며 선언된 길이만큼 메모리 공간이 생성됩니다.

```
int[] arr = new int[-1] // Exception in thread "main" java.lang.
NegativeArraySizeException
```

배열 길이를 음수로 선언하면 어떻게 될까요? 배열도 객체이기 때문에 배열이 생성되는 런타임 시점에서 배열의 길이가 음수인 것을 확인하여 예외가 발생합니다. 이것을 통틀어 'Exception'이라 지칭합니다. 위와 같이 음수로 선언된 배열의 크기를 생성할 때, Java에서는 'NegativeArraySizeException'이 발생합니다.

배열의 필수 요소들을 살펴보았습니다. 다음은 배열의 선언방법에 대해서 알아봅시다.

```
int[] arr; // (1) 자료형[] 변수명
int arr[]; // (2) 자료형 변수명[]
```

(1)과 (2) 방법 중 이 책에서는 (1)방법의 배열 선언을 사용합니다. (2)보다 (1)의 코드를 보았을 때, 왼쪽부터 읽으면서 int형의 '[]' 배열임을 더 명확히 알 수 있습니다. (2)의 방법을 사용하는 사람도 있을 수 있으며, 개인마다 이해하거나 보는 시각이 다를 수 있으므로 참고합시다.

> 2.3 배열의 생성과 초기화

배열은 같은 자료형을 메모리 상에 연속적으로 나열한 형태입니다. 배열의 변수는 참조형 변수이며, 일반적인 변수와는 다른 성격을 가집니다. 기본형 변수를 예로 들면 int num;의 변수를 선언하면 num이라는 메모리 공간이 할당되고 값을 초기화할 때 메모리 공간에 값이 저장됩니다.

배열의 변수도 같은 동작일까요? int[] arr;의 배열을 선언하면 arr이라는 메모리 공간이 할당되는데 이는 어떠한 메모리 주소 값을 가지는 형태가 됩니다. 그림 2-1을 참고해 봅시다.

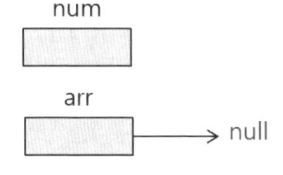

그림 2-1 메모리 공간을 할당받은 arr배열

참조형 변수는 초기화 없이 선언한 상태에서는 null값을 가집니다. 그림과 같이 arr은 null을 참조하고 있습니다. 이제 배열을 생성해 봅시다. 배열을 생성할 때는 객체를 생성하는 방식인 new 키워드와 배열에 담을 자료형과 배열의 길이를 작성하면 됩니다.

```
int arr = new int[3];
```

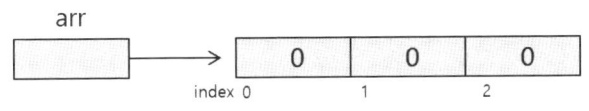

그림 2-2 int 타입 배열의 초기화 모습

new 키워드로 인해 int 타입의 배열 크기가 3인 공간이 생성됩니다. 배열도 객체이므로 내부적으로 멤버변수와 메서드를 가지며 위 그림과 같이 index가 부여된 것을 볼 수 있습니다.

배열의 시작은 index 0부터 시작합니다. 배열은 index 기반으로 동작하는데 각각의 배열 요소 메모리 주소에 바로 접근할 수 있는 값이 index입니다. 그래서 데이터 검색을 할 때, 배열을 사용하면 여러 번 찾을 필요 없이 index로 특정 요소에 바로 접근할 수 있는 강점이 있습니다.

초기화가 되지 않는 상태에서 배열 요소는 자료형에 따라 기본값(default value)이 저장됩니다. 참조 타입 변수의 기본값은 모두 null이며 나머지 기본 타입의 변수는 위 표와 같이 기본값을 가집니다.

표 2-1 자료형의 기본 값

자료형	기본값
참조 타입	null
byte	0
short	0

자료형	기본값
int	0
float	0.0f
long	0L
double	0.0
char	'\u0000'
boolean	false

크기가 1인 모든 자료형의 배열을 생성하고 인덱스로 배열 요소를 가져와서 초깃값을 확인해봅시다. char 배열의 초깃값은 출력할 수 없어서 제외시켰습니다.

```
array/chapter3_inits.java
```

```java
package array;

public class chapter3_inits {
    public static void main(String[] args) {
        final int ARRAY_LENGTH = 1;
        String[] strings = new String[ARRAY_LENGTH]; // 참조 타입
        byte[] bytes = new byte[ARRAY_LENGTH];
        short[] shorts = new short[ARRAY_LENGTH];
        int[] ints = new int[ARRAY_LENGTH];
        float[] floats = new float[ARRAY_LENGTH];
        long[] longs = new long[ARRAY_LENGTH];
        double[] doubles = new double[ARRAY_LENGTH];
        boolean[] booleen = new boolean[ARRAY_LENGTH];

        System.out.println("참조 타입의 초깃값: " + strings[0]);
        System.out.println("byte 타입의 초깃값: " + bytes[0]);
        System.out.println("shorts 타입의 초깃값: " + shorts[0]);
        System.out.println("ints 타입의 초깃값: " + ints[0]);
        System.out.println("floats 타입의 초깃값: " + floats[0]);
        System.out.println("longs 타입의 초깃값: " + longs[0]);
        System.out.println("doubles 타입의 초깃값: " + doubles[0]);
        System.out.println("boolean 타입의 초깃값: " + booleen[0]);
```

        }
}
```

▶ 실행결과

```
참조 타입의 초깃값: null
byte 타입의 초깃값: 0
shorts 타입의 초깃값: 0
int 타입의 초깃값: 0
float 타입의 초깃값: 0.0
long 타입의 초깃값: 0
double 타입의 초깃값: 0.0
boolean 타입의 초깃값: false
```

배열을 초기화하는 방법은 세 가지가 존재합니다.

array/chapter3_init.java

```java
package array;
import java.util.Arrays;

public class chapter3_init {            // 1) 선언과 동시에 0으로 초기화
    public static void main(String[] args) {
        int[] arr1 = new int[1];
        int[] arr2 = new int[]{1, 2, 3}; // 2) 배열 생성 시, 크기를 지정하지 않고
                                         //    저장할 요소만 명시한다.
        int[] arr3 = {1, 2, 3, 4, 5};    // 3) 저장할 요소만 명시하는 방법

        System.out.println("arr1: " + Arrays.toString(arr1) + ", length: " +
        arr1.length);
        System.out.println("arr2: " + Arrays.toString(arr2) + ", length: " +
        arr2.length);
        System.out.println("arr3: " + Arrays.toString(arr3) + ", length: " +
        arr3.length);
    }
}
```
```

▶ 실행결과

```
arr1: [0], length: 1
arr2: [1, 2, 3], length: 3
arr3: [1, 2, 3, 4, 5], length: 5
```

위 코드를 살펴보면 위에서부터 차례대로 배열의 크기가 1, 3, 5 순으로 생성된 것을 알 수 있습니다. (1)의 방법은 배열 선언과 동시에 기본값으로 초기화됩니다. (2)의 방법은 배열의 크기를 작성하지 않고 저장할 데이터를 '{ }' 안에 작성합니다. 배열이 생성될 때 '{ }' 안의 요소 개수만큼 배열의 크기가 생성됩니다. (3)의 방법은 객체를 생성하는 new 키워드와 자료형을 작성하지 않고 저장할 데이터만 작성하는 방법입니다. (2)와 동일하게 배열이 생성될 때 요소 개수만큼 배열의 크기가 생성됩니다.

배열의 요소들을 출력할 때, Arrays 클래스를 사용했습니다. JDK 1.2부터 제공하는 배열 관련 클래스로 여러 가지 메서드를 제공하는데 그중 하나인 배열의 요소들을 모두 출력할 때, 자주 사용되는 toString() 메서드는 배열의 요소들을 문자열로 조합하여 반환해줍니다.

우리가 생성한 배열도 객체이므로 여러 멤버변수 및 메서드를 가지는데 멤버변수 중 하나인 배열의 크기를 저장하고 있는 length가 있습니다. 개발자가 일일이 특정 연산에서 배열의 크기가 필요할 때 직접 배열의 크기를 명시적으로 작성할 수 있지만 length 멤버변수를 사용하면 코드를 읽는 시각에서 더 직관적입니다.

> 2.4 배열의 반복문

반복문은 프로그래밍 기초를 접할 때, 필수로 배워야 하는 개념입니다. 배열을 다루는 데 반복문은 꼬리표처럼 따라다니는 만큼 배열과 반복문은 떼어낼 수 없는 관계입니다. 반복문의 종류는 for, while, do-while이 있으며 각각의 사용법은 다릅니다. 대체로 for 문을 자주 사용하며 while 문을 사용할 때는 꼭 조건문이 항상 참(true)이 되지 않도록 증감식을 작성해주는 것을 잊지 말아야 합니다.

배열의 각 요소들을 읽어오거나 값을 저장하기 위해서 index가 필요합니다. 이는 배열이 생성될 때 요소마다 일련번호가 주어지고, 0부터 시작하여 배열의 크기 - 1까지 1씩 증가하는 연속적인 값입니다. 크기가 10인 배열을 생성하면 index의 범위는 0, 1, 2, 3, 4, 5, 6, 7, 8, 9 까지가 됩니다. 배열의 첫 index는 0부터 시작한다는 걸 잊지 맙시다.

```
String[] strings = new String[3];
System.out.println(strings[0]); // 정상
System.out.println(strings[-1]); // ArrayIndexOutOfBoundsException 발생!
System.out.println(strings[3]); // ArrayIndexOutOfBoundsException 발생!
```

String 타입의 크기가 3인 배열을 생성했습니다. index는 0부터 시작하므로 index의 범위는 0에서 2까지가 됩니다. 만약 배열의 크기를 벗어난 index로 요소에 접근하면 'ArrayIndexOutOfBoundsException' 예외가 발생합니다. 이처럼 우리는 index가 음수이거나 배열의 크기를 벗어나면 런타임(실행시점)에 예외가 발생하는 것을 알 수 있습니다.

array/chapter3_loop.java
```java
package array;

public class chapter3_loop {
    public static void main(String[] args) {
        int[] students = {1, 2, 3, 4, 5, 6, 7, 8, 9, 10};
        for (int i = 0; i < students.length; i++) {
            System.out.println("학생 번호: " + students[i]);
        }
    }
}
```

▶ 실행결과

학생 번호: 1
학생 번호: 2

학생 번호: 3
학생 번호: 4
학생 번호: 5
학생 번호: 6
학생 번호: 7
학생 번호: 8
학생 번호: 9
학생 번호: 10

학생 수 10명인 어느 반에 학생 번호가 오름차순으로 정렬된 출석부가 있습니다. 수업을 시작하기 전에 출석 확인을 위해 처음부터 끝까지 학생 명단을 부릅니다. 처음부터 끝까지 부르는 것을 반복문을 이용하여 코드를 구현할 수 있습니다. for 문의 조건식을 살펴보면 정수가 아닌 배열의 멤버변수 length를 사용하고 있다는 걸 알아둡시다. i = 0부터 시작하여 index로 배열의 각 요소들을 읽어 값을 출력합니다.

JDK1.5부터 제공하는 foreach(향상된 for 문)를 사용하면 더욱 직관적이며 오류 가능성이 줄어듭니다. 일반적인 for 문은 초기, 조건, 증감식의 첨자 변수를 사용함으로써 의도치 않은 오류가 종종 발생할 수 있습니다. 조건을 잘못 지정하거나 엉뚱한 초기, 증감식을 사용하는 등 여러 가지 오류 가능성이 있습니다.

foreach는 첨자 변수 대신 배열의 요소를 저장할 변수를 선언해주고 ':(콜론)'과 함께 순회할 배열의 참조 변수를 선언(여기서 선언은 사용한다는 의미)합니다. 초기 및 조건, 증감식을 사용하지 않는 foreach는 오류 가능성을 줄여주고 반복문 로직에 좀 더 집중할 수 있습니다.

array/chapter3_loop_foreach.java

```java
package array;

public class chapter3_loop_foreach {
    public static void main(String[] args) {
        int[] students = {1, 2, 3, 4, 5, 6, 7, 8, 9, 10};
        for (int studentNumber : students) {
```

```
            System.out.println("학생 번호: " + studentNumber);
        }
    }
}
```

▶ 실행결과

학생 번호: 1
학생 번호: 2
학생 번호: 3
학생 번호: 4
학생 번호: 5
학생 번호: 6
학생 번호: 7
학생 번호: 8
학생 번호: 9
학생 번호: 10

foreach를 사용하여 이전에 봤던 출석 명단을 부르는 코드에서 for 문을 foreach 문으로 바꾸었습니다. ':(콜론)'으로 구분하며 왼쪽에 배열의 요소를 담을 변수를 선언하고 오른쪽에 순회할 배열의 참조 변수를 선언합니다. foreach는 배열의 크기만큼 반복하면서 0번째 index부터 마지막 9번째 index까지 우리가 선언한 studentNumber 변수에 요소를 저장하고 출력합니다. 배열의 요소를 저장하기 위해선 데이터 타입이 동일해야 합니다.

foreach는 for 문보다 개선된 형태이지만 foreach를 사용할 수 없는 경우도 있습니다. 배열의 연산으로 특정 위치에 값을 삽입, 삭제하거나 값을 읽어오는 경우입니다. for 문처럼 index를 사용하지 않기 때문에 index 기반으로 연산을 수행해야 한다면 for 문을 사용해야 합니다.

학생 출석부가 오름차순으로 정렬된 상태에서 내림차순으로 된 새 출석부를 만들어봅시다. 우리는 아직 정렬을 배우지 않았기 때문에 이미 정렬이 된 배열을 사용한다고 가정합니다.

```
array/chapter3_loop_2.java
```
```java
package array;
import java.util.Arrays;

public class chapter3_loop_2 {
    public static void main(String[] args) {
        int[] students = {1, 2, 3, 4, 5, 6, 7, 8, 9, 10};
        System.out.println("변경 전: " + Arrays.toString(students));

        int[] students2 = new int[students.length];
        for (int i = 0; i < students.length; i++) {
            students2[(students.length - 1) - i] = students[i];
        }
        System.out.println("변경 후: " + Arrays.toString(students2));
    }
}
```

▶ 실행결과

```
변경 전: [1, 2, 3, 4, 5, 6, 7, 8, 9, 10]
변경 후: [10, 9, 8, 7, 6, 5, 4, 3, 2, 1]
```

오름차순을 내림차순으로 바꾸는 것은 배열을 역순으로 만들면 됩니다. 역순으로 만들기 전 원본 배열을 출력합니다. 다음 새 출석부를 생성할 students2라는 참조 변수를 생성하는데, 배열의 크기는 students와 동일하므로 students.length를 이용합니다.

```java
for (int i = 0; i < students.length; i++) {
    students2[(students.length - 1) - i] = students[i]; // (students.length - 1)
        마지막 index에 값을 넣기 위해 필요한 연산
}
```

students2 배열의 크기는 이미 정해져 있습니다. 우리는 하나씩 큰 값부터 작은 값순으로 값을 저장해 주면 됩니다. for 문을 살펴보면 students 배열의 크기만큼 반복하면서 (students.length - 1) - i = students[i] 연산을 수행하고 있습니다.

그림 2-3과 같이 students의 첫 번째 요소를 students2의 마지막 index부터 하나씩 감소시키며 값을 저장합니다.

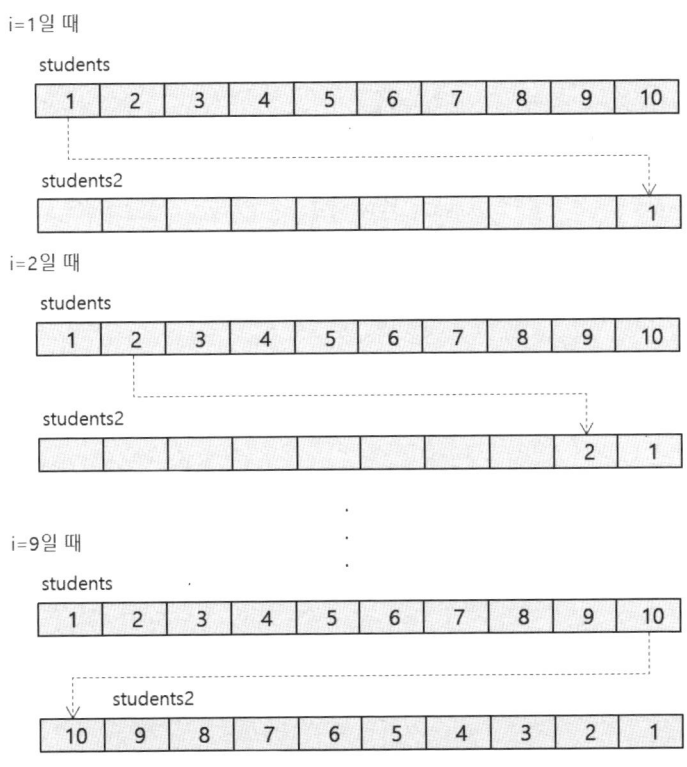

그림 2-3 배열의 역순 과정

다음으로 100개의 랜덤한 값을 저장한 배열에서 최솟값과 최댓값을 구하는 코드를 구현해봅시다. 100개의 데이터를 일일이 입력하는 것은 비효율적이기 때문에 난수 생성을 지원하는 Random 클래스를 사용합니다. 오름차순으로 정렬이 된 상태라면 처음과 마지막 값만 가져오면 쉽게 해결되지만 우리는 아직 정렬을 배우지 않았으므로 모두 순회를 해야 합니다.

```
array/chapter3_loop_3.java
```
```java
package array;
import java.util.Random;

public class chapter3_loop_3 {
    public static void main(String[] args) {
        Random random = new Random();
        final int ARRAY_LENGTH = 100;

        int[] arr = new int[ARRAY_LENGTH];
        for (int i = 0; i < ARRAY_LENGTH; i++) {
            arr[i] = random.nextInt(100);
        }

        int min = 0;
        int max = 0;

        for (int k : arr) {
            if (min > k) {
                min = k;
            } else if (max < k) {
                max = k;
            }
        }

        System.out.println("최솟값: " + min);
        System.out.println("최댓값: " + max);
    }
}
```

▶ 실행결과

최솟값: 0
최댓값: 99

random.nextInt(100);에서 메서드 호출에 사용되는 인수(argument)를 보면 100이라는 정수 값을 넘겨주고 있습니다. 인자(parameter)를 받는 nextInt는 0부터 받은 인자

(parameter) - 1까지 난수를 반환한다는 의미이며, 위 코드에서는 0부터 99까지의 난수를 반환한다는 의미입니다. nextInt() 메서드에서 인수를 넘겨주지 않는다면 int 32bit 범위만큼의 난수를 반환합니다.

최솟값과 최댓값을 저장할 두 개의 변수 int min = 0;, int max = 0을 선언과 동시에 0으로 초기화해 주었습니다. 값을 구하기 위해 배열의 요소들에 모두 접근하므로 for 문이 아닌 foreach 문을 사용했습니다.

```
if (min > i) {
    min = i;
} else if (max < i) {
    max = i;
}
```

k변수는 각각의 배열 요소들이 저장되는 변수입니다. 최솟값을 구하기 위해 if 문의 min > k에서 min의 값이 k보다 클 경우 현재 k값이 작은 수이므로 min 변수에 저장합니다. else if 문의 max < k에서 k가 max보다 큰 값이면 max 변수에 값을 저장합니다. 이렇게 배열의 크기만큼 반복하면 최종적으로 min 변수에는 최솟값이 저장되고 max 변수에는 최댓값이 저장됩니다.

N번만큼 반복하며 소수만 배열에 저장하는 프로그램을 구현해봅시다. 이전에 사용했던 난수 생성을 지원하는 Random 클래스를 사용합니다. 소수는 1 또는 자기 자신으로만 나누어지는 값이므로 생성된 난수를 2부터 자기 자신 - 1까지 나누어 한 번이라도 0으로 떨어진다면 소수가 아닙니다.

array/chapter3_loop_4.java
```
package array;
import java.util.Random;

public class chapter3_loop_4 {
    public static void main(String[] args) {
```

```java
        Random random = new Random();
        final int ARRAY_LENGTH = 10;

        int[] arr = new int[ARRAY_LENGTH];
        for (int i = 0; i < ARRAY_LENGTH; i++) { // 배열의 크기만큼 돈다.
            boolean isPrimeNumber = true;
            int randomValue = random.nextInt(ARRAY_LENGTH); // 난수 생성

            if (randomValue == 1) {
                continue;
            }
            if (randomValue == 2) {
                arr[i] = randomValue;
                continue;
            }

            for (int j = 2; j < randomValue; j++) {
                if (randomValue % j == 0) {
                    isPrimeNumber = false;
                    break;
                }
            }

            if (isPrimeNumber) {
                arr[i] = randomValue;
            }
        }

        System.out.println("[배열에 저장된 소수]");
        for (int k : arr) {
            if (k > 0) {
                System.out.println(k);
            }
        }
    }
}
```

▶ 실행결과

난수를 사용하기 때문에 실행결과는 매번 달라질 수 있으므로 '2, 3, 5, 7'과 같은 값만 포함되어야 합니다.

우리는 10번만큼 반복하는 프로그램을 구현해 보려 합니다. ARRAY_LENGTH = 10 배열의 크기를 담은 변수를 생성했습니다. 소수를 배열에 담아야 하므로 arr이라는 참조 변수를 선언과 동시에 초기화를 해 주었습니다. 배열의 크기만큼 반복을 시작하는데, 난수를 사용하기 위해 Random 클래스에서 제공하는 nextInt(ARRAY_LENGTH)를 사용하고 난수를 담을 수 있는 randomValue 변수를 생성합니다. nextInt의 인수(argument)는 ARRAY_LENGTH를 넘겨주었는데 0부터 9까지의 난수를 반환하라는 의미입니다.

```
if (randomValue == 1) {
    continue;
}
if (randomValue == 2) {
    arr[i] = randomValue;
    continue;
}
```

소수를 구하기 위해선 2부터 해당 값을 나누어야 하는데 만약 1 또는 2의 난수가 반환된 경우 굳이 소수를 확인하는 로직을 사용할 필요는 없으므로 배열에 저장한 뒤 continue로 아래 로직을 수행하지 않고 다음을 수행하도록 합니다.

```
for (int j = 2; j < randomValue; j++) {
    if (randomValue % j == 0) {
        isPrimeNumber = false;
        break;
    }
}
```

3 이상의 난수가 반환되면 소수를 확인하기 위해 중첩된 for 문인 위의 로직을 수행합

니다. j는 2부터 시작하여 randomValue보다 작을 때까지 계속 나누는데 한 번이라도 나눈 값이 0이 된다면 isPrimeNumber = false로 초기화를 해 주고 break문을 통해 빠져나옵니다.

isPrimeNumber 변수는 무분별한 반복을 피하기 위해 사용한 플래그입니다. 만약 10000의 난수가 생성되었다고 했을 때, isPrimeNumber를 사용하지 않는다면 이미 j = 2에서 소수가 아닌 것으로 판단이 되어도 j < randomValue의 조건을 만족할 때까지 의미없는 반복이 이루어집니다. 이는 비효율적인 코드가 될 수 있습니다.

```
if (isPrimeNumber) {
    arr[i] = randomValue;
}
```

소수를 확인하는 로직을 마친 뒤, isPrimeNumber = true 현재 난수 값이 소수이면 배열에 값을 저장합니다. 그리고 마지막까지 반복하면 배열의 요소들은 소수만 존재하게 됩니다. 출력을 위해서 Arrays.toString(…)을 사용할 수 있지만 소수가 아닌 경우에는 처음 초기화된 0의 값이 출력될 수 있으므로 위 코드와 같이 배열의 요소가 0보다 큰 경우에만 출력을 해서 소수 값을 확인합니다.

> 2.5 배열의 복사

자료구조에 들어가기 앞서 우리는 계속 배열을 배우고 있습니다. 그만큼 자료구조에서 배열의 개념과 배열을 익숙하게 다루는 것은 매우 중요합니다. 배열 챕터를 잘 끝내고 선형 구조의 스택부터 보게 된다면 이해가 잘 되실 거라 믿습니다. 우리는 이전까지 배열의 선언과 생성, 반복문을 배웠습니다.

배열은 생성된 시점에서 크기를 변경할 수 없기 때문에 새 배열을 만들고 기존의 값들을 재배열합니다. 무턱대고 배열을 복사한다면 개발자의 의도와 맞지 않는 동작이 발생할 수 있습니다. 참조 변수를 통해 배열이 저장된 메모리에 접근할 수 있는데, 만약 참조 변수만 복사가 된다면 어떠한 상황이 발생할까요? 아래 예제를 통해 직접 확인해 봅시다.

array/chapter3_copy.java

```java
package array;
import java.util.Arrays;

public class chapter3_copy {
    public static void main(String[] args) {
        String[] folderA = {"myComputer", "myDocument"};
        String[] folderB = folderA;

        System.out.println("[사본 배열의 값 변경 전] 원본 배열: " + Arrays.
        toString(folderA));

        folderB[0] = "newFolder"; // 사본 배열의 첫 번째 인덱스 값 변경

        System.out.println("[사본 배열의 값 변경 후] 원본 배열: " + Arrays.
        toString(folderA));
        System.out.println("[사본 배열의 값 변경 후] 사본 배열: " + Arrays.
        toString(folderB));
    }
}
```

▶ 실행결과

```
[사본 배열의 값 변경 전] 원본 배열: [myComputer, myDocument]
[사본 배열의 값 변경 후] 원본 배열: [newFolder, myDocument]
[사본 배열의 값 변경 후] 사본 배열: [newFolder, myDocument]
```

먼저 원본 배열인 folderA를 생성함과 동시에 지정한 값으로 초기화를 해줍니다. 그리고 folderB는 folderA와 같은 자료형 배열의 참조 변수를 선언한 뒤 folderA의 참조 변수를 할당받습니다. folderA의 복사본인 folderB의 첫 번째 인덱스의 값을 변경하기 전에 원본 배열을 출력합니다. 다음 folderB의 첫 번째 인덱스 값을 변경하고 원본 배열인 folderA와 사본 배열인 folderB를 확인합니다.

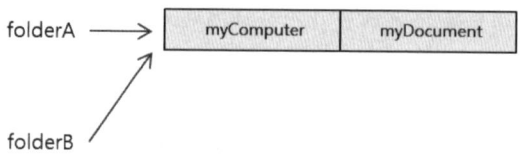

그림 2-4 원본 배열과 사본 배열이 바라보는 메모리 영역

사본 배열의 값을 변경했을 뿐인데 원본 배열의 값도 변경이 되어 서로 같은 배열의 공간을 바라보고 있는 것을 확인할 수 있습니다. 일반적으로 복사 동작의 기대결과는 원본을 보존하고 사본으로 작업하기 위한 것입니다. 위와 같은 경우는 원본의 보존성을 유지하지 못합니다. 이것을 얕은 복사(shallow copy)라고 합니다.

얕은 복사를 피하기 위해서 새 배열을 생성하고 원본 배열의 요소 값들을 저장해 주어야 하며, 사본 배열의 값이 변경되더라도 원본 배열의 값은 보존이 되어야 합니다. 이것을 깊은 복사(deep copy)라고 합니다. 다음의 예제 코드를 통해 더 자세하게 알아봅시다.

```java
array/chapter3_deep_copy.java

package array;
import java.util.Arrays;

public class chapter3_deep_copy {
    public static void main(String[] args) {
        String[] folderA = {"myComputer", "myDocument"};
        String[] folderB = new String[folderA.length];

        System.out.println("[사본 배열의 값 변경 전] 원본 배열: " + Arrays.toString(folderA));

        // 배열의 요소들을 각각 저장
        for (int i = 0; i < folderA.length; i++) {
            folderB[i] = folderA[i];
        }

        folderB[0] = "newFolder"; // 사본 배열의 첫 번째 인덱스 값 변경
```

```
        System.out.println("[사본 배열의 값 변경 후] 원본 배열: " + Arrays.
        toString(folderA));
        System.out.println("[사본 배열의 값 변경 후] 사본 배열: " + Arrays.
        toString(folderB));
    }
}
```

▶ 실행결과

```
[사본 배열의 값 변경 전] 원본 배열: [myComputer, myDocument]
[사본 배열의 값 변경 후] 원본 배열: [myComputer, myDocument]
[사본 배열의 값 변경 후] 사본 배열: [newFolder, myDocument]
```

얕은 복사와 다르게 String[ ] folderB = new String[folderA.length] 코드에서 알 수 있듯이 사본 배열의 참조 변수뿐만 아니라 원본 배열과 같은 크기의 배열 공간을 생성했습니다. 아래와 같은 그림으로 표현할 수 있습니다.

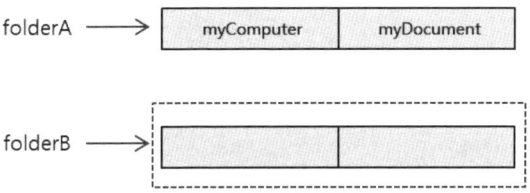

그림 2-5 원본 배열의 깊은 복사(deep copy) 수행 후 사본 배열

```
for (int i = 0; i < folderA.length; i++) {
    folderB[i] = folderA[i];
}
```

다음 for 문을 통해 원본 배열의 요소들을 사본 배열의 요소에 초기화해 주는 것을 볼 수 있습니다.

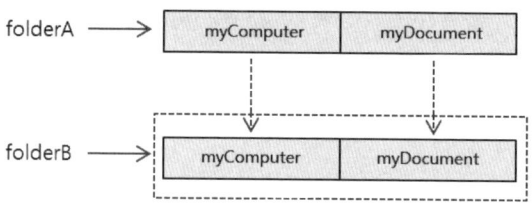

그림 2-6 원본 배열의 요소를 사본 배열에 초기화

서로 다른 배열 공간을 바라보고 있으며, 참조 변수가 아닌 각각의 배열 요소들을 복사하였기 때문에 folderB의 요소가 변경되어도 folderA에는 영향을 미치지 않습니다. 그러므로 원본 배열을 보존할 수 있습니다.

깊은 복사(deep copy)를 다루는 방법은 앞의 코드처럼 직접 구현할 수 있지만 코드량이 늘어날 수 있고 예외처리를 직접 해주어야 하는 불편함이 있습니다. Java에서는 배열 복사를 지원하는 여러 가지 메서드를 제공합니다. 그중 아래 4가지의 메서드를 살펴봅시다.

1. clone()
2. System.arraycopy(Object src, int srcPos, Object dest, int destPos, int length)
3. Arrays.copyOf(…)
4. Arrays.copyRange(…)

clone() 메서드는 배열을 생성할 때, 기본적으로 제공하는 메서드입니다. 배열도 객체이기 때문에 clone() 메서드를 가지며 원본 객체를 복사하여 새로운 배열 객체를 생성하는 깊은 복사(deep copy) 방식입니다.

System.arraycopy 메서드는 총 5가지의 인자(Parameter)를 받습니다.

- 원본 배열 객체
- 원본 배열에서 복사할 시작점
- 사본 배열 객체

- 사본 배열에서 복사할 시작점
- 원본 배열의 요소를 복사할 개수

Arrays.copyOf와 Arrays.copyRange는 내부적으로 System.arraycopy를 사용하는 메서드입니다. 오버로딩(Overroading)으로 구현되어 있어 자주 사용되는 메서드를 소개해 보려고 합니다.

array/chapter3_copy_2.java

```java
package array;
import java.util.Arrays;

public class chapter3_copy_2 {
    public static void main(String[] args) {
        String[] folderA = {"myComputer", "myDocument", "recycleBin"};
        System.out.println("clone() 메서드 호출");

        String[] folderB = folderA.clone();
        folderB[0] = "newFolder";

        System.out.println("원본 배열: " + Arrays.toString(folderA));
        System.out.println("사본 배열: " + Arrays.toString(folderB));

        System.out.println("\nsystem.arrayCopy() 메서드 호출");

        String[] folderC = new String[folderA.length];
        System.arraycopy(folderA, 0, folderC, 0, 2);
        folderC[0] = "newFolder";

        System.out.println("원본 배열: " + Arrays.toString(folderA));
        System.out.println("사본 배열: " + Arrays.toString(folderC));

        System.out.println("\nArrays.copyOf(...) 메서드 호출");

        String[] folderD = Arrays.copyOf(folderA, 1);
        folderD[0] = "newFolder";

        System.out.println("원본 배열: " + Arrays.toString(folderA));
```

```java
            System.out.println("사본 배열: " + Arrays.toString(folderD));

            System.out.println("\nArrays.copyOfRange(...) 메서드 호출");

            String[] folderE = Arrays.copyOfRange(folderA, 0, 1);
            folderE[0] = "newFolder";

            System.out.println("원본 배열: " + Arrays.toString(folderA));
            System.out.println("사본 배열: " + Arrays.toString(folderE));
    }
}
```

▶ 실행결과

```
clone() 메서드 호출
원본 배열: [myComputer, myDocument, recycleBin]
사본 배열: [newFolder, myDocument, recycleBin]

System.arrayCopy() 메서드 호출
원본 배열: [myComputer, myDocument, recycleBin]
사본 배열: [newFolder, myDocument, null]

Arrays.copyOf(...) 메서드 호출
원본 배열: [myComputer, myDocument, recycleBin]
사본 배열: [newFolder]

Arrays.copyOfRange(...) 메서드 호출
원본 배열: [myComputer, myDocument, recycleBin]
사본 배열: [newFolder]
```

folderA(원본 배열) 요소의 개수는 세 개이며, 실행 결과는 모두 원본 배열을 보존하고 있습니다. clone() 메서드는 이름과 같이 원본 배열을 복제하여 새 배열을 반환합니다. System.arrayCopy의 마지막 파라미터(인수)를 살펴보면 2를 넘겨주고 있습니다. 사본 배열의 크기는 3이고 원본 배열 요소 2개를 복사하면 사본 배열의 마지막 인덱스는 자료형의 초깃값으로 저장됩니다.

실행 결과에서도 사본 배열: [newFolder, myDocument, null]을 확인할 수 있습니다.

Arrays.copyOf의 첫 번째 인수(argument)는 복사할 객체이며, 두 번째 인수는 복사할 크기입니다. Arrays.copyRange의 첫 번째 인수는 복사할 객체이며, 두 번째 인수는 복사할 시작점이고 세 번째 인수는 복사할 끝 점입니다.

> 2.6 다차원 배열

다차원 배열은 2차원부터 N차원까지 배열 안의 배열 형태로 생성할 수 있습니다. 학교 레포트 혹은 업무에서 엑셀을 사용할 때 2차원 형태의 행과 열로 이루어진 테이블을 사용하게 됩니다. Java에서도 배열을 이용하여 테이블과 같은 형태를 구현할 수 있습니다. 2차원 배열을 살펴봅시다.

이전 챕터까지 1차원 배열을 사용했습니다. 데이터 요소의 자료형을 선정하고 참조 변수와 배열의 메모리 공간을 생성해 주었습니다. 2차원 배열도 큰 틀에서 벗어나지 않습니다. 저장할 자료형을 선정한 뒤, 배열 안의 배열을 생성해 주면 됩니다.

행의 크기는 2이고, 열의 크기는 1인 배열을 생성해봅시다.

```
int[][] arr = new int[2][1];
```

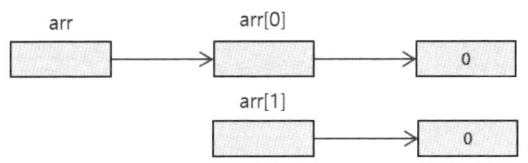

그림 2-7 2차원 배열 메모리 공간의 모습

배열의 표현식을 살펴보면 첫 번째 [ ]는 행의 크기를 나타내고 두 번째 [ ]는 열의 크기를 나타냅니다. arr의 참조변수는 두 개의 배열로 이루어진 하나의 배열을 참조하고 있으며, arr[0]과 arr[1] 두 참조 변수는 다시 어느 연속으로 나열된 메모리 공간을 참조하고 있습니다. 그래서 arr 배열 안에는 두 개의 배열이 존재합니다. arr.length를 확인하면 arr 배열의 크기인 2가 반환됩니다.

2차원의 배열 초기화도 1차원과 다르지 않습니다. 2차원 배열을 생성만 해 두고 각각 초기화를 할 수 있으며, 선언과 동시에 초기화를 할 때에 array/chapter3_multiArray 예제와 같이 테이블 형태로 값을 입력하면 가독성을 높일 수 있습니다.

array/chapter3_multiArray.java

```java
package array;

public class chapter3_multiArray {
    public static void main(String[] args) {
        int[][] arr = { // 선언과 동시에 초기화
                {1, 2, 3},
                {4, 5, 6},
                {7, 8, 9}
        };

        int[][] arr2 = new int[2][3]; // 생성 후 기본값 초기화

        arr2[0][0] = 1;
        arr2[0][1] = 2;
        arr2[0][2] = 3;
        arr2[1][0] = 4;
        arr2[1][1] = 5;
        arr2[1][2] = 6;

        System.out.println("arr의 크기: " + arr.length);
        System.out.println("arr2의 크기: " + arr2.length);
    }
}
```

▶ 실행결과

```
clone() 메서드 호출
arr의 크기: 3
arr2의 크기: 2
```

어느 과일가게에서 일주일 동안의 매상 총합과 과일당 평균 수익을 계산하려 합니다.

표 2-2 과일 가게의 일주일 동안 판매 금액

	사과	포도	오렌지
월요일	10000	20000	12000
화요일	8000	3000	15000
수요일	20000	15000	38000
목요일	13000	20000	30000
금요일	30000	12000	20000
토요일	35000	30000	25000
일요일	50000	23000	10000

수익표에서 항목을 제외하고 판매 수익만 존재하는 데이터를 모으면 7×2의 테이블이 나옵니다. 표 2-2를 그림 2-8로 옮기면 아래와 같이 표현할 수 있습니다.

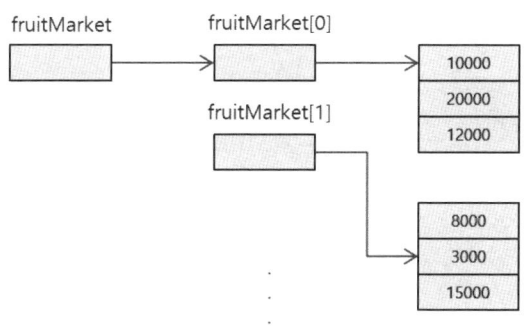

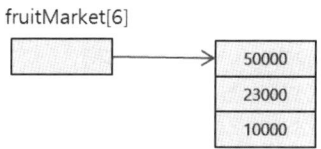

그림 2-8 표 2-2를 배열로 표현한 모습

fruitMarket 참조 변수는 배열의 참조 변수 월요일을 나타내는 fruitMarket[0]와 화요일을 나타낸 fruitMarket[1], 마지막으로 일요일을 나타낸 fruitMarket[6]까지 바라보며 각각의 참조 변수는 다시 int형의 연속된 메모리 공간(과일 수익)을 바라보고 있습니다.

fruitMarket의 크기만큼 반복하면서 index를 하드코딩하여 직접 배열의 요소에 접근하여 값을 계산할 수 있지만 배열의 크기가 변경되면 하드코딩한 부분도 함께 수정이 이루어져야 하므로 가급적 배열 요소를 접근할 땐 for 문을 이용하면 배열의 크기가 변경되어도 변경된 크기만큼 반복하기 때문에 코드를 수정하는 일이 줄어듭니다.

다차원 배열을 이용하여 2차원 배열과 중첩 for 문을 이용하여 array/chapter3_multiArray_2 예제처럼 해결할 수 있습니다.

```
array/chapter3_multiArray_2.java

package array;

public class chapter3_multiArray_2 {
    public static void main(String[] args) {
        /*
                    사과      포도      오렌지
                    10000    20000    12000
                    8000     3000     15000
                    20000    15000    38000
                    13000    20000    30000
                    30000    12000    20000
                    35000    30000    25000
                    50000    23000    10000
        */
        int[][] fruitMarket = new int[][]{
                {10000, 20000, 12000},
                {8000, 3000, 15000},
                {20000, 15000, 38000},
                {13000, 20000, 30000},
                {30000, 12000, 20000},
                {35000, 30000, 25000},
                {50000, 23000, 10000}
```

```java
        };
        int total = 0;
        int apple = 0;
        int grape = 0;
        int orange = 0;

        for (int i = 0; i < fruitMarket.length; i++) {
            // j의 조건식 주의
            for (int j = 0; j < fruitMarket[i].length; j++) {
                if (j == 0) {
                    apple += fruitMarket[i][j];
                } else if( j == 1) {
                    grape += fruitMarket[i][j];
                } else {
                    orange += fruitMarket[i][j];
                }
                total += fruitMarket[i][j];
            }
        }

        System.out.println("총합: " + total);
        System.out.println("사과 평균: " + apple / fruitMarket.length);
        System.out.println("포도 평균: " + grape / fruitMarket.length);
        System.out.println("오렌지 평균: " + orange / fruitMarket.length);
    }
}
```

▶ 실행결과

총합: 439000
사과 평균: 23714
포도 평균: 17571
오렌지 평균: 21428

위 코드에서 주의 깊게 볼 부분은 두 번째 for 문입니다. 첫 번째로 사용된 for 문은 일주일 간의 수익을 계산하기 위한 반복문이며, 두 번째 for 문은 하루의 총 수익과 평균값을 계산하기 위한 반복문입니다.

```
for (int j = 0; j < fruitMarket[i].length; j++) {
    ...
}
```

두 번째 for 문의 조건식은 fruitMarket의 크기가 아닌 fruitMarket[i]의 크기가 됩니다. 하루 동안의 과일 판매량을 구하고자 만약 fruitMarket.length의 크기로 반복을 한다면 j가 3이 되는 시점에 배열 요소에 접근할 때 ArrayIndexOutOfboundsException(배열의 요소에 접근하려는 index의 값이 배열의 크기를 벗어난 경우) 예외가 발생합니다.

다음은 2차원 배열에 구구단을 저장하고 이를 출력하는 array/chapter3_multiArray_3 예제입니다. 배열의 index는 0부터 시작하고 마지막 index의 값이 배열의 크기 - 1임에 유의합니다.

array/chapter3_multiArray_3.java

```java
package array;

public class chapter3_multiArrayExample2 {
    public static void main(String[] args) {
        int[][] arr = new int[8][9];

        for (int i = 0, k = 2; i < arr.length; i++, k++) {
            for (int j = 0; j < 9; j++) {
                arr[i][j] = k * (j + 1);
            }
        }

        for (int i = 0; i < arr.length; i++) {
            for (int j = 0; j < 9; j++) {
                if (j != 0 && j % 3 == 0) {
                    System.out.println("");
                }
                System.out.print((i + 2) + "x" + (j + 1) + "=" + arr[i][j]);
                System.out.print(" ");
            }
            System.out.println("\n");
        }
```

            }
        }
    }

▶ 실행결과

```
2x1=2  2x2=4   2x3=6
2x4=8  2x5=10  2x6=12
2x7=14 2x8=16  2x9=18

3x1=3  3x2=6   3x3=9
3x4=12 3x5=15  3x6=18
3x7=21 3x8=24  3x9=27

4x1=4  4x2=8   4x3=12
4x4=16 4x5=20  4x6=24
4x7=28 4x8=32  4x9=36

5x1=5  5x2=10  5x3=15
5x4=20 5x5=25  5x6=30
5x7=35 5x8=40  5x9=45

6x1=6  6x2=12  6x3=18
6x4=24 6x5=30  6x6=36
6x7=42 6x8=48  6x9=54

7x1=7  7x2=14  7x3=21
7x4=28 7x5=35  7x6=42
7x7=49 7x8=56  7x9=63

8x1=8  8x2=16  8x3=24
8x4=32 8x5=40  8x6=48
8x7=56 8x8=64  8x9=72

9x1=9  9x2=18  9x3=27
9x4=36 9x5=45  9x6=54
9x7=63 9x8=72  9x9=81
```

2.7 연습문제

문제 02_1

5개의 양수를 입력받은 배열의 모든 요소의 합을 구하는 메서드를 작성해 보세요.

```
public class Practice02_1 {
    public static void main(String[] args) {
        int[] arr = new int[5];
        int sum = 0;

        Scanner scanner = new Scanner(System.in);

        // 코드를 작성해 보세요.
    }
}
```

문제 02_2

배열의 최댓값과 최솟값을 구하는 메서드를 작성해 보세요.

```
public class Practice02_2 {
    public static void main(String[] args) {
        int[] arr = {10, 11, 2, 5, 3, 3, 24, 15, 6, 9};

        // 코드를 작성해 보세요.
    }
}
```

문제 02_3

순서가 없는 두 배열에서 서로 같은 요소를 포함하는지 판별하는 메서드를 작성해 보세요.

- 예) A배열 [1, 3, 2], B배열 [2, 3, 1]은 같은 배열입니다.

```
public class Practice02_3 {
    public static void main(String[] args) {
        int[] arr1 = {1, 3, 2};
```

```
        int[] arr2 = {2, 3, 1};

        // 코드를 작성해 보세요.
    }
}
```

문제 **02_4**

중복된 요소를 제거한 새 배열을 반환하는 메서드를 작성해 보세요.

- 중복 제거된 빈 요소는 기본값 0으로 삽입됩니다.

```
public class Practice02_4 {
    public static void main(String[] args) {
        int[] arr = {5, 10, 9, 27, 2, 8, 10, 4, 27, 1};
        int[] result = new int[10];

        // 코드를 작성해 보세요.
    }
}
```

문제 **02_5**

사용자로부터 소문자 알파벳 1개를 입력받아 대문자로 변경하여 출력하는 코드를 작성해 보세요.

- 예) 'a'를 입력받아 'A'로 출력합니다.

CHAPTER 03

연결 리스트

CHAPTER 03 _ 연결 리스트

> 3.1 연결 리스트란?

연결 리스트에 들어가기 앞서 노드가 무엇인지 살펴봅시다. 노드는 자료 구조에 데이터를 담거나 표현하는 기초적인 단위를 의미합니다. 특정 값이나 포인터가 될 수 있습니다. 연결 리스트의 노드는 데이터와 링크 공간으로 만들어지며 연결 리스트를 이루는 작은 단위를 뜻합니다.

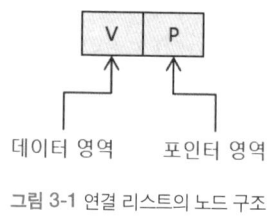

그림 3-1 연결 리스트의 노드 구조

데이터 영역은 이름 그대로 값을 저장하며 포인터 영역은 자신을 제외한 인접한 노드를 가리킬 때 사용합니다. 일상 생활에서 예를 들어볼까요? 1호선만 존재하는 지하철이 있다고 가정합니다. 이 지하철을 이용하여 목적지로 향하기 위해 지하철 노선도를 검색하거나 찾아봅니다. 각각의 지점들은 자신의 다음 지점을 알고 있으며 단방향 형태가 됩니다. 이것을 연결 리스트로 표현하면 하나의 노드는 포인터 영역에서 다음 노드를 가리키므로 행선지를 알 수 있습니다.

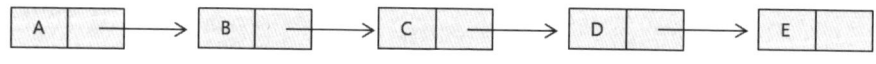

그림 3-2 연결 리스트의 노드 간의 다음 노드를 가리키는 모습

노드의 포인터 공간 사용에 따라서 단일, 이중, 원형 등 다양한 연결 리스트를 구현할 수 있습니다.

> 3.2 특징

1. 크기를 미리 정하지 않고도 동적 할당이 가능하다.
2. 삽입과 삭제 연산에서 오버헤드가 배열보다 적다.
3. 특정 인덱스로 접근이 불가능하므로 데이터를 검색하려면 순차적으로 첫 노드부터 끝까지 방문을 해야 한다.

연결 리스트는 삽입 또는 삭제 연산이 자주 일어나는 환경에서 배열보다 유리한 자료구조입니다. 배열의 경우는 고정된 크기에서 데이터 중간에 삽입이 이루어지면 배열의 크기를 다시 조정하고 데이터를 옮기는 오버헤드가 발생하는 반면 연결 리스트의 삽입은 데이터가 중간에 삽입되어도 노드 간의 포인터만 수정하면 되기 때문에 배열에 비해 유리합니다.

3.2.1 삽입

연결 리스트의 삽입 과정을 살펴 보기 전 배열의 삽입 과정을 그림으로 확인해 봅시다.

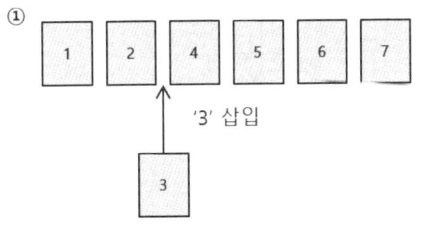

그림 3-3 배열의 삽입 과정 (1)

크기가 6인 배열의 중간 지점에 데이터 '3'을 삽입합니다.

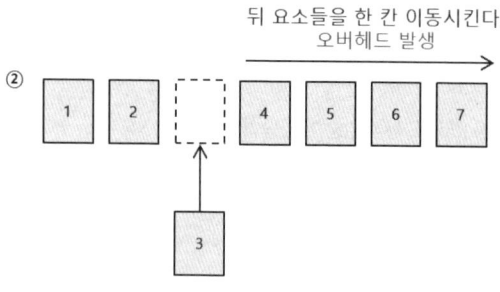

그림 3-4 배열의 삽입 과정 (2)

배열 요소 4부터 7까지 한 칸씩 이동하는 과정에서 오버헤드가 발생합니다.

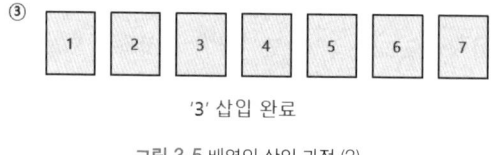

'3' 삽입 완료

그림 3-5 배열의 삽입 과정 (3)

연결 리스트의 삽입은 그림 3-6과 같습니다.

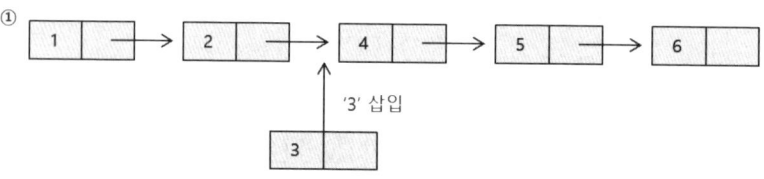

그림 3-6 연결 리스트 삽입 과정 (1)

노드의 개수가 6개인 연결 리스트에서 중간 지점에 데이터 '3'을 삽입합니다.

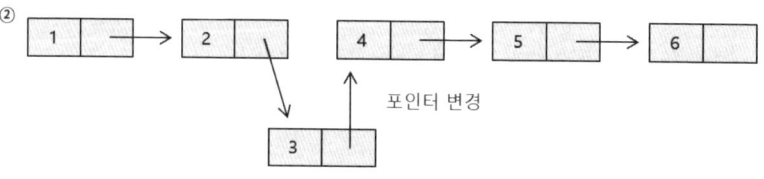

그림 3-7 연결 리스트 삽입 과정 (2)

삽입할 위치의 이전 노드 2의 포인터는 삽입될 노드를 바라보게 하고 삽입하는 노드는 다음 노드 4를 바라보도록 포인터를 변경해 줍니다.

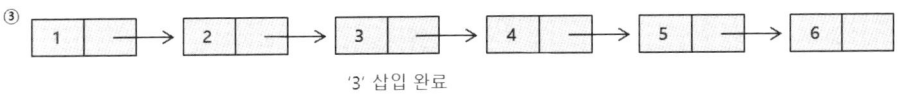

'3' 삽입 완료

그림 3-8 연결 리스트 삽입 과정 (3)

3.2.2 삭제

연결 리스트의 삭제는 삭제할 대상의 포인터를 끊어 주거나 노드를 null로 초기화합니다. Garbage Collection을 통해 참조가 끊긴 객체는 메모리를 회수해 갑니다.

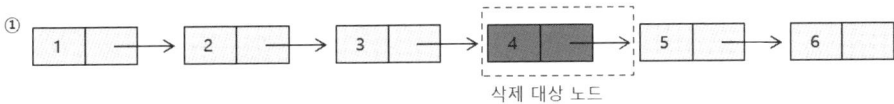

삭제 대상 노드

그림 3-9 연결 리스트 삭제 과정 (1)

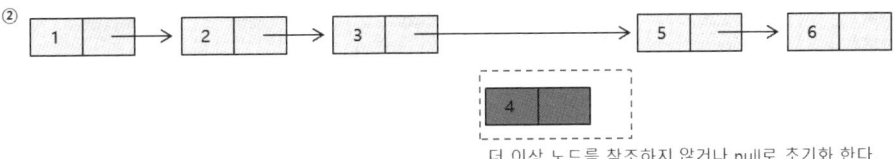

더 이상 노드를 참조하지 않거나 null로 초기화 한다.

그림 3-10 연결 리스트 삭제 과정 (2)

삭제할 노드 4의 참조를 끊고 노드 4의 이전 노드 3은 노드 4가 가리키고 있던 노드를 다시 가리키게 됩니다.

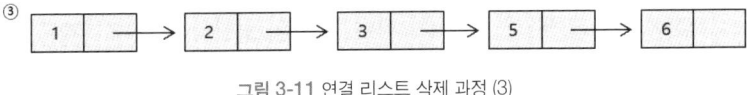

그림 3-11 연결 리스트 삭제 과정 (3)

노드 4를 제거한 최종 연결 리스트 모습입니다.

3.2.3 검색

배열은 인덱스로 접근하기 때문에 시간 복잡도가 O(1)인 반면, 연결 리스트는 최소 한 번은 노드를 순회해야 하므로 O(n)의 시간 복잡도를 가집니다. 아래 그림은 최악의 경우인, 검색할 데이터가 연결 리스트의 마지막 노드에 위치할 때입니다.

데이터 '6'을 검색합니다.

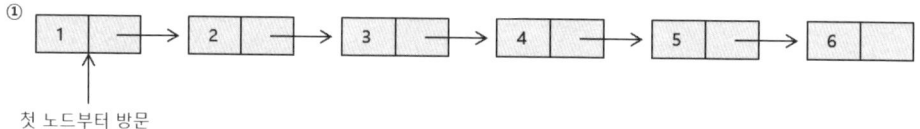

첫 노드부터 방문

그림 3-12 연결 리스트 검색 과정 (1)

'6'을 검색하기 위해 첫 노드 1부터 순회를 시작합니다.

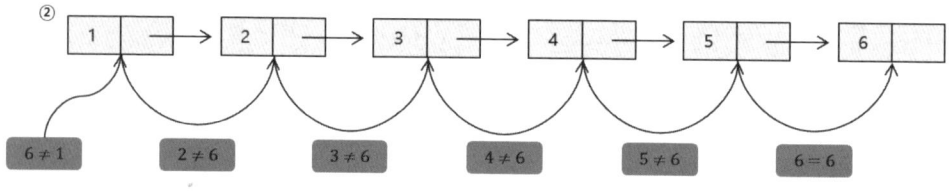

노드를 순회하여 '6'을 찾습니다.

그림 3-13 연결 리스트 검색 과정 (2)

검색할 '6'과 같은 값을 찾을 때까지 노드를 순회합니다.

> 3.3 종류

연결 리스트의 종류는 크게 3가지가 있습니다. 하나의 포인터 영역을 가지고 다음 노드를 가리키는 단일 연결 리스트와 자신의 앞과 뒤 노드를 가리키기 위해 두 개의 포인터 영역을 가지는 이중 연결 리스트가 있으며, 마지막 노드가 처음 노드를 가리키고 있는 원형 연결 리스트가 있습니다.

- **단일 연결 리스트**

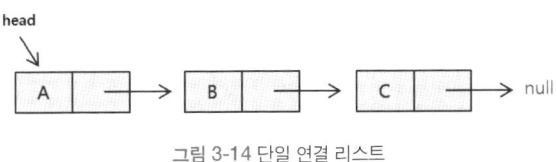

그림 3-14 단일 연결 리스트

항상 첫 노드를 가리키는 head 변수가 존재하고 각각의 노드는 자신의 다음 노드를 가리키고 있습니다. 가리킬 대상이 없으면 포인터 영역은 null을 가리킵니다.

- **이중 연결 리스트**

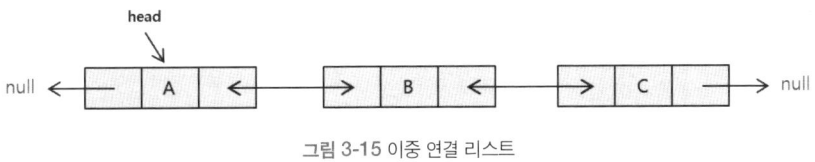

그림 3-15 이중 연결 리스트

자신과 인접해 있는 노드들을 모두 가리키는 연결 리스트입니다. 이름에서 유추할 수 있듯이 포인터 영역은 두 개로 이루어져 있습니다.

- **원형 단일 연결 리스트**

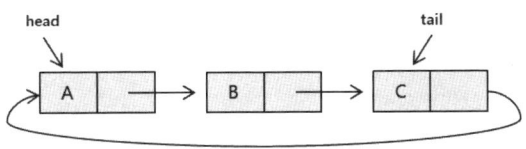

그림 3-16 원형 단일 연결 리스트

단일 또는 이중 연결 리스트와 다르게 항상 첫 노드를 가리키는 head 변수와 함께 항상 마지막 노드를 가리키는 tail 변수가 추가되었습니다. 마지막 노드의 포인터는 첫 노드를 가리키고 있는 포인터 영역이 하나인 원형 연결 리스트이므로 원형 단일 연결 리스트가 됩니다.

연결 리스트의 특징과 종류, 연산에 대해서 살펴보았습니다. 이제부터 직접 연결 리스트를 구현해 봅시다.

> 3.4 단일 연결 리스트 구현하기

3.4.1 생성자 및 메서드

```
SinglyLinkedList() {
    this.head = null;
}
```

단일 연결 리스트의 생성자입니다. 기본 생성자에 첫 노드를 가리키는 head 변수를 null로 초기화해 줍니다.

단일 연결 리스트에서 사용할 노드 클래스입니다.

```
class Node {
    private int value; // 값
    private Node next; // 포인터

    Node(int value, Node next) {
        this.value = value;
        this.next = next;
    }

    public int getValue() {
        return this.value;
    }
}
```

멤버 변수로 Integer 타입의 데이터를 저장할 private int value;를 선언합니다. 포인터는 한 개를 가지므로 private Node next;를 선언해 줍니다. 실질적으로 데이터는 value에 저장되고 인접한 노드의 주소는 next에 저장됩니다.

```java
public int getValue() {
    return this.value;
}
```

노드의 값을 가져오기 위한 getter 메서드입니다.

```java
/**
 * 모든 노드 출력
 */
public void printAll() {
    Node pointer = this.head;

    StringBuilder builder = new StringBuilder();
    while (pointer.next != null) {
        builder.append(pointer.getValue());
        builder.append(" -> ");
        pointer = pointer.next;
    }

    builder.append(pointer.getValue());
    System.out.println(builder.toString());
}
```

단일 연결 리스트를 구성하는 모든 노드들을 순회하여 값을 출력하는 메서드입니다. head를 할당받은 pointer 변수가 null이 아닐 때까지 반복문을 호출하고 데이터를 StringBuilder에 담아서 반복문이 끝나는 시점에 문자열을 반환하여 결과를 출력하게 됩니다.

이어서 삽입과 삭제에 대해서 알아봅시다.

3.4.2 삽입

linkedList/SLLInsertionMain.java

```java
package linkedList;

public class SLLInsertionMain {
    public static void main(String[] args) {
        SinglyLinkedList singlyLinkedList = new SinglyLinkedList();
        singlyLinkedList.append(85);
        singlyLinkedList.append(59);
        singlyLinkedList.append(70);
        singlyLinkedList.append(23);
        singlyLinkedList.append(65);

        System.out.print("단일 연결 리스트: ");
        singlyLinkedList.printAll();
    }
}
```

linkedList/SinglyLinkedList.java

```java
package linkedList;

/**
 * 단일 연결 리스트 클래스
 */
public class SinglyLinkedList {
    private Node head;

    SinglyLinkedList() {
        this.head = null;
    }

    SinglyLinkedList(int value) {
        this.head = new Node(value, null);
    }

    class Node {
```

```java
    private int value; // 값
    private Node next; // 포인터

    Node(int value, Node next) {
        this.value = value;
        this.next = next;
    }

    public int getValue() {
        return this.value;
    }
}

public Node getHead() {
    return this.head;
}

/**
 * 단일 연결 리스트 끝에 노드를 추가
 * @param value
 */
public void append(int value) {
    if (this.head == null) {
        this.head = new Node(value, null);
        return;
    }

    Node pointer = this.head;
    while (pointer.next != null) {
        pointer = pointer.next;
    }

    pointer.next = new Node(value, null);
}

/**
 * 모든 노드 출력
 */
public void printAll() {
    Node pointer = this.head;
```

```
        StringBuilder builder = new StringBuilder();
        while (pointer.next != null) {
            builder.append(pointer.getValue());
            builder.append(" -> ");
            pointer = pointer.next;
        }

        builder.append(pointer.getValue());
        System.out.println(builder.toString());
    }
}
```

▶ 실행결과

단일 연결 리스트: 85 -> 59 -> 70 -> 23 -> 65

public void append(int value)는 연결 리스트의 마지막 위치에 노드를 삽입하는 메서드입니다.

```
public void append(int value) {
    if (this.head == null) {
        this.head = new Node(value, null);
        return;
    }

    Node pointer = this.head;
    while (pointer.next != null) {
        pointer = pointer.next;
    }

    pointer.next = new Node(value, null);
}
```

this.head == null일 경우는 빈 연결 리스트를 의미하기 때문에 새 노드를 생성하고 head에 할당합니다. 노드가 1 이상일 때 Node 타입의 pointer 변수에 head를 할당하면 pointer는 첫 노드를 가리키게 됩니다. 다음 pointer.next가 null이 아니게 될 때까지 계속 반복문을 호출합니다. 반복문을 빠져나오는 시점은 pointer의 다음 노드가 null이 되는 경우이므로 pointer는 마지막 노드가 됩니다. 인자로 받은 value 값으로 새 노드를 생성하고 마지막 노드의 포인터는 새 노드를 가리키도록 합니다.

3.4.3 삭제

linkedList/SLLDeletionMain.java

```java
package linkedList;

public class SLLDeletionMain {
    public static void main(String[] args) {
        SinglyLinkedList singlyLinkedList = new SinglyLinkedList();
        singlyLinkedList.append(85);
        singlyLinkedList.append(59);
        singlyLinkedList.append(70);
        singlyLinkedList.append(23);
        singlyLinkedList.append(65);

        System.out.print("원본 단일 연결 리스트: ");
        singlyLinkedList.printAll();

        singlyLinkedList.delete(85);
        System.out.print("노드 85를 삭제한 단일 연결 리스트: ");
        singlyLinkedList.printAll();

        singlyLinkedList.delete(70);
        System.out.print("노드 70을 삭제한 단일 연결 리스트: ");
        singlyLinkedList.printAll();

        singlyLinkedList.delete(65);
        System.out.print("노드 65를 삭제한 단일 연결 리스트: ");
        singlyLinkedList.printAll();
    }
}
```

linkedList/SinglyLinkedList.java

```java
package linkedList;

/**
 * 단일 연결 리스트 클래스
 */
public class SinglyLinkedList {
    private Node head;

    SinglyLinkedList() {
        this.head = null;
    }

    SinglyLinkedList(int value) {
        this.head = new Node(value, null);
    }

    class Node {
        private int value; // 값
        private Node next; // 포인터

        Node(int value, Node next) {
            this.value = value;
            this.next = next;
        }

        public int getValue() {
            return this.value;
        }
    }

    public Node getHead() {
        return this.head;
    }

    /**
     * 단일 연결 리스트 끝에 노드를 추가
     * @param value
     */
```

```java
public void append(int value) {
    if (this.head == null) {
        this.head = new Node(value, null);
        return;
    }

    Node pointer = this.head;
    while (pointer.next != null) {
        pointer = pointer.next;
    }

    pointer.next = new Node(value, null);
}

/**
 * 인자 값으로 같은 노드 삭제
 * @param value
 */
public void delete(int value) {
    Node pointer = this.head;

    // 첫 노드의 값이 인자 값과 같으면
    if (pointer.getValue() == value) {
        Node removeNode = this.head;
        this.head = this.head.next;

        removeNode = null;
        return;
    }

    Node temp = pointer;
    // 포인터 변수가 null이 아니면서 인자 값과 달라질 때까지 반복
    while (pointer != null && pointer.getValue() != value) {
        temp = pointer;
        pointer = pointer.next;
    }

    // 마지막 노드를 삭제하는 경우
    if (pointer.next == null) {
```

```
            temp.next = null;
        } else {
            temp.next = pointer.next;
        }
        pointer = null;
    }

    /**
     * 모든 노드 출력
     */
    public void printAll() {
        Node pointer = this.head;

        StringBuilder builder = new StringBuilder();
        while (pointer.next != null) {
            builder.append(pointer.getValue());
            builder.append(" -> ");
            pointer = pointer.next;
        }

        builder.append(pointer.getValue());
        System.out.println(builder.toString());
    }
}
```

▶ 실행결과

```
원본 단일 연결 리스트: 85 -> 59 -> 70 -> 23 -> 65
노드 85를 삭제한 단일 연결 리스트: 59 -> 70 -> 23 -> 65
노드 70을 삭제한 단일 연결 리스트: 59 -> 23 -> 65
노드 65를 삭제한 단일 연결 리스트: 59 -> 23
```

노드를 삭제하는 메서드가 추가되었습니다. 삭제할 데이터를 연결 리스트에서 검색하여 찾아 노드를 삭제한 후 연결 리스트의 조건을 만족할 수 있도록 포인터들의 조정이 필요합니다. 첫 노드를 지웠을 때, 중간 노드를 지웠을 때, 마지막 노드를 지웠을 때 총 3가지의 케이스가 고려되어야 합니다.

```java
public void delete(int value) {
    Node pointer = this.head;

    // 첫 노드의 값이 인자 값과 같으면
    if (pointer.getValue() == value) {
        Node removeNode = this.head;
        this.head = this.head.next;

        removeNode = null;
        return;
    }

    Node temp = pointer;
    // 포인터 변수가 null이 아니면서 인자 값과 달라질 때까지 반복
    while (pointer != null && pointer.getValue() != value) {
        temp = pointer;
        pointer = pointer.next;
    }

    // 마지막 노드를 삭제하는 경우
    if (pointer.next == null) {
        temp.next = null;
    } else {
        temp.next = pointer.next;
    }
    pointer = null;
}
```

pointer 변수를 생성함과 동시에 head로 초기화합니다. 노드 검색을 하기 전 head와 같은 곳을 가리키고 있는 pointer의 데이터 값이 인자와 같은지 확인합니다. 만약 첫 노드와 값이 같으면 현재 head를 removeNode 변수에 담고 head는 head.next로 재할당 받아 다음 노드가 연결 리스트의 head가 됩니다. 그런 다음 removeNode는 null로 초기화하여 노드를 제거합니다.

삭제 대상 노드가 head가 아닌 경우 반복문을 호출합니다. 여기서 반복문을 호출하기 전 temp 변수를 pointer 값으로 할당해 주었는데 삭제될 노드의 앞 노드를 저장할 변

수입니다. 반복문이 끝나면 pointer 변수에는 삭제될 노드가, temp 변수는 pointer의 앞 노드가 됩니다. 만약에 pointer가 마지막 노드이면 if (pointer.next == null) 을 타고 temp 변수의 포인터가 null을 가리켜 마지막 노드가 temp가 됩니다. pointer 노드가 중간 노드일 경우는 pointer가 가리키고 있는 다음 노드를 temp 노드가 가리켜 pointer의 연결을 끊고 null로 초기화해 줍니다.

> 3.5 이중 연결 리스트 구현하기

3.5.1 생성자 및 메서드

```
DoubleLinkedList() {
    this.head = null;
}
```

이중 연결 리스트의 생성자입니다. 기본 생성자에 첫 노드를 가리키는 head 변수를 null로 초기화해 줍니다.

이중 연결 리스트는 단일 연결 리스트와 다르게 두 개의 포인터를 사용합니다.

```
class Node {
    private int value; // 값
    private Node prev; // 이전 포인터
    private Node next; // 다음 포인터

    Node(int value) {
        this.value = value;
        this.prev = null;
        this.next = null;
    }

    Node(int value, Node prev, Node next) {
        this.value = value;
```

```
            this.prev = prev;
            this.next = next;
        }

        public int getValue() {
            return this.value;
        }
    }
```

추가적으로 자신의 이전 노드를 가리키는 prev 변수가 추가되었습니다. getValue()는 단일 연결 리스트와 동일한 노드의 값을 가져오기 위한 메서드입니다. printAll 메서드도 단일 연결 리스트와 출력될 화살표가 다를 뿐 로직은 동일합니다.

```
public void printPrevNode(int value) {
    if (this.head == null) {
        System.out.println("이중 연결 리스트가 비어 있습니다.");
        return;
    }

    if (this.head.getValue() == value) {
        System.out.println(String.format("노드 %s 의 앞 노드는 존재하지 않습니다.",
        value));
        return;
    }

    Node pointer = this.head;
    while (pointer != null && pointer.getValue() != value) {
        pointer = pointer.next;
    }

    if (pointer == null) {
        System.out.println(String.format("노드 %s 은 존재하지 않습니다.", value));
    } else {
        System.out.println(String.format("노드 %s 의 앞 노드의 값은 %s 입니다.",
        value, pointer.prev.getValue()));
    }
}
```

이중 연결 리스트의 장점은 이전 노드를 알 수 있습니다. 검색을 통해서 노드를 가져오고 해당 노드의 앞 노드를 출력하는 메서드입니다.

이어서 삽입과 삭제에 대해서 알아봅시다.

3.5.2 삽입

linkedList/DLLInsertionMain.java

```java
package linkedList;

public class DLLInsertionMain {
    public static void main(String[] args) {
        DoubleLinkedList doubleLinkedList = new DoubleLinkedList();
        doubleLinkedList.append(1);
        doubleLinkedList.append(3);
        doubleLinkedList.append(2);
        doubleLinkedList.append(20);
        doubleLinkedList.append(19);

        System.out.print("이중 연결 리스트: ");

        doubleLinkedList.printAll();
        doubleLinkedList.printPrevNode(2);
        doubleLinkedList.printPrevNode(1);
        doubleLinkedList.printPrevNode(19);

    }
}
```

linkedList/DoubleLinkedList.java

```java
package linkedList;

/**
 * 이중 연결 리스트 클래스
```

```java
*/
public class DoubleLinkedList {
    private Node head;

    DoubleLinkedList() {
        this.head = null;
    }

    DoubleLinkedList(int value, Node head) {
        this.head = new Node(value, head, null);
    }

    class Node {
        private int value; // 값
        private Node prev; // 이전 포인터
        private Node next; // 다음 포인터

        Node(int value) {
            this.value = value;
            this.prev = null;
            this.next = null;
        }

        Node(int value, Node prev, Node next) {
            this.value = value;
            this.prev = prev;
            this.next = next;
        }

        public int getValue() {
            return this.value;
        }
    }

    public Node getHead() {
        return this.head;
    }

    /**
     * 이중 연결 리스트 끝에 노드 추가
```

```
     * @param value
     */
    public void append(int value) {
        if (this.head == null) {
            this.head = new Node(value);
            return;
        }

        Node pointer = this.head;
        while(pointer.next != null) {
            pointer = pointer.next;
        }

        Node newNode = new Node(value);
        newNode.prev = pointer;
        pointer.next = newNode;
    }

    /**
     * 인자 값으로 앞 노드의 값을 알아내기
     * @param value
     * @return
     */
    public void printPrevNode(int value) {
        if (this.head == null) {
            System.out.println("이중 연결 리스트가 비어 있습니다.");
            return;
        }

        if (this.head.getValue() == value) {
            System.out.println(String.format("노드 %s 의 앞 노드는 존재하지 않습니다.",
            value));
            return;
        }

        Node pointer = this.head;
        while (pointer != null && pointer.getValue() != value) {
            pointer = pointer.next;
        }
```

```
            if (pointer == null) {
                System.out.println(String.format("노드 %s 은 존재하지 않습니다.",
                    value));
            } else {
                System.out.println(String.format("노드 %s 의 앞 노드의 값은 %s 입니다.",
                    value, pointer.prev.getValue()));
            }
        }

        /**
        * 모든 노드 출력
        */
        public void printAll() {
            Node pointer = this.head;

            StringBuilder builder = new StringBuilder();
            while (pointer != null) {
                builder.append(pointer.getValue());
                builder.append(" <-> ");
                pointer = pointer.next;
            }

            builder.delete(builder.lastIndexOf(" <-> "), builder.length());
            System.out.println(builder.toString());
        }
    }
```

▶ 실행결과

```
이중 연결 리스트: 1 <-> 3 <-> 2 <-> 20 <-> 19
노드 2 의 앞 노드의 값은 3 입니다.
노드 1 의 앞 노드는 존재 하지 않습니다.
노드 19 의 앞 노드의 값은 20 입니다.
```

단일 연결 리스트의 삽입 로직과 거의 유사합니다. 다른 점은 이중 연결 리스트에서만 존재하는 앞 노드를 가리키는 prev 변수입니다. 반복문이 끝난 후 newNode.prev = pointer; 코드를 통해 새 노드의 prev 포인터를 pointer 변수로 가리키게 해줍니다.

3.5.3 삭제

linkedList/DLLDeletionMain.java

```java
package linkedList;

public class DLLDeletionMain {
    public static void main(String[] args) {
        DoubleLinkedList doubleLinkedList = new DoubleLinkedList();
        doubleLinkedList.append(1);
        doubleLinkedList.append(3);
        doubleLinkedList.append(2);
        doubleLinkedList.append(20);
        doubleLinkedList.append(19);

        System.out.print("원본 이중 연결 리스트: ");
        doubleLinkedList.printAll();

        doubleLinkedList.delete(1);
        System.out.print("노드 1을 삭제한 이중 연결 리스트: ");
        doubleLinkedList.printAll();

        doubleLinkedList.delete(2);
        System.out.print("노드 2를 삭제한 이중 연결 리스트: ");
        doubleLinkedList.printAll();

        doubleLinkedList.delete(19);
        System.out.print("노드 19를 삭제한 이중 연결 리스트: ");
        doubleLinkedList.printAll();
    }
}
```

linkedList/DoubleLinkedList.java

```java
package linkedList;

/**
 * 이중 연결 리스트 클래스
 */
```

```java
public class DoubleLinkedList {
    private Node head;

    DoubleLinkedList() {
        this.head = null;
    }

    DoubleLinkedList(int value, Node head) {
        this.head = new Node(value, head, null);
    }

    class Node {
        private int value; // 값
        private Node prev; // 이전 포인터
        private Node next; // 다음 포인터

        Node(int value) {
            this.value = value;
            this.prev = null;
            this.next = null;
        }

        Node(int value, Node prev, Node next) {
            this.value = value;
            this.prev = prev;
            this.next = next;
        }

        public int getValue() {
            return this.value;
        }
    }

    public Node getHead() {
        return this.head;
    }

    /**
     * 이중 연결 리스트 끝에 노드 추가
     * @param value
```

```java
 */
public void append(int value) {
    if (this.head == null) {
        this.head = new Node(value);
        return;
    }

    Node pointer = this.head;
    while(pointer.next != null) {
        pointer = pointer.next;
    }

    Node newNode = new Node(value);
    newNode.prev = pointer;
    pointer.next = newNode;
}

/**
 * 노드의 값을 삭제
 * @param value
 */
public void delete(int value) {
    Node pointer = this.head;

    if (pointer.getValue() == value) {
        Node removeNode = this.head;
        this.head = this.head.next;

        removeNode = null;
        return;
    }

    Node prevNode = pointer;
    while (pointer != null && pointer.getValue() != value) {
        prevNode = pointer;
        pointer = pointer.next;
    }

    Node temp = pointer.next;
    if (temp == null) {
```

```java
            prevNode.next = null;
        } else {
            temp.prev = prevNode;
            prevNode.next = pointer.next;
        }

        pointer = null;
    }

    /**
     * 인자 값으로 앞 노드의 값을 알아내기
     * @param value
     * @return
     */
    public void printPrevNode(int value) {
        if (this.head == null) {
            System.out.println("이중 연결 리스트가 비어 있습니다.");
            return;
        }

        if (this.head.getValue() == value) {
            System.out.println(String.format("노드 %s 의 앞 노드는 존재하지 않습니다.",
                value));
            return;
        }

        Node pointer = this.head;
        while (pointer != null && pointer.getValue() != value) {
            pointer = pointer.next;
        }

        if (pointer == null) {
            System.out.println(String.format("노드 %s 은 존재하지 않습니다.",
                value));
        } else {
            System.out.println(String.format("노드 %s 의 앞 노드의 값은 %s 입니다.",
                value, pointer.prev.getValue()));
        }
    }
```

```java
/**
 * 모든 노드 출력
 */
public void printAll() {
    Node pointer = this.head;

    StringBuilder builder = new StringBuilder();
    while (pointer != null) {
        builder.append(pointer.getValue());
        builder.append(" <-> ");
        pointer = pointer.next;
    }

    builder.delete(builder.lastIndexOf(" <-> "), builder.length());
    System.out.println(builder.toString());
}
```

▶ 실행결과

```
원본 이중 연결 리스트: 1 <-> 3 <-> 2 <-> 20 <-> 19
노드 1을 삭제한 이중 연결 리스트: 3 <-> 2 <-> 20 <-> 19
노드 2를 삭제한 이중 연결 리스트: 3 <-> 20 <-> 19
노드 19를 삭제한 이중 연결 리스트: 3 <-> 20
```

아래는 이중 연결 리스트의 삭제 메서드의 노드가 2개 이상이고 첫 노드의 값이 인자와 다를 때를 예시로 든 코드입니다.

```java
Node prevNode = pointer;
while (pointer != null && pointer.getValue() != value) {
    prevNode = pointer;
    pointer = pointer.next;
}

Node temp = pointer.next;
if (temp == null) {
    prevNode.next = null;
```

```
    } else {
        temp.prev = prevNode;
        prevNode.next = pointer.next;
    }
```

pointer는 head와 같은 곳을 가리키고 있는 상태이며 prevNode는 삭제된 노드와 인접한 노드를 연결시키기 위해 사용됩니다. while (pointer != null && pointer. getValue() != value)는 pointer 변수가 null이 아니거나 인자와 값이 다를 때까지 순회하면서 노드를 찾으며 prevNode는 pointer.prev를 재할당합니다. 반복문이 종료되고 삭제 대상을 가리키고 있는 pointer를 기준으로 prevNode.next는 pointer.next를 가리키게 되고 pointer 노드는 참조를 잃거나 null로 초기화됩니다.

> 3.6 원형 단일 연결 리스트 구현하기

이번 장에서는 원형 단일 연결 리스트를 구현해 봅시다. 단일 및 이중 연결 리스트와 다르게 head와 tail이라는 마지막 노드를 가리키는 포인터가 추가되고 마지막 노드의 포인터는 첫 번째 노드를 가리키게 되어 원형을 이루게 됩니다.

3.6.1 생성자

```
CircularLinkedList() {
    this.head = null;
    this.tail = null;
}
```

```
class Node {
    private int value; // 값
    private Node next; // 다음 포인터
```

```
Node(int value) {
    this.value = value;
    this.next = null;
}

public int getValue() {
    return this.value;
}
}
```

원형 단일 연결 리스트의 생성자와 해당 노드 클래스입니다.

3.6.2 삽입

자연수 11, 9, 27, 41, 3을 차례대로 삽입하여 원형 단일 연결 리스트가 만들어지는 과정을 봅시다.

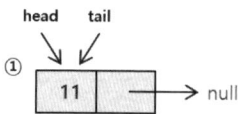

그림 3-17 원형 단일 연결리스트의 삽입 과정 (1)

처음 11을 삽입할 땐 빈 연결 리스트입니다. head와 tail의 포인터는 노드 11을 가리키고 있습니다.

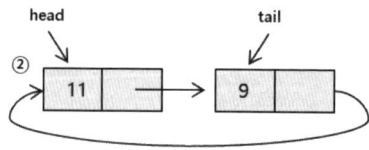

그림 3-18 원형 단일 연결리스트의 삽입 과정 (2)

새로 삽입된 노드 9의 포인터가 head를 가리키도록 합니다. tail은 항상 마지막 노드를 가리키고 있습니다.

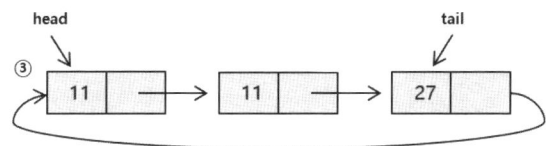

그림 3-19 원형 단일 연결리스트의 삽입 과정 (3)

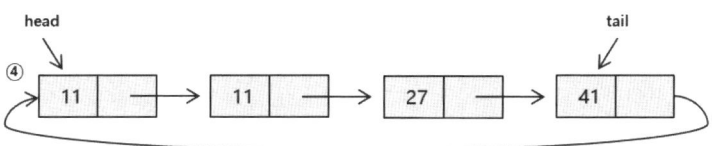

그림 3-20 원형 단일 연결리스트의 삽입 과정 (4)

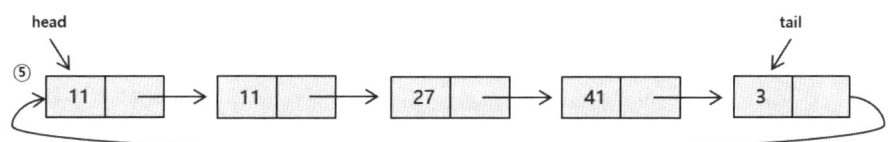

그림 3-21 원형 단일 연결리스트의 삽입 과정 (5)

남은 값들도 모두 삽입하면 새로 생성된 노드는 head를 가리키고 tail은 새로 생성된 노드를 가리키는 것을 확인할 수 있습니다.

linkedList/CLLInsertionMain.java

```java
package linkedList;

public class CLLInsertionMain {
    public static void main(String[] args) {
        CircularLinkedList circularLinkedList = new CircularLinkedList();
        circularLinkedList.append(11);
        circularLinkedList.append(9);
        circularLinkedList.append(27);
        circularLinkedList.append(41);
```

```java
        circularLinkedList.append(3);

        System.out.print("원형 단일 연결 리스트: ");
        circularLinkedList.printAll();
    }
}
```

linkedList/CircularLinkedList.java

```java
package linkedList;

/**
 * 원형 단일 연결 리스트 클래스
 */
public class CircularLinkedList {
    private Node head;
    private Node tail;

    CircularLinkedList() {
        this.head = null;
        this.tail = null;
    }

    class Node {
        private int value; // 값
        private Node next; // 다음 포인터

        Node(int value) {
            this.value = value;
            this.next = null;
        }

        public int getValue() {
            return this.value;
        }
    }

    /**
     * 원형 단일 연결 리스트 끝에 노드 추가
```

```java
 * @param value
 */
public void append(int value) {
    if (this.head == null && this.tail == null) {
        Node node = new Node(value);
        this.head = node;
        this.tail = node;
        return;
    }

    Node pointer = this.tail;
    // 마지막 위치에 새 노드 삽입
    pointer.next = new Node(value);

    // tail은 새로 삽입한 노드를 재할당
    this.tail = pointer.next;
    // tail의 next 포인터를 head로 연결하여 원형 연결 리스트 조건 만족시킴
    this.tail.next = head;
}

/**
 * 모든 노드 출력
 */
public void printAll() {
    Node pointer = this.head;

    StringBuilder builder = new StringBuilder();
    while (pointer != this.tail) {
        builder.append(pointer.getValue());
        builder.append(" -> ");
        pointer = pointer.next;
    }
    builder.append(pointer.getValue());
    builder.append("(tail) -> ");

    builder.append(this.head.getValue());
    builder.append("(head)");

    System.out.println(builder.toString());
```

```
    }
}
```

▶ 실행결과

원형 단일 연결 리스트: 11 -> 9 -> 27 -> 41 -> 3(tail) -> 11(head)

원형 연결 리스트는 마지막 노드를 기억하고 있으므로 마지막 노드를 구하기 위해 노드를 순회하지 않아도 됩니다. tail을 이용하여 삽입 연산을 수행하고 있습니다.

3.6.3 삭제

마지막 노드 3을 삭제한다고 가정해 봅시다. 노드 3이 삭제된다면 그 앞 노드 41은 tail이 되고 포인터의 위치는 head를 가리켜야 합니다.

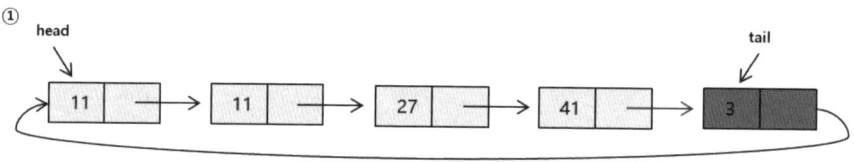

그림 3-22 원형 단일 연결리스트의 삭제 과정 (1)

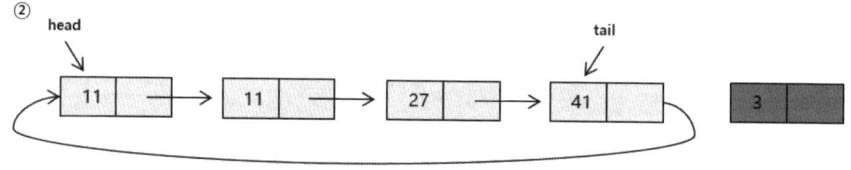

그림 3-23 원형 단일 연결리스트의 삭제 과정 (2)

삭제된 노드 3은 참조가 끊긴 상태이고 tail은 마지막 노드 41을 바라보고 있으며 노드 41은 head를 가리키고 있는 원형 단일 연결 리스트 조건을 만족합니다.

linkedList/CLLDeletionMain.java

```java
package linkedList;

public class CLLDeletionMain {
    public static void main(String[] args) {
        CircularLinkedList circularLinkedList = new CircularLinkedList();
        circularLinkedList.append(11);
        circularLinkedList.append(9);
        circularLinkedList.append(27);
        circularLinkedList.append(41);
        circularLinkedList.append(3);

        System.out.println("원본 원형 단일 연결 리스트: ");
        circularLinkedList.printAll();

        System.out.println("노드 3을 삭제한 원형 단일 연결 리스트: ");
        circularLinkedList.delete(3);
        circularLinkedList.printAll();

        System.out.println("노드 11을 삭제한 원형 단일 연결 리스트: ");
        circularLinkedList.delete(11);
        circularLinkedList.printAll();

        System.out.println("노드 27을 삭제한 원형 단일 연결 리스트: ");
        circularLinkedList.delete(27);
        circularLinkedList.printAll();
    }
}
```

linkedList/CircularLinkedList.java

```java
package linkedList;

/**
 * 원형 단일 연결 리스트 클래스
 */
public class CircularLinkedList {
    private Node head;
```

```
private Node tail;

CircularLinkedList() {
    this.head = null;
    this.tail = null;
}

class Node {
    private int value; // 값
    private Node next; // 다음 포인터

    Node(int value) {
        this.value = value;
        this.next = null;
    }

    public int getValue() {
        return this.value;
    }
}

/**
 * 원형 단일 연결 리스트 끝에 노드 추가
 * @param value
 */
public void append(int value) {
    if (this.head == null && this.tail == null) {
        Node node = new Node(value);
        this.head = node;
        this.tail = node;
        return;
    }

    Node pointer = this.tail;
    // 마지막 위치에 새 노드 삽입
    pointer.next = new Node(value);

    // tail은 새로 삽입한 노드를 재할당
    this.tail = pointer.next;
    // tail의 next 포인터를 head로 연결하여 원형 연결 리스트 조건 만족시킴
```

```java
        this.tail.next = head;
}

/**
 * 원형 단일 연결 리스트 노드 삭제
 * @param value
 */
public void delete(int value) {
    Node pointer = this.head;

    if (pointer.getValue() == value) {
        Node removeNode = this.head;
        this.head = this.head.next;

        removeNode = null;
        return;
    }

    // 포인터가 tail이 아니며 값이 다를 때까지 반복
    Node temp = null;
    while (pointer.next != this.tail &&
    pointer.getValue() != value) {
        temp = pointer;
        pointer = pointer.next;
    }

    // 삭제할 노드가 tail일 경우 앞 노드를 tail로 재할당하고
    next를 head로 연결
    if (pointer.next.getValue() == value) {
        this.tail = pointer;
        this.tail.next = this.head;
    } else {
        temp.next = pointer.next;
    }
    pointer = null;
}

/**
 * 모든 노드 출력
 */
```

```java
    public void printAll() {
        Node pointer = this.head;

        StringBuilder builder = new StringBuilder();
        while (pointer != this.tail) {
            builder.append(pointer.getValue());
            builder.append(" -> ");
            pointer = pointer.next;
        }
        builder.append(pointer.getValue());
        builder.append("(tail) -> ");

        builder.append(this.head.getValue());
        builder.append("(head)");

        System.out.println(builder.toString());
    }
}
```

▶ 실행결과

원본 원형 단일 연결 리스트:
11 -> 9 -> 27 -> 41 -> 3(tail) -> 11(head)
노드 3을 삭제한 원형 단일 연결 리스트:
11 -> 9 -> 27 -> 41(tail) -> 11(head)
노드 11을 삭제한 원형 단일 연결 리스트:
9 -> 27 -> 41(tail) -> 9(head)
노드 27을 삭제한 원형 단일 연결 리스트:
9 -> 41(tail) -> 9(head)

if (pointer.next.getValue() == value)는 삭제 대상 노드가 tail일 경우입니다. tail을 삭제 하기 전 삭제 대상 노드의 앞 노드를 tail로 재할당하고 tail.next를 head 노드와 연결해 줍니다. head 및 tail의 중간 노드가 삭제 대상인 경우는 temp 노드를 이용하여 삭제 될 중간 노드의 앞과 뒤 노드를 서로 연결하여 노드를 삭제합니다.

3.7 연습문제

문제 03_1

챕터 3.4의 단일 연결 리스트 삽입 메서드에서 중복을 허용하지 않는 삽입 메서드로 수정해 보세요.

문제 03_2

챕터 3.6을 참고하여 원형 이중 연결 리스트 및 아래 세 가지의 동작을 구현해 보세요.

- 삽입
- 삭제
- 검색

CHAPTER

04

재귀(Recursive)

CHAPTER **04** __ 재귀(Recursive)

> ## 4.1 재귀란?

재귀호출은 함수 내에서 자기 자신을 또다시 호출하는 행위이며 재귀 함수는 재귀적으로 구현된 함수를 의미합니다. 일반적인 상황에서는 자주 사용하지 않아서 재귀에 대한 필요성을 느끼지 못할 수 있지만, 자료구조나 알고리즘을 구현할 경우 재귀 함수는 반복문보다 논리적이고 쉽게 구현할 수 있도록 도와줍니다. 처음부터 이해하기는 쉽지 않겠지만 재귀가 어떻게 동작하는지 그림으로 익히고 예제를 통해서 직접 구현하다 보면 어려운 문제가 닥치더라도 재귀를 통해 쉽게 풀어나갈 수 있을 거라 생각합니다.

재귀 함수의 동작 방식에 대한 이해를 위해 먼저 일반적인 메서드를 호출해 봅시다. 1에서 100까지 구하는 프로그램을 작성해 봅시다. 아래처럼 반복문을 이용하여 구현할 수 있습니다.

```java
public class chapter4_1 {
    public static void main(String[] args) {
        System.out.println("결과: " + sum(100));
    }

    private static int sum(int num) {
        int result = 0;
        for (int i = 1; i <= num; i++) {
            result += i;
        }
```

```
        return result;
    }
}
```

▶ 실행결과

5050

핵심 로직인 sum 메서드의 내부를 살펴보겠습니다. 결괏값을 담을 int형 변수 result를 선언하고 호출하는 쪽에서 넘겨준 num 인자의 수만큼 반복하여 result 변수에 더해 주고 있습니다.

재귀 동작과의 차이점을 설명하기 전에 함수 호출 시 JVM(Java Virtual Machine) 내의 스택(Stack) 영역에는 어떻게 메모리가 할당되는지 알아봅시다.

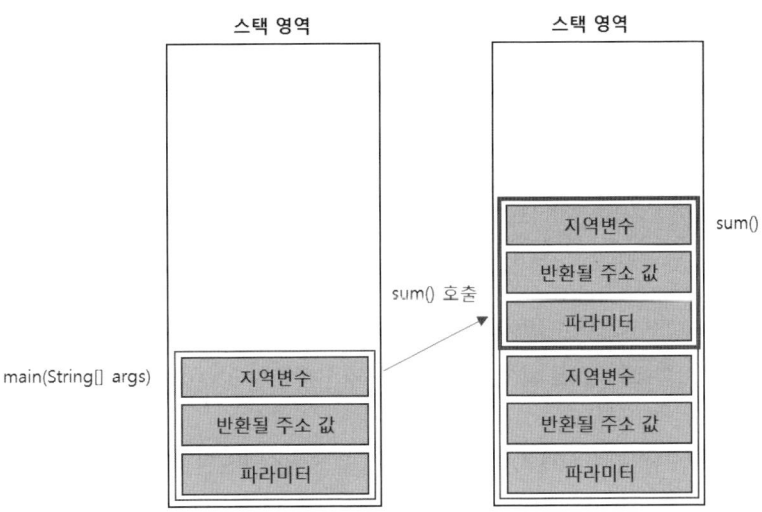

그림 4-1 JVM 스택 영역의 메모리 할당

스택 영역에는 함수가 호출되는 시점에 스택 프레임(Stack Frame)이라는 메모리 공간을 할당받아서 함수를 처리하기 위한 정보들인 지역변수, 파라미터, 호출된 시점으로 돌아갈 반환 주소값을 저장하고 있습니다. 호출된 함수가 종료되면 할당받았던 스택 프레임도 소멸하게 됩니다.

위와 같은 반복문을 사용한 코드를 재귀 함수로 바꿔 보겠습니다.

```java
public class chapter4_2 {
    public static void main(String[] args) {
        System.out.println("결과: " + sum(100));
    }

    private static int sum(int range) {
        return range + sum(range - 1);
    }
}
```

▶ 실행결과

Exception in thread "main" java.lang.StackOverflowError

핵심 로직인 sum 메서드의 변화가 생겼습니다. 반복문이 제거되고 return 문에서 자기 자신을 다시 호출하는 것을 볼 수 있습니다. 파라미터로 넘어온 range를 더하는 동시에 자기 자신을 호출하면서 전달 인자(Argument)로 range를 -1만큼 감소시켜 다시 호출하고 있습니다. 위 코드를 실행하면 어떤 결과가 나올까요?

java.lang.StackOverflowError 익셉션이 발생합니다. 왜 발생할까요? 자기 자신을 계속 호출하면서 무한 루프를 빠져나올 조건을 명시해주지 않았습니다.

그림 4-2처럼 main 함수에서 시작되어 재귀 함수인 sum 함수를 호출합니다. 재귀 함수도 일반적으로 함수의 형태이므로 자기 자신을 호출하더라도 복사본을 만들어서 새 스택 프레임 메모리 공간을 할당받아 메서드의 상태 및 정보가 저장되는 형태를 가집니다. 반복문은 종료 조건이 필수 요소이기 때문에 재귀 함수에서 발생할 수 있는 스택 오버플로우 발생률이 적지만 재귀 함수에서 중요한 점은 무한정 호출을 막기 위한 조건

을 명시해 주어야 합니다.

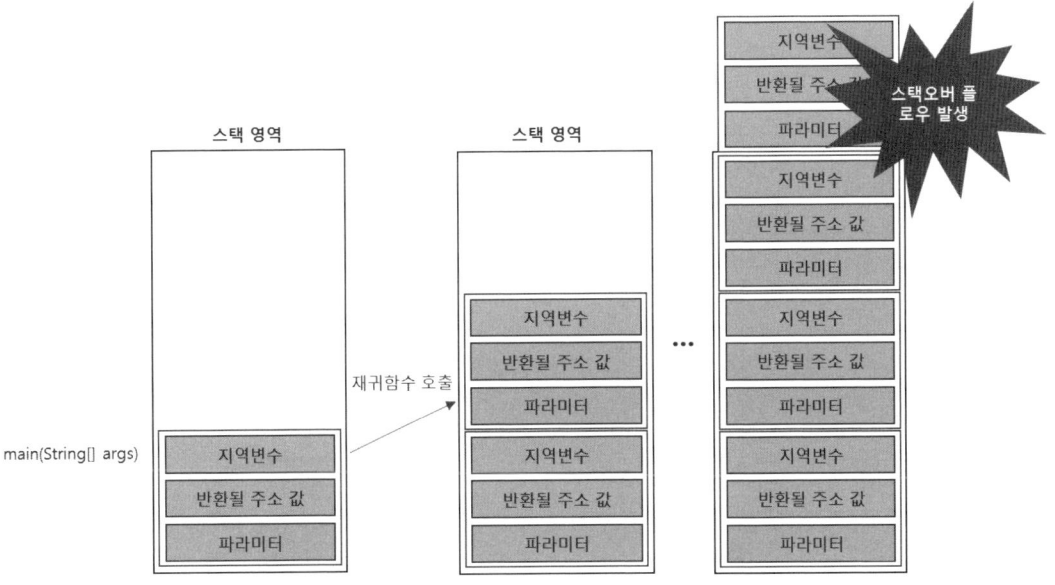

그림 4-2 sum 재귀호출

그림 4-3 재귀 함수의 무한 호출로 인한 스택 오버플로우 발생

만약 무한정 자기 자신을 호출하면 스택 영역이 가득 차게 되어 더 이상 스택 영역을 사용할 수 없어 스택 오버플로우(Stack Overflow)가 발생합니다. 예외가 발생하지 않도록 재귀를 중지시킬 수 있는 조건이 필요합니다. 이것을 기저 조건이라 합니다. 우리가 작성한 코드의 기저 조건은 if (range == 0)입니다.

다시 온전한 코드로 바꾸어 볼까요? chapter4_2의 코드에 추가를 해 줍시다.

```java
public class chapter4_2 {
    public static void main(String[] args) {
        System.out.println("결과: " + sum(3));
    }

    private static int sum(int range) {
        if (range == 1) {
            return range;
        }
        return range + sum(range - 1);
    }
}
```

7-9 라인의 if (range == 1) { return range; } 코드를 추가함으로써 무한 루프를 피할 수 있게 되었습니다. 코드를 실행하면 결괏값은 6으로 출력되는 것을 볼 수 있습니다.

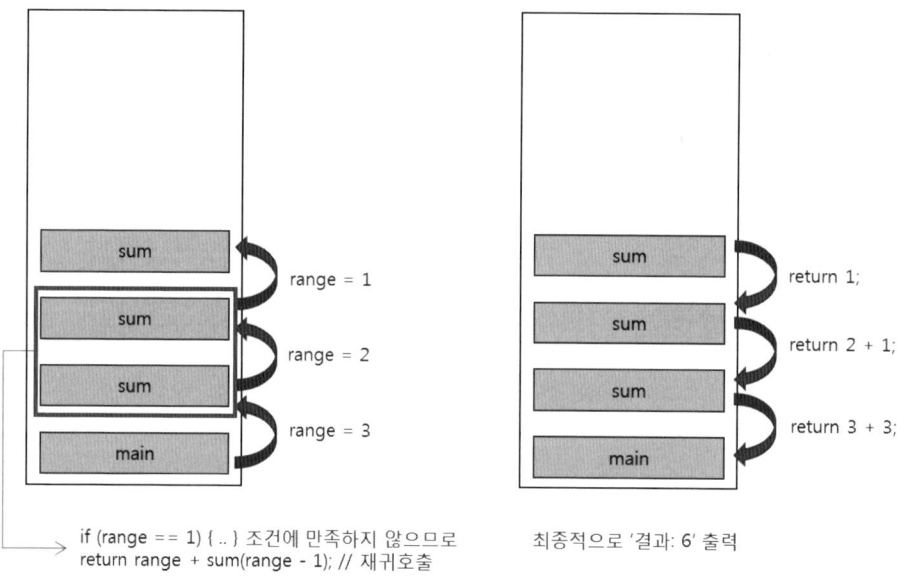

if (range == 1) { .. } 조건에 만족하지 않으므로
return range + sum(range - 1); // 재귀호출

최종적으로 '결과: 6' 출력

그림 4-4 sum메서드의 재귀호출 과정 및 결과

기저 조건을 만족할 때까지 재귀호출을 반복하다가 기저 조건을 만나면 return 문을 통해 각 함수의 결괏값을 반환하고 있습니다.

재귀 함수를 글로만 봤을 때는 자기 자신을 호출하니깐 속도나 메모리에 영향을 받지 않겠지 하는 생각을 할 수 있습니다. 우리는 함수가 호출되면 JVM 스택 영역에 스택 프레임이라는 메모리 공간을 할당받아 함수를 처리하는 것을 보았습니다. 반복문을 이용한 코드보다는 매번 자기 자신을 복제하여 실행되므로 메모리 및 자원의 소모량이 클 수밖에 없지만, 재귀를 이해하면 이후에 나올 트리를 배우는 데 어려움이 줄어들 것입니다.

> 4.2 팩토리얼(Factorial)

팩토리얼은 자연수 n에 대하여 1부터 n까지의 자연수를 모두 곱하는 것입니다. n이 5일 경우, 5×4×3×2×1이므로 120이 됩니다. 이것을 반복문으로 구현할 수도 있고 재귀 함수로도 구현할 수 있습니다. 우리는 재귀 함수에 익숙해지기 위해서 재귀 함수를 이용하여 팩토리얼을 구하는 프로그램을 구현해 봅시다.

```java
public class chapter4_3 {
    public static void main(String[] args) {
        System.out.println("5! => " + factorial(5));
        System.out.println("6! => " + factorial(6));
        System.out.println("7! => " + factorial(7));
    }

    private static int factorial(int num) {
        if (num <= 1) {
            return 1;
        }
        return num * factorial(--num);
    }
}
```

▶ 실행결과

```
5! => 120
6! => 720
7! => 5040
```

이전에 보았던 sum 함수의 로직과 비슷하게 구현한 것을 볼 수 있습니다. 기저 조건은 if (num <= 1)임을 확인할 수 있습니다. 팩토리얼은 자연수 1까지만 곱하는 것이므로 1보다 같거나 작은 값이 넘어오는 경우 1을 반환합니다.

기저 조건을 만족하지 않는 경우에는 num을 -1 감소시켜 재귀호출을 합니다. 기저 조건을 만족할 때까지 계속 num이 하나씩 감소되며 재귀호출을 반복합니다.

그림 4-5는 factorial(5)에 대한 설명입니다.

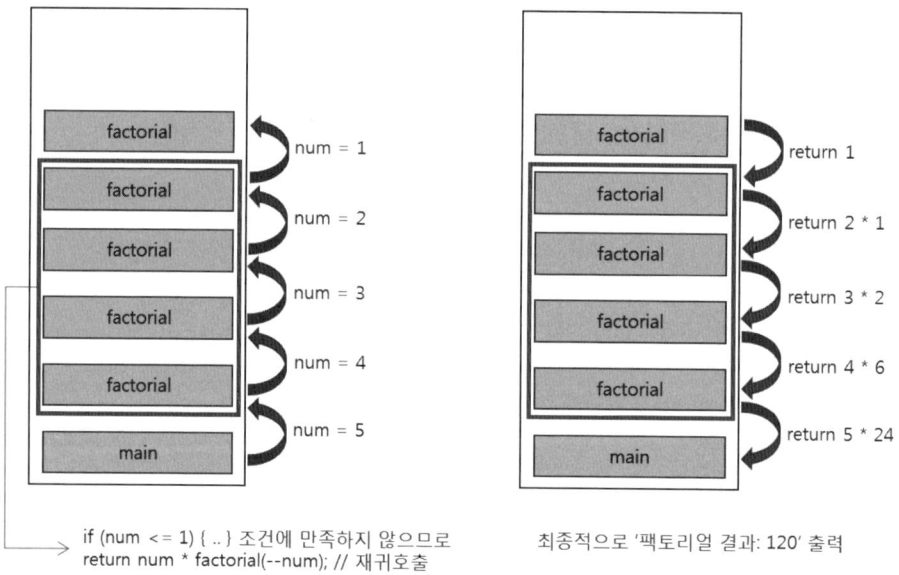

그림 4-5 팩토리얼 메서드의 과정 및 결과

> 4.3 피보나치 수열(Fibonacci numbers)

첫째 항 또는 둘째 항이 1이며 뒤에 나오는 항들은 모두 자신의 앞 두 항의 합인 수열입니다. 1 1 2 3이 존재하는 수열에서 다음 5번째 항은 2 + 3 = 5가 됩니다.

$$f_n = \begin{cases} 0 & if\ n = 0; \\ 1 & if\ n = 1; \\ f_{n-1} + f_{n-2} & if\ n > 1; \end{cases}$$

그림 4-6 피보나치 수열의 초항과 점화식

n이 0인 경우 0을 반환하고 1인 경우 1을 반환합니다. n이 1보다 큰 경우 앞 두 항의 합을 반환합니다. 위 함수식을 토대로 코드로 구현할 수 있습니다. 사용자로부터 입력값을 받아 피보나치 수열을 모두 출력하는 코드를 구현해봅시다.

```java
public class chapter4_4 {
    public static void main(String[] args) {
        Scanner scanner = new Scanner(System.in);
        System.out.printf("입력: ");

        int num = scanner.nextInt();
        System.out.printf("피보나치 수열: ");

        for (int i = 0; i < num; i++) {
            System.out.printf(fibonacci(i) + " ");
        }
    }

    private static int fibonacci(int n) {
        if (n <= 1) {
            return n;
        }
        return fibonacci(n - 1) + fibonacci(n - 2);
    }
}
```

▶ 실행결과

입력: 5
피보나치 수열: 0 1 1 2 3

Scanner 클래스를 이용하여 키보드의 입력 값을 n 변수에 담습니다. 반복문을 통해 0항부터 n까지의 피보나치의 수를 모두 출력하는 예제입니다. 17~22 라인의 fibonacci 메서드는 재귀호출로 이루어집니다.

```
// fibonacci 메서드
   private static int fibonacci(int n) {
      if (n <= 1) {
         return n;
      }
      return fibonacci(n - 1) + fibonacci(n - 2);
   }
```

피보나치 수열의 기저 조건은 n == 0 이거나 n == 1일 때, n을 반환하도록 함수식이 정의되어 있으므로 이에 맞게 구현한 코드가 2~4 라인입니다. n > 1인 경우 재귀호출을 통해 자신의 앞 두 항을 구하여 서로 더해 주고 결괏값을 반환합니다. 팩토리얼 예제와 다르게 재귀 함수 내에서 두 번의 재귀호출이 일어나는 것을 볼 수 있습니다. 그림 4-7을 통해 단계적으로 살펴볼까요?

- **n = 3일 때**

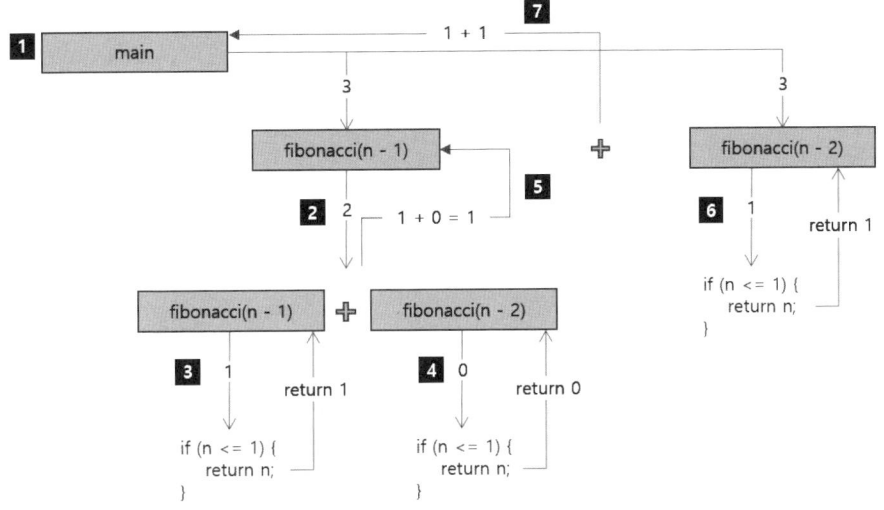

그림 4-7 피보나치 수열 과정

1. main에서 사용자가 입력한 값은 3입니다. 피보나치 수열의 3번째 항을 찾기 위해 전달인자 3과 함께 fibonacci 메서드를 호출합니다. 현재 n은 3이므로 if (n <= 1) 조건에 성립되지 않으므로 return fibonacci(n - 1) + fibonacci(n - 2); 재귀 함수의 첫 번째 fibonacci(n -1)부터 시작합니다.

2. fibonacci(n - 1) 메서드는 전달인자를 하나 감소시켜 호출하게 되므로 n은 2가 됩니다. 2는 기저 조건에 성립되지 않으므로 다시 return fibonacci(n - 1) + fibonacci(n - 2); 를 수행하게 되며 (1)과 동일하게 첫 번째 함수인 fibonacci(n - 1)부터 시작합니다.

3. (2)에서 전달받은 n을 하나 감소시켜 fibonacci(n - 1)를 호출하게 되며 여기서 n은 1이 되어 if (n <= 1) 조건에 성립되므로 return n;을 통해 현재 n은 1의 값이므로 1을 반환합니다.

4. 다시 (2)로 돌아온 뒤, 호출되지 않은 fibonacci(n - 2)를 호출하는데 (2)의 n 값은 2이므로 n - 2를 통해 매개변수는 n에 0을 전달받습니다. 0은 if (n <= 1) 조건에 성립되므로 return n;을 통해 현재 n의 값 0을 반환합니다.

5. (3)과 (4)에서 구한 항들의 합을 반환합니다.
6. (1) 에서 호출한 finonacci(n - 1)의 호출이 끝난 후 마지막으로 남은 재귀 함수 fibonacci(n - 2)를 호출하는데 현재 n은 3이므로 n - 2를 통해 매개변수 n에 1을 전달받습니다. 1 또한 if (n <= 1) 조건에 성립되므로 현재 n의 값 1을 반환하게 됩니다.
7. 최종적으로 구한 자신의 앞 두 항의 값은 1, 1이 되고 더한 값은 2이므로 피보나치 수열의 3번째 항의 수는 2가 됩니다.

- **n = 5일 때**

n이 3인 경우는 숲보단 나무를 집중적으로 살펴봤다면 n이 5인 경우는 나무를 포괄하는 숲을 바라보는 시점으로 과정을 살펴보겠습니다. 들어가기 앞서 재귀호출의 수가 많아져 n = 3일 때보다 복잡해 보일 수 있습니다. 하지만 그림을 통해 단계적으로 보았을 때 어떠한 규칙을 발견할 수 있고 이해하게 되면 다음 예제에 나오는 하노이의 탑을 구현할 때 도움이 됩니다.

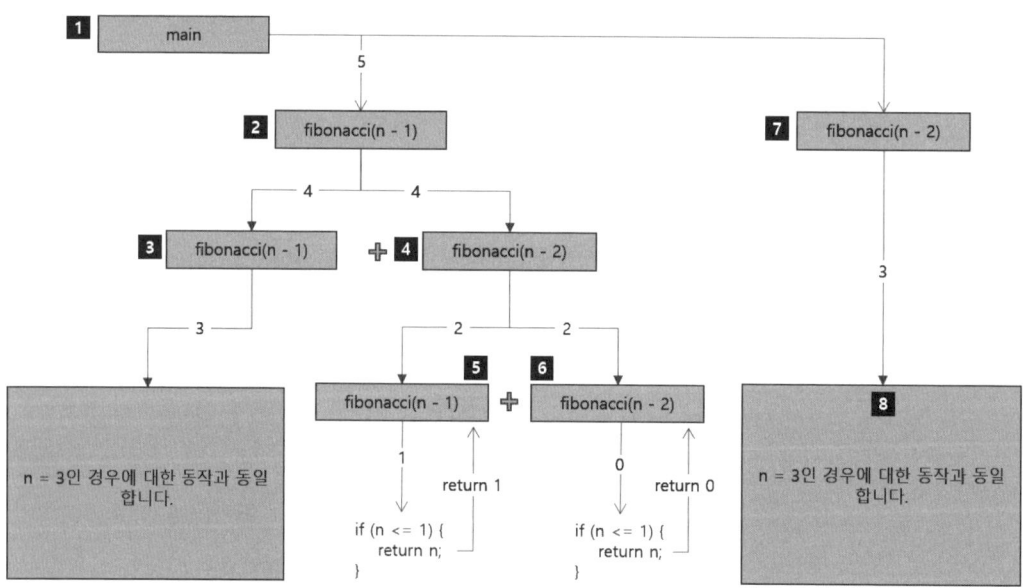

그림 4-8 피보나치 수열 과정

1. 사용자의 입력을 받은 main에서 시작되어 n은 5의 값으로 세팅된 상황입니다. n은 기저조건에 성립되지 않으므로 재귀 함수를 호출합니다.
2. (1)에서 전달한 n 값은 호출할 때 n - 1 감소되어 매개변수는 4가 됩니다. 4의 값도 기저조건에 성립되지 않으므로 한 번 더 첫 번째 재귀 함수를 호출합니다.
3. (2)에서 전달받은 n은 4이므로 n - 1 감소되어 재귀 함수를 호출하며 매개변수는 3이 됩니다. 앞서 보았던 n = 3일 때와 같은 방식으로 동작합니다.
4. (2)에서 전달받은 n은 4이므로 n - 2 감소되어 재귀 함수를 호출하며 매개변수는 2가 됩니다. 2의 값도 기저조건에 성립되지 않으므로 또다시 첫 번째 재귀 함수를 호출합니다.
5. (4)에서 전달받은 n은 2이므로 n - 1 감소되어 재귀 함수를 호출하며 매개변수는 1이 되고 기저조건에 성립되므로 n을 반환합니다.
6. (5)의 동작에서 반환값이 0인 점을 제외하고 동일합니다.
7. (1)에서 처음 호출한 재귀 함수 fibonacci(n - 1)의 동작이 끝난 후 마지막 재귀 함수인 fibonacci(n - 2)를 호출합니다.
8. (7)에서 전달받은 n은 5이며 n - 2 감소되어 호출되며 매개변수는 3이 됩니다. 앞서 보았던 n = 3일 때와 같은 방식으로 동작합니다.

> 4.4 하노이의 탑(Tower of hanoi)

재귀 함수를 더 잘 이해하기 위해 하나의 게임을 풀어 봅시다.

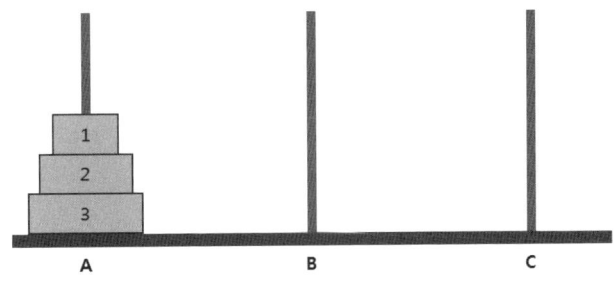

그림 4-9 1개의 원반을 이동하는 과정 (1)

재귀 함수를 학습할 때 좋은 예제로 하노이의 탑이 있습니다. 그림 4-9와 같이 하노이의 탑은 세 개의 기둥이 존재하며 첫 번째 기둥에는 가장 작은 원반부터 아래로 내려갈수록 크기가 큰 원반이 쌓여 있습니다. 이 원반을 마지막 기둥으로 모두 순서 그대로 최소한의 이동으로 모든 원반을 옮기면 되는 게임입니다.

단, 조건이 있습니다.

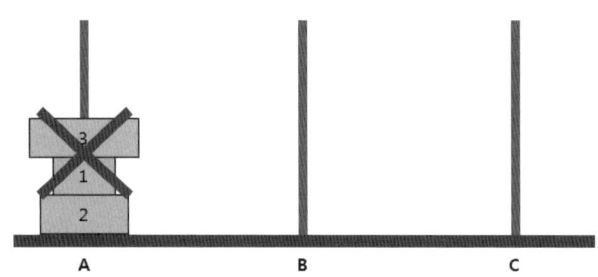

그림 4-10 1개의 원반을 이동하는 과정 (2)

첫 번째, 자신보다 큰 원반은 올릴 수 없습니다.

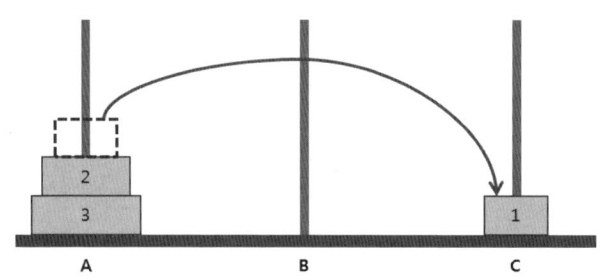

그림 4-11 1개의 원반을 이동하는 과정 (3)

두 번째, 맨 위에 있는 원반만 움직일 수 있습니다.

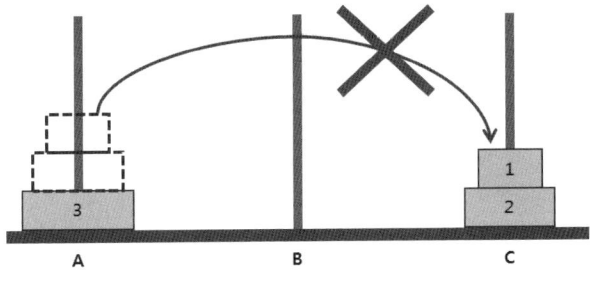

그림 4-12 1개의 원반을 이동하는 과정 (4)

세 번째, 한 번에 하나의 원반을 움직일 수 있습니다.

자, 그럼 하나씩 살펴보기 전에 규칙을 정해봅시다. 세 개의 기둥은 왼쪽부터 A, B, C 기둥이고 중간 기둥인 B기둥은 임시 기둥이라고 하겠습니다.

임시 기둥을 구하는 공식

- **1개의 원반을 A기둥 → C기둥으로 옮기는 경우**

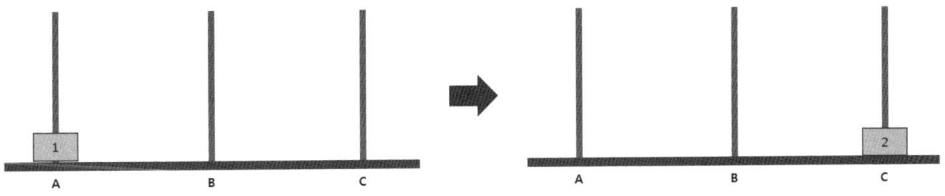

그림 4-13 1개의 원반을 이동하는 과정 (5)

1번 원반 위에 다른 원반이 존재하지 않으므로 제약 없이 바로 C기둥으로 옮깁니다.

```
package recursive;

import java.util.Scanner;

public class chapter4_5 {
    public static void main(String[] args) {
```

```java
        System.out.println("원반의 개수를 입력해주세요.");
        Scanner scanner = new Scanner(System.in);
        int disks = scanner.nextInt();

        System.out.println("[결과]");
        topOfHanoi(disks, "A", "B", "C");
    }

    public static void topOfHanoi(int disks, String begin, String middle,
    String end) {
        if (disks == 1) {
            System.out.println(String.format("1번 원반을 %s 기둥으로 옮깁니다.", end));
        } else {
            System.out.println(String.format("%s개 이상의 원반을 구할 수 없습니다.",
            disks));
        }
    }
}
```

▶ 실행결과

입력: 1
[결과]
1번 원반을 C 기둥으로 옮깁니다.

Scanner를 통해 원반의 개수를 입력받아 동작하는 코드입니다. topOfHanoi 메서드를 살펴보면 4개의 파라미터를 받습니다.

- disks: 원반의 개수
- begin: 시작지점
- middle: 임시지점(중간 기둥)
- end: 목표지점

원반이 1개일 경우는 특별한 알고리즘 없이 동작할 수 있으므로 disks == 1일 때, end로 이동시키면 됩니다. 만약에 2개 이상의 원반이 들어온 경우는 disks 개수만큼 출력을 해

주어 원반을 구할 수 없다는 메세지를 띄워 줍니다. topOfHanoi 메서드를 확장하여 다음 2개 이상 및 3개 이상인 하노이의 탑도 구해봅시다.

- **2개의 원반을 A기둥 → C기둥으로 옮기는 경우**

맨 위 원반만 움직일 수 있다는 조건(2)을 통해 한 번에 하나씩 원반을 이동해 봅시다.

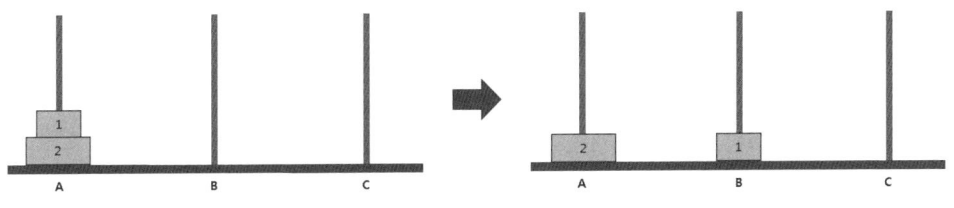

그림 4-14 2개의 원반을 이동하는 과정 (1)

처음 최상단에 존재하는 1번 원반을 임시 기둥으로 옮깁니다.

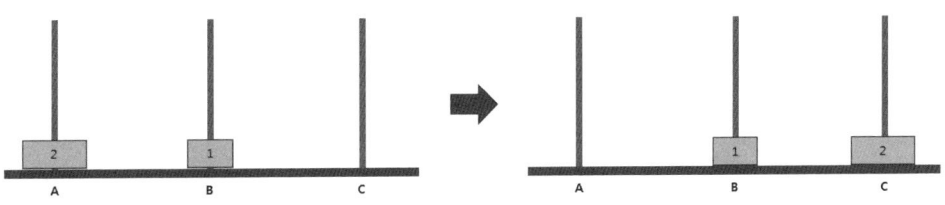

그림 4-15 2개의 원반을 이동하는 과정 (2)

최하단에 존재하는 2번 원반을 C기둥으로 옮깁니다.

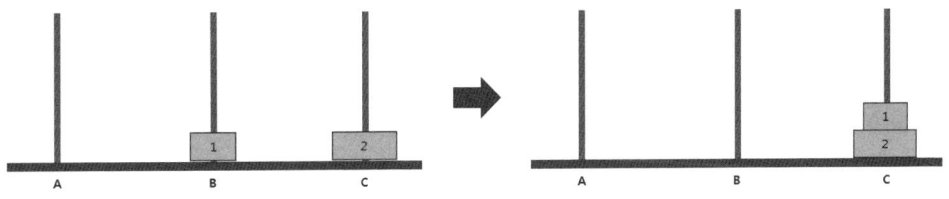

그림 4-16 2개의 원반을 이동하는 과정 (3)

임시 기둥에 존재하는 1번 원반을 C기둥으로 옮깁니다.

점점 복잡해지고 있습니다. 원반이 하나일 때는 굳이 재귀를 사용하지 않아도 문제를 해결할 수 있었지만, 2개 이상부터는 재귀가 필요합니다.

```
public static void topOfHanoi(int disks, String begin, String middle, String end) {...}
```

topOfHanoi 메서드를 재귀호출을 통해 문제를 해결할 수 있습니다. 다음에 나올 원반이 3개일 경우를 설명하면서 어떻게 재귀적으로 문제를 해결하는지 알아봅시다.

- **3개의 원반을 A기둥 → C기둥으로 옮기는 경우**

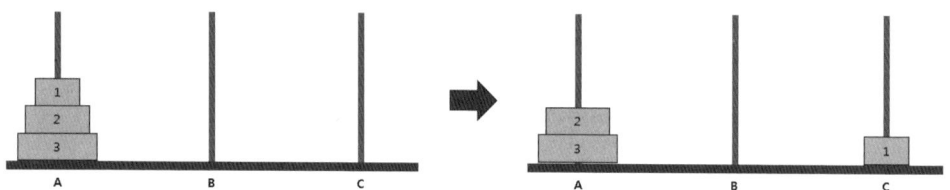

그림 4-17 3개의 원반을 이동하는 과정 (1)

천천히 단계적으로 살펴볼까요? 먼저 최하단에 존재하는 1번 원반부터 C기둥에 다시 쌓아야 하기 때문에 3번 원반을 제외한 원반들을 모두 임시 기둥으로 옮겨야 합니다. 이 말을 다르게 설명하면 최하단 원반을 제외한 나머지 원반들을 모두 임시 기둥으로 옮겨야 합니다. 그래야 최하단 원반을 C기둥으로 쌓고 다음 원반들을 차곡차곡 쌓을 수 있겠죠?

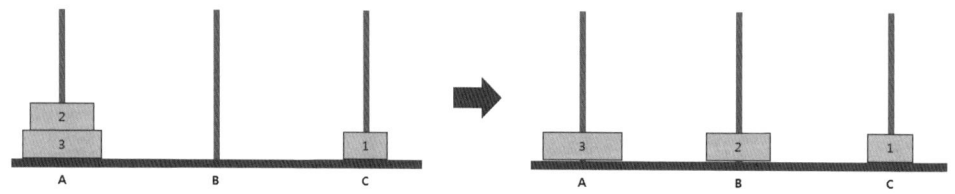

그림 4-18 3개의 원반을 이동하는 과정 (2)

2번 원반을 임시 기둥으로 옮기기 위해 1번 원반을 C기둥으로 옮깁니다.

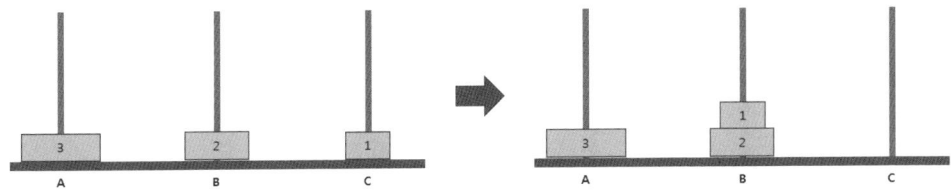

그림 4-19 3개의 원반을 이동하는 과정 (3)

2번 원반을 임시 기둥으로 옮기고 1번 원반을 다시 임시 기둥으로 옮깁니다.

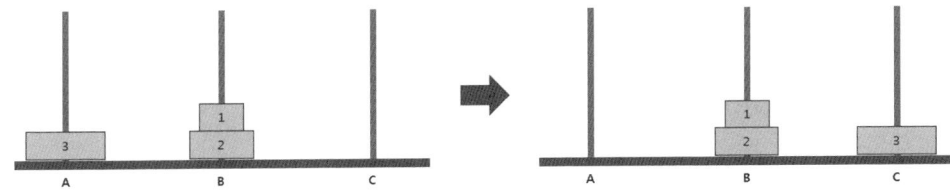

그림 4-20 3개의 원반을 이동하는 과정 (4)

3번 원반을 C기둥으로 옮깁니다.

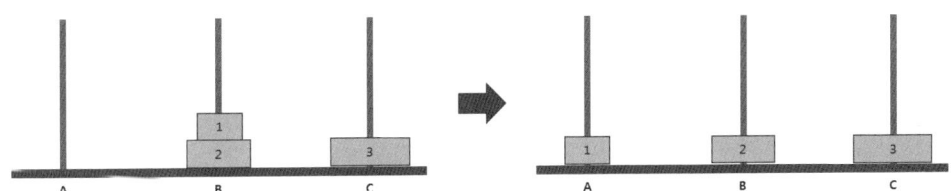

그림 4-21 3개의 원반을 이동하는 과정 (5)

1번 원반을 A기둥으로 옮깁니다.

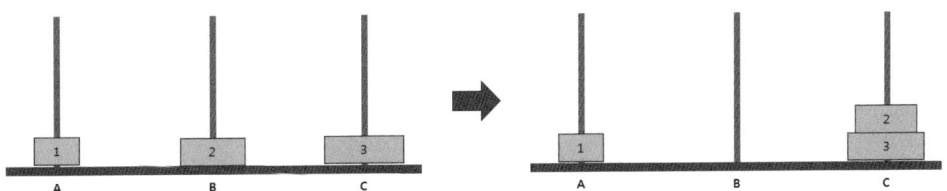

그림 4-22 3개의 원반을 이동하는 과정 (6)

2번 원반을 C기둥으로 옮기고 1번 원반을 C기둥으로 옮깁니다.

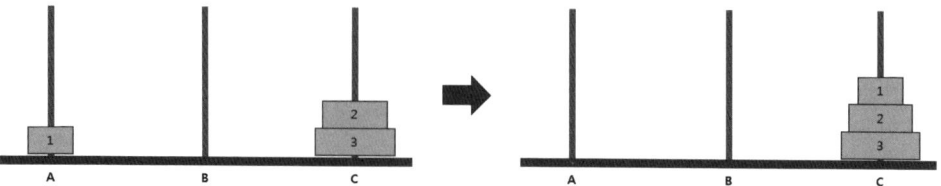

그림 4-23 3개의 원반을 이동하는 과정 (7)

```java
package recursive;

import java.util.Scanner;

public class chapter4_6 {
    public static void main(String[] args) {
        System.out.println("원반의 개수를 입력해주세요.");
        Scanner scanner = new Scanner(System.in);
        int disks = scanner.nextInt();

        System.out.println("[결과]");
        topOfHanoi(disks, "A", "B", "C");
    }

    public static void topOfHanoi(int disks, String begin, String middle, String end) {
        if (disks == 1) {
            System.out.println(String.format("1번 원반을 %s 기둥으로 옮깁니다.", end));
            return;
        }

        topOfHanoi(disks - 1, begin, end, middle);
        System.out.println(String.format("%3번 원반을 %s 기둥으로 옮깁니다.", disks, end));
        topOfHanoi(disks - 1, middle, begin, end);
    }
}
```

▶ 실행결과

```
원반의 개수를 입력해주세요.
3
[결과]
1번 원반을 C 기둥으로 옮깁니다.
2번 원반을 B 기둥으로 옮깁니다.
1번 원반을 B 기둥으로 옮깁니다.
3번 원반을 C 기둥으로 옮깁니다.
1번 원반을 A 기둥으로 옮깁니다.
2번 원반을 C 기둥으로 옮깁니다.
1번 원반을 C 기둥으로 옮깁니다.
```

topOfHanoi 메서드에서 사용되는 재귀호출을 살펴보면 전달인자가 다른 두 개의 재귀호출로 구현되어 있습니다. 그림 4-23과 같이 임시 기둥으로 최하단 원반을 제외한 모든 원반을 옮긴 뒤, 최하단 원반을 목표지점에 이동시키고 나머지 원반들을 차례로 목표지점으로 이동시키고 있습니다. 두 개의 재귀호출을 하나씩 살펴볼까요?

첫 번째 재귀호출 topOfHanoi(disks - 1, begin, end, middle)

최하단 원반을 제외한 원반들을 출발지점에서 임시지점까지 옮기는 재귀호출입니다. 전달인자의 순서를 유의해야 합니다. 호출될 때 원반을 하나씩 옮겨야 하므로 -1만큼 감소를 시키는 disks - 1과 시작 지점인 begin을 전달하고 있습니다. 임시지점을 목표지점으로 두기 때문에 middle를 마지막 인자(목표지점)로 사용하고 남은 end는 임시지점 인자로 넘겨줍니다. 그림 4-24는 설명에 대한 내용을 그림으로 표현한 것입니다.

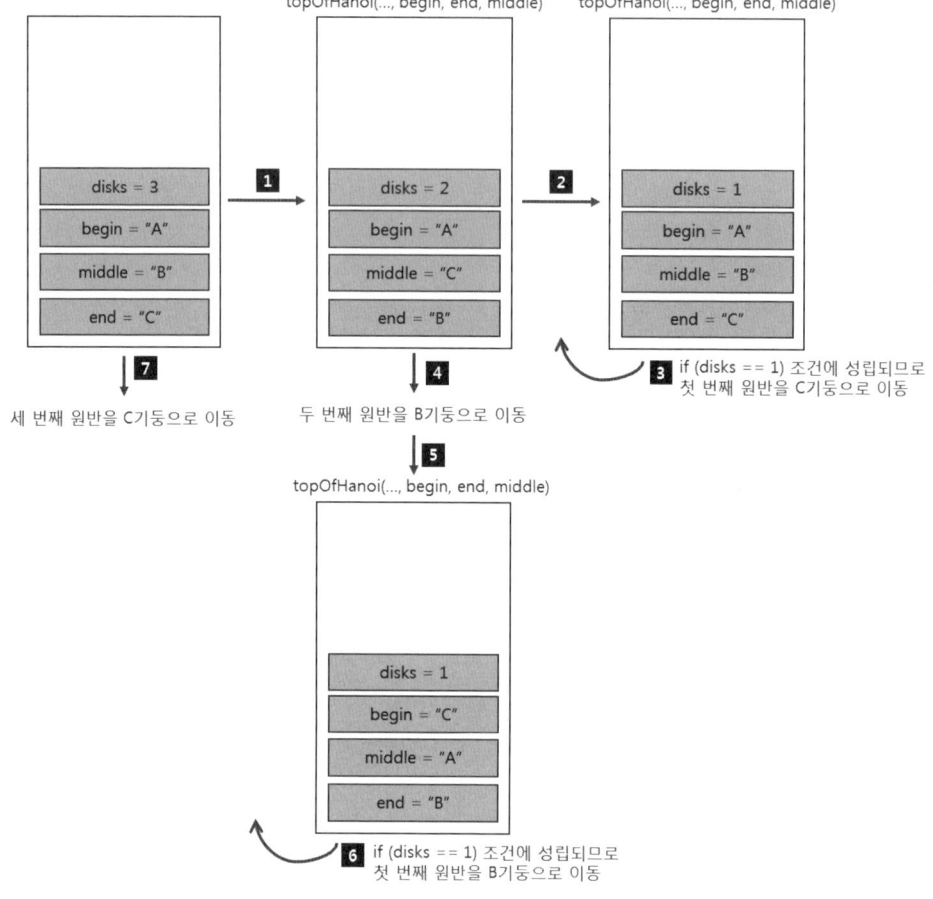

그림 4-24 topOfHanoi(disks - 1, begin, end, middle) 메서드에 대한 과정 (1)

1. main에서 호출된 topOfHanoi 메서드에서 원반의 개수를 disks - 1만큼 감소시켜 재귀호출을 시작합니다.
2. disks는 2이므로 기저 조건이 성립되지 않아 다시 disks - 1만큼 감소시켜 재귀호출을 합니다.
3. disks가 1이므로 기저 조건이 성립되므로 1번 원반을 파라미터 'end' 즉, C기둥으로 옮깁니다.
4. (2)로 돌아와서, 현재 disks는 2이므로 2번 원반을 B기둥으로 옮깁니다.

5. 첫 번째 원반을 옮기기 위해서 disks - 1만큼 감소시켜 재귀호출을 합니다.
6. disks가 1이므로 기저 조건이 성립되어 1번 원반을 B기둥으로 옮깁니다.
7. (1)로 돌아와서, 마지막 원반을 C기둥으로 옮깁니다.

현재까지 이동된 원반은 아래와 같은 형태가 됩니다.

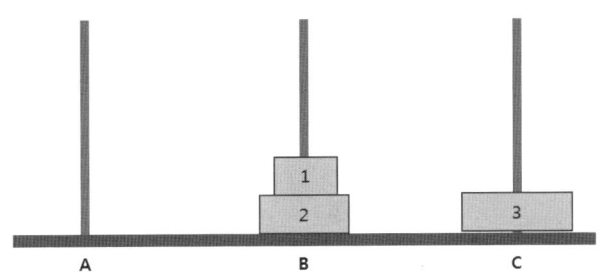

그림 4-25 topOfHanoi(disks - 1, begin, end, middle) 메서드에 대한 과정 (2)

두 번째 재귀호출 topOfHanoi(disks - 1, middle, begin, end)

목표지점에 최하단 원반이 존재하고 나머지 원반들은 임시지점에 쌓여 있는 상황입니다. 임시지점에서 목표지점까지 원반들을 옮기는 재귀호출입니다. 전달인자의 순서를 유의하며 살펴봅시다. 첫 번째 재귀호출과 마찬가지로 호출될 때 원반을 하나씩 옮겨야 하므로 -1만큼 감소를 시키는 disks - 1가 있으며 시작 지점은 임시지점이므로 middle을 인자로 전달하고 있습니다. 녹표지점으로 이동시기기 위해 end를 인자로 사용하고 남은 begin은 임시지점 인자로 넘겨줍니다. 그림 4-26은 두 번째 재귀호출에 대한 그림입니다.

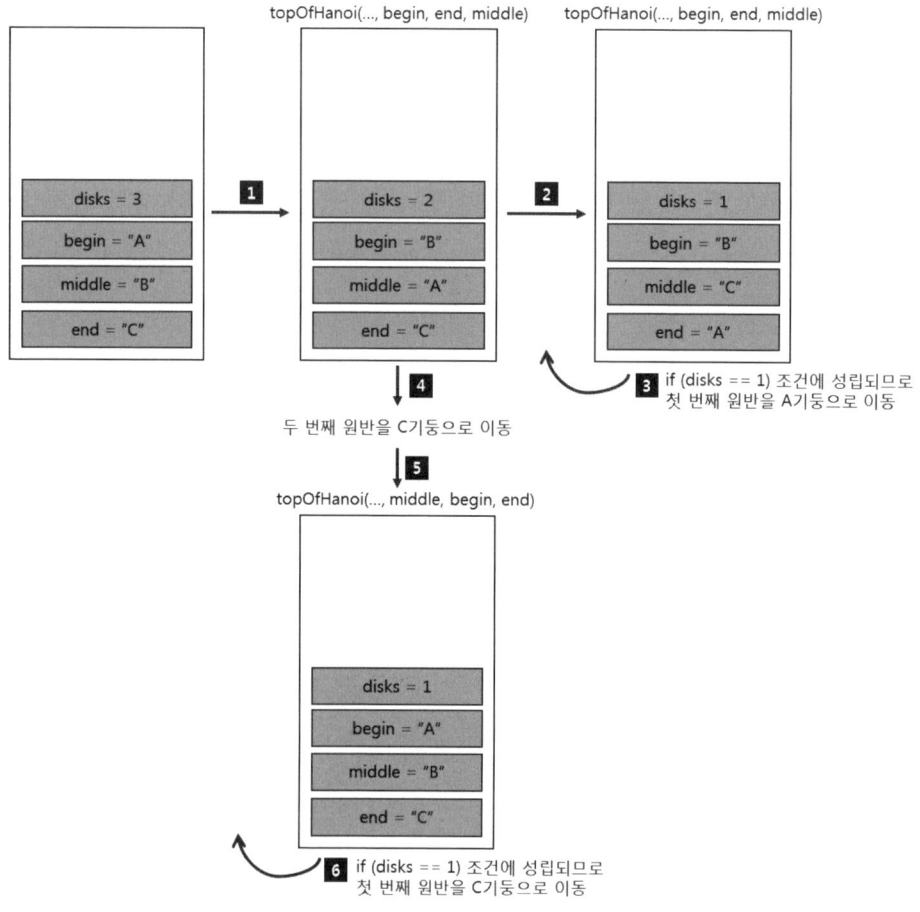

그림 4-26 topOfHanoi(disks - 1, middle, begin, end) 메서드에 대한 과정 (1)

1. 마지막 원반이 목표지점에 옮겨진 상태이며 임시기둥에 쌓여 있는 원반을 옮기기 위해 disks - 1만큼 감소시켜 재귀호출을 시작합니다.
2. disks는 2이므로 기저 조건이 성립되지 않고 다시 disks - 1만큼 감소시켜 재귀호출을 합니다.
3. disks가 1이기에 기저 조건이 성립되므로 1번 원반을 A기둥으로 옮깁니다.
4. (2)로 돌아와서, 현재 disks는 2이므로 2번 원반을 C기둥으로 옮깁니다.
5. 첫 번째 원반을 옮기기 위해서 disks - 1만큼 감소시켜 재귀호출을 합니다.

6. disks가 1이므로 기저 조건이 성립되어 1번 원반을 C기둥으로 옮깁니다.

최종 결과는 아래 그림과 같습니다.

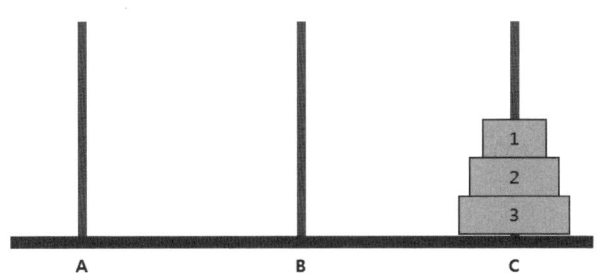

그림 4-27 topOfHanoi(disks - 1, middle, begin, end) 메서드에 대한 과정 (2)

> 4.5 연습문제

문제 **04_1**

입력받은 두 양수를 x, n 변수에 할당하고 x의 n제곱을 재귀적으로 구현해 보세요.

문제 **04_2**

아래 삼각형 모양을 출력하는 메서드를 재귀적으로 구현해 보세요.

```
   *
  * *
 * * *
* * * *
```

CHAPTER
05

선형 구조

CHAPTER 05 _ 선형 구조

> 5.1 스택(Stack)

5.1.1 스택이란?

데이터를 임시 저장하기 위한 자료구조로 먼저 삽입한 데이터가 나중에 꺼내지는 특징이 있습니다.

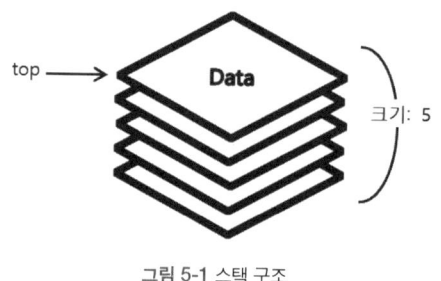

그림 5-1 스택 구조

그림 5-1과 같이 스택은 아래부터 데이터가 겹겹이 쌓인 모양입니다. 데이터가 접시라고 생각해볼까요? 접시를 아래부터 차곡히 쌓아놓은 상태에서 접시를 사용하기 위해 중간 혹은 바닥에 존재하는 접시를 빼낼 수 있을까요? 실제로는 빼낼 수 있지만 쌓여 있던 접시들이 무너져 모두 깨질 것입니다. 맨 위부터 하나씩 꺼내야 접시들이 보존될 수 있는 걸 생각해 보면 스택을 이해하기가 좀 더 쉬울 것입니다.

스택은 가장 나중에 삽입된 데이터를 가장 먼저 꺼낼 수 있는 LIFO(Last In First Out)

구조로 되어 있습니다. 브라우저의 앞으로 가기 및 뒤로가기 혹은 캐시가 필요한 상황에서 사용될 수 있으며 필요에 따라 무궁무진하게 활용할 수 있습니다. 스택의 삽입은 push라 하며 스택에서 데이터를 꺼내는 것을 pop이라 합니다. 꺼낸 데이터는 스택에서 제거됩니다. top은 항상 스택의 마지막 위치를 가리키고 있으며 데이터의 값을 확인할 수 있습니다.

5.1.2 스택의 특징

스택의 특징은 세 가지가 있습니다.

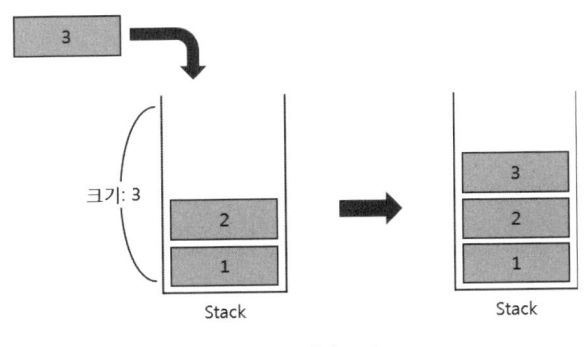

그림 5-2 스택의 push

1. 스택의 마지막 위치에 데이터를 삽입할 수 있습니다.

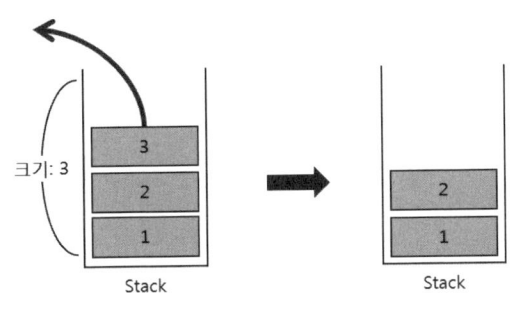

그림 5-3 스택의 pop

2. 스택의 마지막 위치에서 데이터를 꺼낼 수 있습니다.

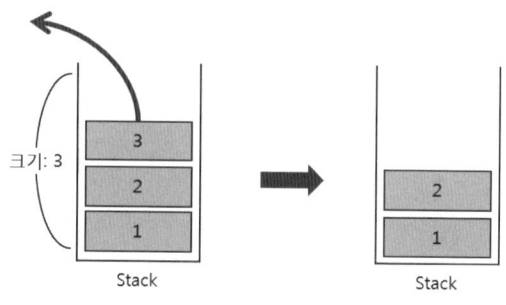

그림 5-4 스택의 top

3. 스택의 마지막 데이터를 알 수 있습니다.

5.1.3 스택 만들기

스택의 특징 세 가지에 유념하여 배열과 연결리스트를 이용하여 스택을 구현해 봅시다.

배열로 만들기

자바 배열의 특징으로 고정된 크기 값을 가진 스택을 만들 수 있습니다. 아래는 배열로 구현된 코드입니다.

```java
// Main.java
package stack.array;

public class Main {
    public static void main(String[] args) {
        ArrayStack arrayStack = new ArrayStack(3);
        arrayStack.push("1");
        arrayStack.push("2");
        arrayStack.push("3");
```

```
            System.out.println(arrayStack.pop());
            System.out.println(arrayStack.pop());
            System.out.println(arrayStack.pop());
            System.out.println(arrayStack.empty());
    }
}
```

ArrayStack.java

```
package stack.array;

public class ArrayStack {
    private Object[] stack;
    private int top;

    ArrayStack(int length) {
        // 빈 스택은 top = -1로 표현
        this.top = -1;
        this.stack = new Object[length];
    }

    /**
     * 데이터 삽입
     * @param data
     */
    public void push(Object data) {
        if (top == stack.length -1) {
            throw new StackOverflowError();
        }

        stack[++top] = data;
    }

    /**
     * 데이터 가져오기
     * @return Object
     */
    public Object pop() {
        if (top == -1) {
```

```
            throw new ArrayIndexOutOfBoundsException();
        }

        Object temp = stack[top];
        stack[top--] = null;
        return temp;
    }

    /**
     * 현재 스택의 마지막 데이터를 가져온다.
     * @return Object
     */
    public Object peek() {
        return stack[top];
    }

    /**
     * 스택이 비었는지 확인
     * @return boolean
     */
    public boolean empty() {
        return top == -1;
    }
}
```

▶ 실행결과

```
3
2
1
true
```

구현된 ArrayStack 클래스의 멤버변수와 메서드를 살펴봅시다.

- **stack**

Object 타입의 데이터를 임시로 담을 배열을 선언합니다.

- **top**

스택의 마지막 위치를 가리키기 위한 변수이며 초기 빈 스택을 구분짓기 위해 -1을 세팅해 줍니다.

- **push(Object data)**

```
...
if (top == stack.length -1) {
    throw new StackOverflowError();
}
...
```

만약 데이터가 가득 찬 상태에서 삽입을 시도하면 StackOverflowError를 발생시킵니다.

```
...
if (top == -1) {
    stack[++top] = data;
    return;
}
stack[++top] = data;
```

스택의 푸시는 마지막 위치에 값을 넣는 것이므로, 위치 값인 top을 이용하여 삽입합니다. 증감 연산자를 이용하여 top을 하나 증가시키고 해당 위치에 데이터를 삽입합니다.

- **pop()**

```
if (top == -1) {
    throw new ArrayIndexOutOfBoundsException();
}
```

데이터가 존재하지 않을 때는 ArrayIndexOutOfBoundsException을 발생시킵니다.

```
...
Object temp = stack[top];
stack[top--] = null;

return temp;
```

마지막 위치(top)에서 데이터를 꺼내오고 꺼내온 데이터는 null로 초기화하여 데이터를 제거해 줍니다.

꺼낸 후에 top--를 통해 마지막 위치를 변경해 줍니다.

- **peek()**

pop() 메서드와는 다르게 마지막 데이터의 값을 가져오며 스택에서는 제거되지 않습니다.

- **empty()**

JDK에서 제공하는 ArrayStack 클래스의 생성자에서 초기 빈 스택을 생성할 때 top = -1;로 세팅하고 있으므로 예제에서도 top이 -1일 경우는 빈 스택으로 간주합니다.

연결리스트로 만들기

배열과는 다르게 고정된 크기 값이 아니므로 유동적으로 크기 값을 가지는 스택을 생성할 수 있습니다. 고정된 크기를 가지지 않아 배열보다 장점이 많지만 배열처럼 인덱스를 사용하지 못해서 데이터를 꺼내오고 삭제할 때는 처음부터 마지막 노드까지 순회해야 하는 단점이 있습니다. 그로 인해 배열로 만들어진 스택보다 pop() 비용이 더 소모됩니다. 프로그램 상황에 따라서 배열과 연결리스트를 선택하여 스택을 선택해야 합니다. 아래는 연결리스트로 구현된 코드입니다.

Main.java

```java
package stack.linkedlist;

public class Main {
    public static void main(String[] args) {
        LinkedListStack stack = new LinkedListStack();
        stack.push("1");
        stack.push("2");
        stack.push("3");

        System.out.println(stack.pop());
        System.out.println(stack.pop());
        System.out.println(stack.pop());
    }
}
```

LinkedList.java

```java
package stack.linkedlist;

public class LinkedListStack {
    private Node head;
    private Node top;

    private class Node {
        private Object data;
        private Node next;

        Node(Object data) {
            this.data = data;
        }
    }

    public void push(Object data) {
        if (head == null) {
            head = new Node(data);
            top = head;
            return;
```

```
      }

      Node node = new Node(data);
      top.next = node;
      top = node;
   }

   public Object pop() {
      if (top == null) {
         throw new ArrayIndexOutOfBoundsException();
      }

      Node temp = head;
      Object data = this.peek();
      if (temp.next == null) {
         head = null;
         top = null;
         return data;
      }

      while (temp.next != null) {
         top = temp;
         temp = temp.next;
      }

      top.next = null;
      return data;
   }

   public Object peek() {
      return top.data;
   }

   public boolean empty() {
      return top == null;
   }
}
```

▶ 실행결과

```
3
2
1
true
```

구현된 LinkedList 클래스의 멤버변수와 메서드를 살펴봅시다.

- **head**

스택의 첫 부분을 담당합니다. head의 위치는 변경되지 않습니다.

- **top**

스택의 마지막 위치를 담당합니다. head와는 다르게 데이터가 삽입될 때마다 위치가 변합니다.

- **push(Object data)**

```
if (head == null) {
    head = new Node(data);
    top = head;
    return;
}
...
```

top이 null인 경우는 빈 스택을 의미하므로 새로 생성한 노드(head)를 top이 가리키게 됩니다.

```
...
Node node = new Node(data);
top.next = node;
top = node;
```

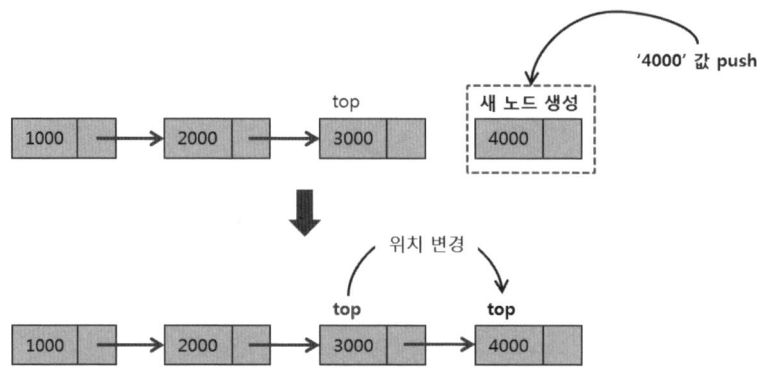

그림 5-5 '4000' 값을 스택에 push

1개 이상의 데이터가 존재하는 연결리스트의 스택에 데이터를 삽입할 때 새 노드를 연결하기 위해 top.next를 통해 인접 노드를 연결하면 top은 새 노드를 가리키게 됩니다.

- **pop()**

```
...
if (top == null) {
    throw new ArrayIndexOutOfBoundsException();
}
...
```

top이 null인 경우는 빈 스택을 의미합니다. 빈 스택에 데이터를 꺼내오는 과정이므로 ArrayIndexOutOfBoundsException을 발생시킵니다.

```
if (temp.next == null) {
    head = null;
    top = null;
    return data;
}
...
```

this.peek()를 통해 값을 가져오며 temp.next가 null인 경우는 스택의 노드 개수가 1개이므로 head와 top을 null로 세팅하고 데이터를 반환합니다.

```
...
while (temp.next != null) {
    top = temp;
    temp = temp.next;
}

top.next = null;
return data;
```

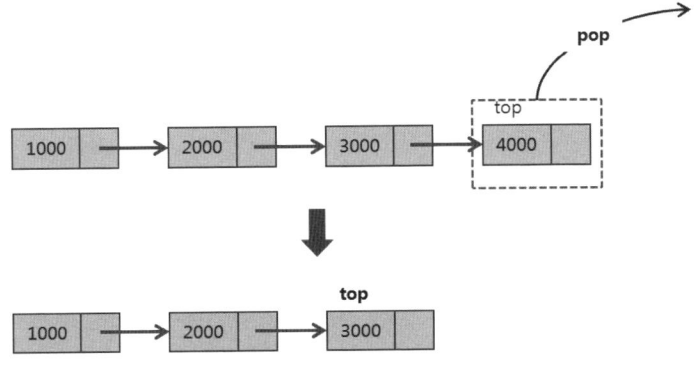

그림 5-6 '4000' 값을 스택에 pop

스택의 노드 개수가 2개 이상일 경우 top이 가리키고 있는 노드를 변경하기 위해 head 부터 순회하여 현재 top이 가리키고 있는 노드의 앞 노드를 구합니다. 그리고 top을 이전 노드로 가리키도록 수정하고 top.next를 통해 데이터를 꺼낸 노드를 제거합니다.

- **peek()**

top은 마지막 노드를 가리키고 있으므로 데이터를 확인할 수 있습니다.

- **empty()**

top을 이용하여 빈 스택인지 확인하는 메서드입니다.

5.1.4 연습문제

문제 | 05_1_1

지금까지 배운 스택 클래스에서 아래 메서드를 구현해 보세요.

- contains(Object value): value 값이 포함되어 있으면 true, 포함되어 있지 않으면 false를 반환합니다.
- size(): 스택의 크기를 반환합니다.

> 5.2 큐 (Queue)

5.2.1 큐란?

먼저 삽입된 데이터가 먼저 나가는 FIFO (First In First Out) 형태입니다.

그림 5-7 일상생활의 줄서기 큐 예제

우리의 일상생활에도 알게 모르게 녹아 들어가 있습니다. Apple 사에서 최신 아이폰 출시일이 공개되면 당일날 매장에 먼저 온 사람부터 뒤따라 일렬로 줄을 선 사람들의 모습을 인터넷 기사나 TV에서 종종 볼 수 있습니다. 줄을 서지 않고 기다리면 어떻게 될까요?

순서에 관계없이 너도나도 최신 아이폰을 받기 위해 매장에 들어가려 할 테고 입구는 사람들로 인해 포화상태가 되어 그 누구도 최신 기기를 받지 못하는 상황이 발생할 수 있습니다. 질서를 유지하기 위해 먼저 온 사람부터 차례대로 받을 수 있도록 줄을 선다고 볼 수 있습니다.

프로그램도 다르지 않습니다. 사내 공용 프린트에서 여러 사용자가 프린트 출력 요청을 하면 요청 순서대로 프린트 작업 큐에 쌓이게 되고 하나씩 처리를 진행하게 됩니다. 이 외에도 학교 수강신청, 공연 티켓 구매 대기열 등에서 큐를 사용합니다.

5.2.2 큐의 특징

큐의 특징으로는 아래와 같습니다.

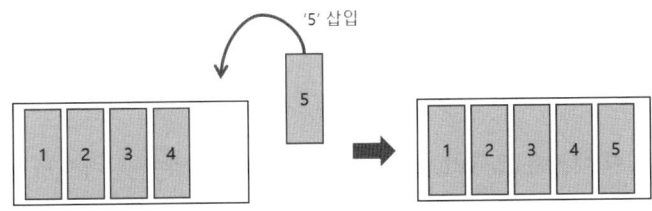

그림 5-8 큐의 enqueue

큐의 마지막 위치에 데이터를 삽입할 수 있습니다.

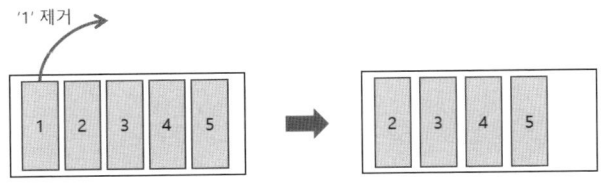

그림 5-9 큐의 dequeue

큐는 앞에서만 데이터를 꺼낼 수 있습니다.

5.2.3 큐 만들기

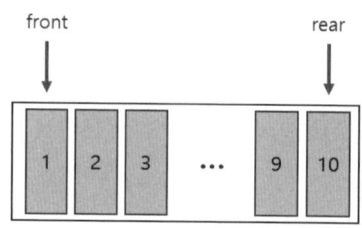

그림 5-10 큐의 기본 구조

대표적인 종류로는 직선 큐와 원형 큐가 있습니다. 이 장에서는 직선 큐에 대해서 알아봅시다. 직선 큐는 이름 그대로 직선 형태의 큐이며 필요한 멤버 변수들은 front, rear이 있습니다. front는 큐의 첫 번째 부분을 가리키는 변수입니다. rear은 큐의 마지막 위치를 가리키는 변수입니다. 두 개의 변수를 적절히 사용하여 enqueue(삽입), dequeue(삭제) 메서드 등을 만들 수 있습니다.

직선 큐는 삽입할 때는 문제가 없지만 삭제할 때는 예기치 못한 문제가 발생합니다.

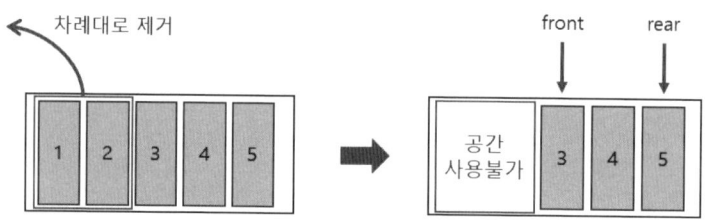

그림 5-11 직선 큐의 삭제 후 사용 불가능한 공간

5개의 데이터가 들어 있는 직선 큐에서 2개의 데이터를 삭제하면 FIFO으로 동작하기 때문에 첫 번째와 두 번째 요소가 제거되고 직선 큐의 0~1번째 자리는 비어 있게 되어 가용 용량이 줄어들게 됩니다. 이를 해결하기 위해 데이터가 제거되는 동시에 재배치를 하면 어떻게 될까요?

첫 번째 요소를 제거하고 빈 곳을 채우기 위해 두 번째 요소부터 마지막 요소까지 위치를 옮겨 주어야 합니다. 가용 용량은 보완이 되지만 재배치에 따른 성능이슈가 발생할 수 있습니다. 5개의 데이터가 아닌 10만 개의 데이터를 가진 직선 큐에서 데이터를 제거하면 99,999개의 데이터 재배치가 일어나므로 성능은 보장하기 어렵습니다. 이를 보완하기 위해 나온 것이 원형 큐(Circular Queue)입니다. 이에 대한 자세한 내용은 다음 챕터에서 설명하겠습니다.

큐도 배열과 연결리스트로 만들 수 있습니다.

배열을 이용한 큐 만들기

자바 배열의 특징으로 고정된 크기 값을 가진 큐를 만들 수 있습니다. 아래는 배열로 구현된 코드입니다.

Main.java
```java
package queue.array;

public class Main {
    public static void main(String[] args) {
        ArrayQueue arrayQueue = new ArrayQueue(5);
        arrayQueue.enqueue(1000);
        arrayQueue.enqueue(2000);
        arrayQueue.enqueue(3000);
        arrayQueue.enqueue(4000);
        arrayQueue.enqueue(5000);

        System.out.println(arrayQueue.dequeue());
        System.out.println(arrayQueue.dequeue());
        System.out.println(arrayQueue.dequeue());
        System.out.println(arrayQueue.dequeue());
        System.out.println(arrayQueue.dequeue());
        System.out.println(arrayQueue.empty());
    }
}
```

ArrayQueue.java

```java
package queue.array;

public class ArrayQueue {
    private Object[] arr;
    private int MAX_QUEUE_SIZE;
    private int front;
    private int rear;
    private int peek;

    ArrayQueue(int size) {
        this.arr = new Object[size];
        this.MAX_QUEUE_SIZE = size;
        this.front = 0;
        this.rear = -1;
        this.peek = this.front;
    }

    public void enqueue(Object value) {
       if (MAX_QUEUE_SIZE - 1 == rear) {
          throw new StackOverflowError();
       }

       arr[++rear] = value;
    }

    public Object dequeue() {
       if (front >= MAX_QUEUE_SIZE) {
          throw new ArrayIndexOutOfBoundsException();
       }

       Object value = arr[peek];
       arr[peek] = null;
       peek = ++front;

       return value;
    }

    public Object peek() {
```

```
        return arr[peek];
    }

    public boolean isFull() {
        return MAX_QUEUE_SIZE - 1 == rear;
    }
}
```

▶ 실행결과

```
1000
2000
3000
4000
5000
true
```

구현된 ArrayQueue 클래스의 멤버 변수와 메서드를 살펴봅시다.

- **arr**

Object 타입의 데이터를 임시로 담을 배열을 선언합니다.

- **front**

큐의 첫 번째 위치를 가리키는 변수입니다.

- **rear**

큐에서 삽입될 데이터의 위치를 가리키는 변수입니다. 빈 큐를 나타내기 위해 -1로 초기화를 했습니다.

- **enqueue(Object v)**

```
if (MAX_QUEUE_SIZE - 1 == rear) {
    throw new StackOverflowError();
```

```
}
...
```

큐의 크기를 가지고 있는 MAX_QUEUE_SIZE와 큐에서 삽입될 데이터의 위치를 가리키는 rear 변수를 서로 비교하여 같으면 큐가 가득 찬 상태이므로 StackOverflowError를 발생시킵니다.

```
...
arr[++rear] = value;
```

Object 타입을 인자(v)로 받아서 배열에 값을 삽입하기 전에 마지막 위치를 +1만큼 증가시킨 다음 데이터를 삽입합니다.

```
dequeue()
if (front == MAX_QUEUE_SIZE) {
    throw new ArrayIndexOutOfBoundsException();
}
...
```

가용 용량을 모두 사용한 큐에서 데이터를 꺼내려 할 때, ArrayIndexOutOfBoundsException을 발생시킵니다. 큐의 첫 번째 위치를 가리키고 있는 front는 데이터가 제거되면 +1씩 증가되어 큐의 가용 크기를 사용할 수 없어서 결국 MAX_QUEUE_SIZE만큼 같아집니다.

```
...
Object value = arr[peek];
arr[peek] = null;
peek = ++front;

return value;
```

peek번지의 데이터를 임시 변수(v)에 저장하고 peek번지를 null로 초기화해 줍니다.

다음 데이터를 가리키기 위해 front를 +1만큼 증가시키고 peer를 front 값과 동일하게 해 줍니다.

- **peek()**

front가 바라보는 데이터를 가져올 수 있습니다.

- **isFull()**

```
return MAX_QUEUE_SIZE - 1 == rear;
```

큐의 최대 크기와 삽입될 데이터의 위치 값을 서로 비교하여 큐가 가득 차 있는지 확인합니다.

연결리스트를 이용한 큐 만들기

배열처럼 고정된 크기를 가지지 않고 노드 기반으로 동작하기 때문에 삽입과 삭제 시에 큐 크기를 배열처럼 비교하지 않아도 되지만 대신 노드의 참조를 잘 끊고 맺어야 데이터를 더 유연하게 관리할 수 있습니다.

Main.java
```java
package queue.linkedlist;

public class Main {
    public static void main(String[] args) {
        LinkedListQueue queue = new LinkedListQueue();
        queue.enqueue(1);
        queue.enqueue(2);
        queue.enqueue(3);
        queue.enqueue(4);
        queue.enqueue(5);

        System.out.println(String.format("첫 번째 값을 가져옵니다 => %s", queue.
```

```
            dequeue()));
        System.out.println(String.format("두 번째 값을 가져옵니다 => %s", queue.
        dequeue()));
        System.out.println(String.format("세 번째 값을 가져옵니다 => %s", queue.
        dequeue()));
        System.out.println("---");
        System.out.println(String.format("큐의 현재 값입니다 => %s",queue.peek()));
        System.out.println("---");
        System.out.println(String.format("네 번째 값을 가져옵니다 => %s", queue.
        dequeue()));
        System.out.println(String.format("다섯 번째 값을 가져옵니다 => %s", queue.
        dequeue()));

        if (queue.empty()) {
            System.out.println("---");
            System.out.println("큐가 비어있습니다.");
        }
    }
}
```

LinkedListQueue.java

```
package queue.linkedlist;

public class LinkedListQueue {
    private Node front = null;
    private Node rear = null;
    private Node peek = null;

    private class Node {
        private Object value;
        private Node next;

        Node(Object value) {
            this.value = value;
        }

        private Object getValue() {
            return this.value;
```

```java
        }
    }

    public void enqueue(Object value) {
        if (front == null) {
            front = new Node(value);
            peek = front;
            rear = front;
        } else {
            rear.next = new Node(value);
            rear = rear.next;
        }
    }

    public Object dequeue() {
        Object value = peek.getValue();
        Node temp = front;

        front = front.next;
        peek = front;
        temp = null;
        return value;
    }

    public Object peek() {
        return peek.getValue();
    }

    public boolean empty() {
        return peek == null;
    }
}
```

▶ 실행결과

```
첫 번째 값을 가져옵니다 => 1
두 번째 값을 가져옵니다 => 2
세 번째 값을 가져옵니다 => 3
---
```

```
큐의 현재 값입니다 => 4
---
네 번째 값을 가져옵니다 => 4
다섯 번째 값을 가져옵니다 => 5
---
큐가 비어있습니다.
```

구현된 LinkedListQueue 클래스의 멤버 변수와 메서드를 살펴봅시다.

- **front**

큐의 첫 번째 위치를 가리키는 변수입니다.

- **rear**

큐에 삽입될 데이터의 위치를 가리키는 변수입니다. 빈 큐를 나타내기 위해 -1로 초기화를 했습니다.

- **peek**

큐의 현재 값을 알기 위한 변수입니다. front와 대응됩니다.

- **내부 클래스 Node**

```
private class Node {
    private Object value;
    private Node next;

    Node(Object value) {
        this.value = value;
    }

    private Object getValue() { // 데이터를 가져오기 위한 메서드
        return this.value;
    }
}
```

큐에서 사용할 노드의 구현체입니다. 데이터를 담을 Object 타입의 value 변수와 노드끼리 연결할 next 노드를 선언합니다.

- **enqueue(Object value)**

```
if (front == null) {
    front = new Node(value);
    peek = front;
    rear = front;
} else {
    rear.next = new Node(value);
    rear = rear.next;
}
```

데이터를 삽입할 때, front가 null인 경우는 초기 큐를 생성할 때입니다. 삽입할 데이터를 가진 노드를 생성한 후 front와 peek, rear를 각각 할당해 줍니다.

큐가 쌓여 있는 경우에는 마찬가지로 삽입할 데이터를 가진 노드를 생성한 후 큐의 꼬리 부분에 해당하는 rear의 next에 할당하여 rear가 다시 rear.next를 바라보도록 합니다.

- **dequeue()**

```
Object value = peek.getValue();
Node temp = front;

front = front.next;
peek = front;
temp = null;

return value;
```

큐의 첫 번째 노드를 가리키고 있는 peek를 이용하여 데이터를 value 변수에 할당해 줍니다.

사용한 노드를 제거하기 위해 임시 노드를 생성하여 front와 같은 노드를 바라보도록 합니다.

다음 노드를 사용하기 위해 front가 front.next를 바라보도록 하고 peek도 front와 동일하게 수정해 줍니다. temp = null를 통해 사용한 노드를 제거해 주고, value를 반환합니다.

- **peek()**

```
return peek.getValue();
```

front가 바라보는 데이터를 가져올 수 있습니다.

- **empty()**

```
return peek == null;
```

큐가 비어 있는 상태에는 peek가 null이 되므로 dequeue() 메서드를 통해 큐가 비어 있는지 확인이 가능합니다.

5.2.4 연습문제

| 문제 | 05_2_1

정수를 담고 있는 배열 또는 연결리스트로 구현된 큐의 모든 요소를 출력하는 printAll() 메서드를 구현해 보세요.

| 문제 | 05_2_2

큐를 이용하여 간단한 은행 창구표 시스템을 구현해 보세요. 조건은 다음과 같습니다.

- 대기 번호 표는 1부터 시작합니다.

- 먼저 뽑은 사람이 먼저 은행 업무를 볼 수 있습니다.
- 대기 번호 표는 재사용하지 않습니다.
- 대기 인원을 확인할 수 있습니다.

> 5.3 원형 큐(Circular Queue)

5.3.1 원형 큐란?

앞서 설명한 배열로 이루어진 직선 큐를 은행 대기표 시스템에 적용하면 어떤 일이 일어날까요? 첫 번째로 크기가 고정된 구조이기 때문에 하루 동안 방문하는 고객 수를 파악하여 여유 있게 큐의 가용 공간을 설정해야 합니다. 처음 온 사람을 1번으로 해서 2, 3, 4, ..., N까지 숫자 타입의 데이터를 생성하면 됩니다. 고객이 은행 창구를 선점하면 받았던 번호표가 반환되므로 큐의 데이터도 함께 제거해 주어야 합니다. 은행 업무가 많은 명절 전 주는 어떨까요? 평소보다 고객 수가 많아서 할당된 큐의 가용 공간으로는 무리가 있습니다.

또, 번호표를 반납하고 큐의 데이터가 제거될 때, 이전에 사용한 공간을 사용하지 못해 가용 공간은 점점 줄어들게 되고 은행 대기표 시스템에서 에러가 발생할 수 있습니다. 이렇게 배열로 구현된 큐는 데이터를 삽입하고 삭제를 반복하다 보면 더 이상 큐의 가용 공간을 사용할 수 없는 문제가 발생합니다. 데이터를 삭제할 때 큐 내부적으로 front 위치를 한 단계 증가시켜 다음 위치를 바라보게 하면서 사용했던 공간을 활용할 수 없기 때문입니다.

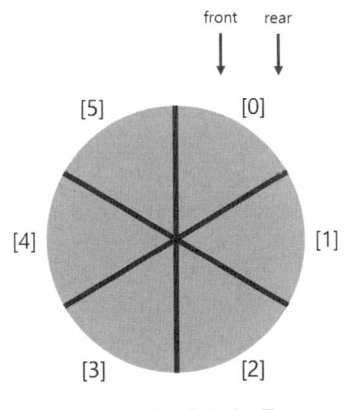

그림 5-12 원형 큐의 기본 구조

이것을 보완하기 위해 구현된 큐의 종류가 원형 큐입니다. 이름 그대로 원형으로 된 큐이며, 삽입과 삭제 시에 가용 공간을 낭비하지 않습니다.

5.3.2 원형 큐와 직선 큐의 차이점

1차원 배열을 사용하는 점이 직선 큐와 동일하지만 front, rear 포인터들의 값을 현재 큐의 크기와 나머지 연산자인 '%'로 계산하여 구합니다.

```
front = (front + 1) % MAX_QUEUE_SIZE;
rear = (rear + 1) % MAX_QUEUE_SIZE;
```

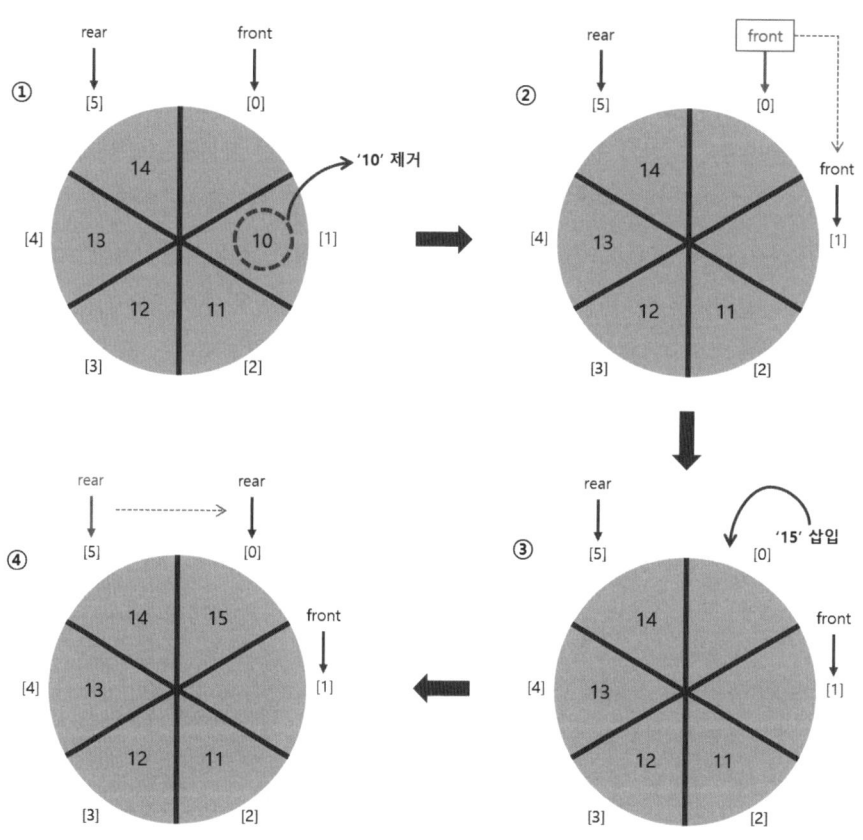

그림 5-13 원형 큐의 삽입과 삭제

그림 5-13처럼 데이터 '10'을 제거하면 front의 위치는 [1]번지로 이동하게 되어 [1]번지는 항상 빈 공간을 가지게 됩니다. '10'을 제거하여 공간이 생긴 [0]번지에 데이터를 삽입

할 수 있으므로 그림과 같이 데이터 '15'를 [0]번지에 삽입하면 rear은 [0]번지를 바라보게 됩니다.

삽입과 삭제에 사용되는 포인터인 front와 rear의 값을 순환적으로 변경합니다. 직선 큐에서 삽입과 삭제를 할 때 매번 front+1, rear+1씩 증가되었지만 원형 큐는 계산식을 통해 front, rear가 큐의 마지막 위치를 바라보게 되고, 앞 공간의 여유가 존재할 때 다시 처음 위치를 바라보도록 하여 낭비되는 공간이 없도록 합니다.

5.3.3 원형 큐 만들기

배열로 구성된 원형 큐를 구현해 봅시다.

Main.java
```java
package queue.circleArray;

public class Main {
    public static void main(String[] args) {
        CircleArrayQueue queue = new CircleArrayQueue(5);
        queue.enqueue("사과");
        queue.enqueue("바나나");
        queue.enqueue("딸기");
        queue.enqueue("귤");
        queue.enqueue("배");

        System.out.println(String.format("첫 번째 값을 가져옵니다 => %s", queue.dequeue()));
        System.out.println(String.format("두 번째 값을 가져옵니다 => %s", queue.dequeue()));
        System.out.println(String.format("세 번째 값을 가져옵니다 => %s", queue.dequeue()));
        System.out.println(String.format("네 번째 값을 가져옵니다 => %s", queue.dequeue()));
        System.out.println(String.format("다섯 번째 값을 가져옵니다 => %s", queue.dequeue()));
```

```java
            System.out.println("");
            System.out.println("--- 원형 큐이므로 가용 공간을 재사용할 수 있다.");
            queue.enqueue("체리");
            System.out.println(String.format("여섯 번째 값을 가져옵니다 => %s", queue.dequeue()));

            if (queue.empty()) {
                System.out.println("---");
                System.out.println("큐가 비어있습니다.");
            }
        }
    }
}
```

CircleArrayQueue.java

```java
package queue.circleArray;

public class CircleArrayQueue {
    private Object arr[];
    private int MAX_QUEUE_SIZE;
    private int front = 0;
    private int rear = 0;

    CircleArrayQueue(int size) {
        this.MAX_QUEUE_SIZE = size + 1;
        this.arr = new Object[this.MAX_QUEUE_SIZE];
    }

    public void enqueue(Object v) {
        if ((rear + 1) % MAX_QUEUE_SIZE == front) {
            throw new ArrayIndexOutOfBoundsException();
        }

        rear = (rear + 1) % MAX_QUEUE_SIZE;
        arr[rear] = v;
    }

    public Object dequeue() {
```

```
        if (empty()) {
            throw new ArrayIndexOutOfBoundsException();
        }

        front = (front + 1) % MAX_QUEUE_SIZE;
        Object value = arr[front];
        arr[front] = null;

        return value;
    }

    public boolean empty() {
        return front == rear;
    }
}
```

▶ 실행결과

```
첫 번째 값을 가져옵니다 => 사과
두 번째 값을 가져옵니다 => 바나나
세 번째 값을 가져옵니다 => 딸기
네 번째 값을 가져옵니다 => 귤
다섯 번째 값을 가져옵니다 => 배
---
원형 큐이므로 가용 공간을 재사용할 수 있다.
여섯 번째 값을 가져옵니다 => 체리
---
큐가 비어있습니다.
```

구현된 CircleArrayQueue 클래스의 멤버 변수와 메서드를 살펴봅시다.

- **front**

데이터 삽입에 대한 위치 값입니다.

- **rear**

데이터 삭제에 대한 위치 값입니다.

- **CircleArrayQueue(int size)**

```
this.MAX_QUEUE_SIZE = size + 1;
```

원형 큐는 데이터의 순환을 위해 항상 하나의 배열공간을 비워 주게 됩니다. 그래서 원형 큐의 크기를 세팅할 때는 빈 공간을 고려하여 +1만큼 크기를 더해 줍니다.

- **enqueue(Object value)**

```
if ((rear + 1) % MAX_QUEUE_SIZE == front) {
    throw new ArrayIndexOutOfBoundsException();
}
```

데이터 삽입의 위치 값이 front 값과 같으면 가득 찬 상태이므로 ArrayIndexOutOfBoundsException을 발생시킵니다.

```
rear = (rear + 1) % MAX_QUEUE_SIZE;
arr[rear] = v;
```

데이터를 삽입할 위치 값을 구한 뒤 해당 인덱스에 값을 넣어 줍니다.

- **dequeue()**

```
if (empty()) {
    throw new ArrayIndexOutOfBoundsException();
}
```

큐가 비어 있을 경우에는 ArrayIndexOutOfBoundsException을 발생시킵니다.

```
...
front = (front + 1) % MAX_QUEUE_SIZE;
Object value = arr[front];
```

```
arr[front] = null;

return value;
```

데이터 삭제의 위치 값을 구한 뒤 해당 인덱스를 Object 타입의 변수에 저장하고 사용한 공간을 null로 초기화해 줍니다. 다음 데이터가 저장된 변수를 반환합니다.

- **empty()**

```
return front == rear;
```

삽입과 삭제에 대한 위치 값들이 서로 같은 인덱스를 바라보고 있으면 큐가 가득 찬 상태입니다.

5.4 데크(Deque)

5.4.1 데크란?

어느 가정집에서 남매가 도미노 놀이를 하고 있습니다. 한 명은 앞에서 도미노를 세우고 있고 동생은 뒤에서 도미노를 세우고 있습니다. 이러한 상황을 가정하고 도미노를 데이터라고 할 때, 어떠한 자료구조를 사용하는 것이 좋을까요? 지금까지 본 자료구조 중 스택과 큐는 한 방향에서 삽입과 삭제가 이루어진 자료구조였습니다. 앞과 끝에서만 삽입, 삭제가 동작하는 자료구조로 양방향에서 삽입과 삭제가 일어날 수 있는 도미노 놀이에서는 적합하지 못한 자료구조입니다. 다른 상황은 어떨까요?

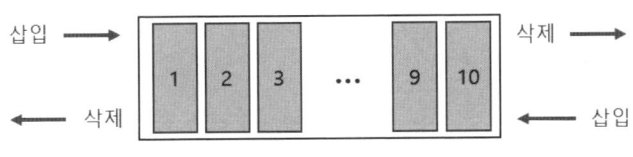

그림 5-14 데크의 기본 구조

개발을 진행하다 보면 양방향에서 삽입과 삭제가 필요한 상황이 발생할 수도 있고, 양방향으로 삽입을 지원하되 삭제는 끝에서만 동작하는 자료구조나, 삽입은 앞에서만 동작하고 삭제는 양방향으로 동작하는 자료구조가 필요한 상황이 발생할 수 있습니다.

스택이나 큐를 여러 개 두어 한 쪽은 삽입을 관여하고 나머지는 삭제를 관여한다면 서로 데이터 동기화를 맞추어야 하는 이슈가 생길 수 있습니다. 이런 상황들을 지원하고자 스택과 큐의 혼합형 자료구조인 데크가 존재합니다. 양방향 삽입과 삭제를 지원하는 것은 물론 구현에 따라서 한쪽 방향에서만 삽입 또는 삭제를 할 수 있도록 구현할 수도 있습니다.

5.4.2 데크 만들기

크기에 제한이 없는 연결리스트를 이용하여 데크를 구현해 봅시다.

Main.java
```java
package deque;

public class Main {
    public static void main(String[] args) {
        LinkedListDeque deque = new LinkedListDeque();

        deque.addFirst("100");
        deque.addLast("200");
        deque.addFirst("300");
        deque.addLast("400");
        deque.addFirst("500");
        deque.addLast("600");
        deque.addFirst("700");
        System.out.println(String.format("삽입 후: %s", deque.print()));

        deque.removeFirst();
        deque.removeLast();
        System.out.println(String.format("삭제 후: %s", deque.print()));
```

        }
}

LinkedListDeque.java

```java
package deque;

public class LinkedListDeque {
    private class Node {
        Object data = null;
        Node next = null;

        Node(Object data) {
            this.data = data;
        }

        private Object getValue() {
            return data;
        }
    }

    private Node front = null;
    private Node rear = null;

    public void addFirst(Object data) {
        Node node = new Node(data);
        if (front == null) {
            front = node;
            rear = front;
            return;
        }

        Node temp = front;
        front = node;
        front.next = temp;
    }

    public void addLast(Object data) {
        Node node = new Node(data);
```

```java
      if (front == null) {
         front = node;
         rear = front;
         return;
      }

      rear.next = node;
      rear = rear.next;
   }

   public Object removeFirst() {
      Object value = front.getValue();
      front = front.next;

      return value;
   }

   public Object removeLast() {
      Object value = rear.getValue();

      Node temp = front;
      while (temp != null) {
         if (temp.next != rear) {
            temp = temp.next;
            continue;
         }

         rear = temp;
         rear.next = null;
      }
      return value;
   }

   public String print() {
      String datas = "";
      Node temp = front;

      while (temp != null) {
         Object value = temp.getValue();
```

```
            temp = temp.next;
            if (temp == null) {
                datas += value;
            } else {
                datas += String.format("%s->", value);
            }
        }

        return datas;
    }
}
```

▶ 실행결과

삽입 후: 700->500->300->100->200->400->600
삭제 후: 500->300->100->200->400

데크의 메서드의 삽입과 삭제는 각각 2개씩 총 4개로 구성되어 있습니다. 데크의 데이터를 모두 출력하는 print 메서드를 비롯하여 멤버 변수와 메서드들을 살펴봅시다.

- **front**

양방향으로 데이터 삽입에 대한 위치 값입니다.

- **rear**

양방향으로 데이터 삭제에 대한 위치 값입니다.

- **addFirst(Object data)**

```
...
if (front == null) {
    front = node;
    rear = front;
    return;
}
```

```
Node temp = front;
front = node;
front.next = temp;
```

front가 null인 경우는 데크가 비어 있는 상태이므로 삽입할 데이터의 새 노드를 생성하고 front와 rear에 값을 세팅해 줍니다.

앞쪽에 데이터를 삽입하므로 front의 값을 변경하면 됩니다. 임시 노드 temp를 생성하여 swap을 진행합니다.

새 노드를 front로 세팅하고 front.next를 temp로 세팅하여 서로 연결시켜 줍니다.

- **addLast(Object data)**

```
if (front == null) {
    front = node;
    rear = front;
    return;
}

rear.next = node;
rear = rear.next;
```

front가 null인 경우는 데크가 비어 있는 상태이므로 삽입할 데이터의 새 노드를 생성하고 front와 rear가 새 노드를 바라보게 합니다.

끝에서 데이터를 삽입하므로 rear의 값을 변경하면 됩니다. rear.next를 새 노드와 연결시키고 rear를 다시 rear.next로 세팅합니다.

- **removeFirst()**

```
Object value = front.getValue();
front = front.next;
```

```
return value;
```

front가 바라보고 있는 노드의 값을 value에 저장하고 front가 다음 노드를 바라보도록 변경합니다.

- **removeLast()**

```
Object value = rear.getValue();

Node temp = front;
while (temp != null) {
    if (temp.next != rear) {
        temp = temp.next;
        continue;
    }

    rear = temp;
    rear.next = null;
}

return value;
```

반환될 값을 먼저 value 변수에 저장합니다.

rear의 노드를 변경하고자 임시 노드 temp를 front가 바라보는 노드로 세팅하고 while문을 통해 마지막 노드의 전 노드를 찾습니다.

rear의 전 노드를 찾은 temp가 바라보는 노드를 rear도 똑같이 바라보도록 세팅해 주고 마지막 노드를 null로 세팅합니다.

- **print()**

```
String datas = "";
Node temp = front;
```

```
while (temp != null) {
    Object value = temp.getValue();
    
    temp = temp.next;
    if (temp == null) {
        datas += value;
    } else {
        datas += String.format("%s->", value);
    }
}

return datas;
```

데크의 값을 String 타입으로 모두 출력하는 메서드입니다.

순회할 노드 temp를 선언한 후 front가 바라보는 노드로 세팅하고 temp가 null이 아니게 될 때까지 반복하여 결괏값을 담고 있는 datas 변수를 반환합니다.

5.4.3 연습문제

| 문제 | 05_4_1

LinkedListDeque 클래스의 print() 메서드에서 while문을 for문으로 수정하여 같은 결과를 출력해 보세요.

| 문제 | 05_4_2

LinkedListDeque 클래스의 removeFirst(), removeLast() 메서드에서 데이터가 존재하지 않을 때의 예외처리를 코드로 작성해 보세요.

CHAPTER
06

비선형 구조

CHAPTER **06** __ 비선형 구조

> ## 6.1 트리(Tree)

앞 챕터에서 선형 구조에 대해서 알아보았습니다. 이번 챕터에서는 비선형 구조의 대표적인 트리에 대해서 차근차근 살펴봅시다.

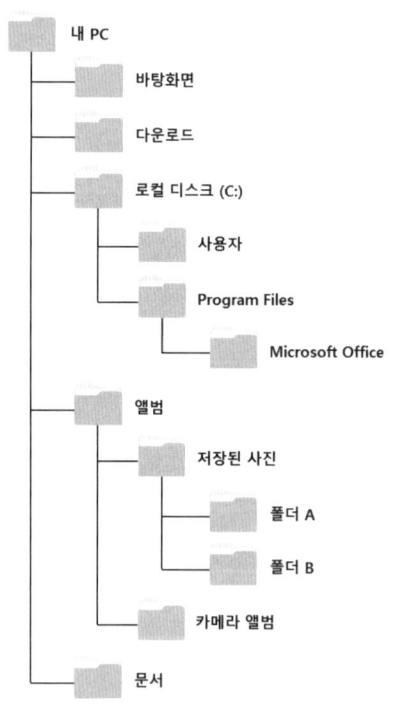

그림 6-1 내 컴퓨터의 트리 예제

6.1.2 트리란?

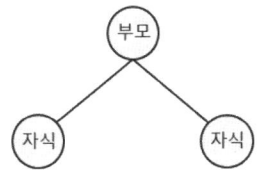

그림 6-2 트리의 기본 구조

그림 6-2와 같이 부모-자식 간의 관계를 가진 자료구조이며, 트리라는 이름과 같이 나무를 연상시킵니다. 트리를 구성하는 요소로 노드와 간선으로 표현할 수 있으며, 노드와 노드를 연결하는 간선(edge)으로 구성합니다.

```
public class Node {
    private int value;
    private Node left;
    private Node right;
}
```

기본적인 노드 클래스입니다. 데이터를 받기 위해 int 타입의 value를 선언하고 자식 노드를 연결하기 위한 Node 타입의 left와 right 변수를 선언해 두었습니다.

6.1.3 트리의 특징 및 구성요소

트리의 특징은 아래와 같습니다.

1. 비선형 구조이며 계층구조를 나타냅니다.
2. 각 노드는 하나의 부모노드를 가집니다.
3. 자식 노드 개수는 0개 이상을 가집니다.
4. 노드 개수가 N일 때, 간선의 개수는 N-1개 입니다.

6.1.4 트리의 구성요소

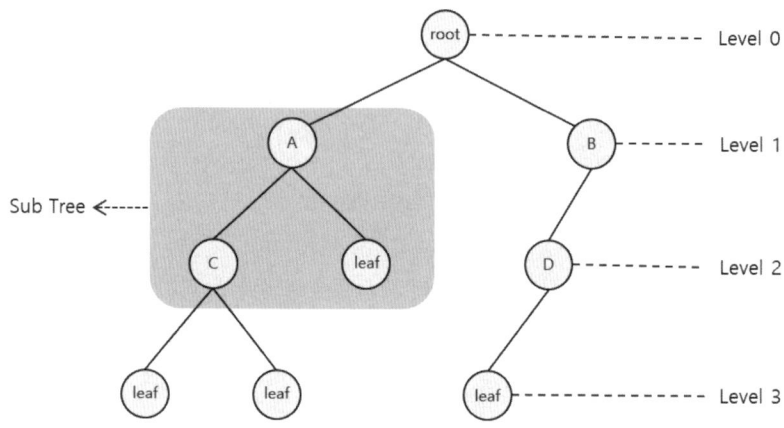

그림 6-3 트리의 구성요소

그림 6-3은 일반적인 이진 트리를 표현한 그림입니다. 이진 트리는 뒷장에서 자세히 다룹니다. 자식 노드가 2개 이하인 트리를 이진 트리라 칭합니다. 그림 6-3으로 트리의 구성요소를 살펴봅시다.

- 노드(node)
  특정 자료형이 구분되지 않은 데이터들입니다.

- 간선(edge)
  노드와 노드 간의 연결 선을 표현한 것을 간선이라 합니다.

- 루트 노드(root Node)
  트리의 최상위에 존재하는 노드를 말합니다. 부모 노드가 없는 하나의 루트 노드가 존재하고 트리의 노드를 탐색 할 때 기준이 되는 노드입니다.

- 리프 노드(leaf Node)
  자식 노드가 존재하지 않는 것을 리프노드라고 합니다.

- 깊이(depth)

    루트를 기준으로 떨어진 거리에 따라 깊이를 나타낼 수 있습니다. 레벨 0부터 시작하는 루트에서 C노드의 깊이는 2입니다. 계층구조이기 때문에 루트와 멀어질수록 깊이가 증가합니다.

- 부모 노드(parent Node)

    자신을 기준으로 아래에 간선으로 연결된 노드가 존재하면 자신은 부모노드라 할 수 있습니다. A노드는 아래에 2개의 노드가 간선으로 연결되어 있으므로 A노드는 C노드의 부모노드라고 할 수 있습니다.

- 자식 노드(child Node)

    자신을 기준으로 상위에 간선으로 연결된 노드가 존재하면 자신은 자식 노드라고 할 수 있습니다.
    E노드는 위에 연결된 B노드의 자식 노드라 할 수 있습니다.

- 형제 노드(sibling Node)

    같은 부모를 바라보는 노드를 형제 노드라 합니다.

- 서브 트리(subtree)

    루트를 기준으로 한 트리 안에서 부분트리를 구성할 수 있는 것을 서브 트리라 합니다. 그림 6-3과 같이 A노드를 기준으로 부분트리를 구성할 수 있습니다.

- 차수(degree)

    각각의 노드가 갖는 자식의 노드 수를 의미합니다. 차수가 2개 이하인 경우 이진 트리라 하며, 차수가 N개인 경우는 n진 트리라 합니다.

- 높이(height)

    트리의 높이는 특정 노드가 정해지지 않았다면 최하단 리프 노드까지의 거리입니다. 그림 6-3에서 높이는 4입니다.

6.1.5 이진 트리(Binary Tree)

이진 트리의 이름에서 유추할 수 있듯이 왼쪽과 오른쪽에 자식 노드를 가지며, 각각의 노드는 최대 2개의 자식 노드를 가질 수 있는 트리입니다.

특징

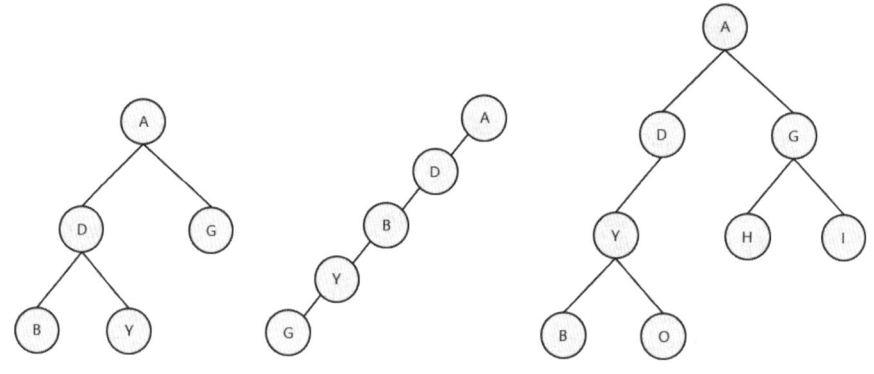

그림 6-4 트리의 종류

그림 6-4와 같이 세 가지의 트리들은 모두 이진 트리의 특징을 만족하고 있습니다. 자식 노드가 2개 이하이면서 왼쪽과 오른쪽 자식 노드로 구분되어 있습니다. 왼쪽 자식으로 나열된 편향된 이진 트리의 경우는 이진 트리의 조건을 만족하지만 최악의 경우 삽입, 삭제 및 탐색이 트리의 깊이 값만큼 O(n) 시간복잡도를 가지므로 좋지 않은 이진 트리입니다. 이러한 경우는 배열로 문제를 해결하는 것도 좋은 방법입니다. 첫 번째 그림은 알고리즘 문제 및 실무에서 자주 사용되는 이진 트리의 종류 중 완전 이진 트리(complete binary tree)를 나타낸 것입니다.

이진 트리 구현하기

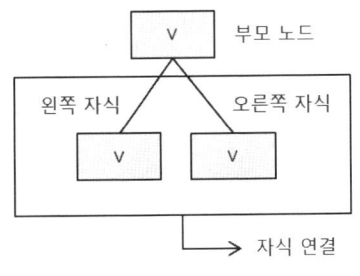

```
// 노드 클래스
// 기본 멤버 변수
public class Node {
    private int value;
    private Node left = null;
    private Node right = null;
}
```

그림 6-5 이진 트리의 기본 구조

그림과 같이 노드의 개수가 3인 이진 트리를 구현해 봅시다. V의 타입은 integer로 가정합시다. left, right 변수는 왼쪽과 오른쪽 자식 노드를 의미합니다. 노드를 클래스로 만든 후 필요에 따라서 노드 객체를 생성해 주면 됩니다.

■ 생성자

```
Node (int value) {
    this.value = value;
}
```

인자로 데이터만 받는 생성자입니다. 자식 노드를 연결하려면 left, right를 받는 생성자를 구현하거나 setter를 이용하여 자식 노드를 연결할 수 있습니다.

```
public Node (int value, Node left, Node right) {
    this.value = value;
    this.left = left;
    this.right = right;
}
```

데이터와 노드의 왼쪽 자식, 오른쪽 자식을 받아서 호출하는 생성자입니다. 이진 트리 특성상 자식 노드의 개수는 최대 2개까지 가능하며, 생성과 동시에 자식 노드를 연결하므로 left, right의 setter를 구현하지 않아도 됩니다.

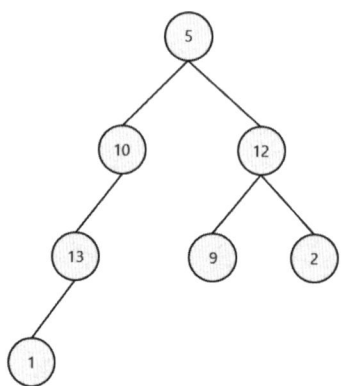

그림 6-6 노드의 개수 7와 높이 4인 이진 트리

루트 5를 시작으로 높이가 4, 노드의 개수가 7개인 이진 트리를 코드로 구현해 봅시다. 앞서 살펴본 노드 클래스를 이용하면 간단한 이진 트리를 구현할 수 있습니다.

```
package tree.binaryTree;

public class BinaryTree {
    private Node root;

    public void setRoot(Node node) {
        this.root = node;
    }

    public Node getRoot() {
        return this.root;
    }
}
```

BinaryTree Class에 멤버 변수로 노드 타입의 root를 가지고 있습니다. getter와 setter는 root를 조작하기 용이합니다.

Main.java

```java
package tree.binaryTree;

public class Main {
    public static void main(String[] args) {
        /* binary tree
         *          5
         *        10  12
         *      13  9   2
         *     1
         */

        BinaryTree binaryTree = new BinaryTree();
        binaryTree.setRoot(new Node(5));

        Node node10 = new Node(10);
        Node node12 = new Node(12);
        Node node13 = new Node(13);
        Node node9 = new Node(9);
        Node node2 = new Node(2);
        Node node1 = new Node(1);

        binaryTree.getRoot().setLeftChild(node10);
        node10.setLeftChild(node13);
        node13.setLeftChild(node1);

        binaryTree.getRoot().setRightChild(node12);
        node12.setLeftChild(node9);
        node12.setRightChild(node2);
    }
}
```

이진 트리에 사용할 binaryTree 객체를 생성합니다. 시작점이 될 root에 setRoot(…) 메서드를 이용하여 root 노드를 선언해 줍니다. 현재까지 노드의 개수는 1이며, 자식 노드를 생성하여 연결해 줄 차례입니다. 자식 노드를 생성하기 전 데이터만 받는 생성자 또는 데이터, 자식 노드 2개를 받는 생성자 중 예제는 첫 번째 생성자인 데이터만 받는 생성자로 구현을 하였습니다.

자식 노드의 변수는 데이터와 동일한 이름을 지었습니다. 예로 10이란 값을 담고 있는 노드의 변수는 node10 이름으로 생성됩니다. 루트를 제외한 나머지 자식 노드 객체를 모두 생성합니다. 다음 루트 노드를 기준으로 왼쪽 서브 트리를 구성할 자식 노드를 모두 연결합니다.

binaryTree.getRoot()에서 root 노드를 가져옵니다. 다시 setLeftChild에서 왼쪽 자식으로 사용할 노드를 인자로 받아서 연결하고 나머지도 차례대로 setLeftChild를 호출하여 노드 간의 연결을 수행합니다. root 노드 기준 오른쪽 서브 트리도 똑같이 binaryTree.getRoot()에서 root 노드를 가져온 후 setRightChild를 통해 오른쪽 자식 노드를 연결하고 나머지 노드들도 차례대로 setLeftChild, setRightChild를 호출해 줍니다.

우리는 간단한 이진 트리를 만들어 보았습니다. 이제 구현이 잘 되었는지 확인이 필요합니다. 현재 코드에서는 트리를 출력할 메서드가 존재하지 않습니다. 어떻게 하면 좋을까요? 루트부터 시작하여 리프노드까지 모든 노드를 순서대로 방문하는 동작이 필요하고 이것을 탐색이라 합니다.

이진 트리의 탐색은 너비 우선 탐색(Breadth-First Search)과 깊이 우선 탐색(Depth-First Search)이 있습니다. 이번 장에서는 너비 우선 탐색으로 이진 트리의 모든 노드를 방문하여 출력하는 코드를 구현해 봅시다.

■ **너비 우선 탐색**

루트부터 시작하여 트리의 레벨이 깊어지며 왼쪽에서 오른쪽으로 노드를 탐색하는 방법입니다.

그림 6-7과 같이 루트 5를 기준으로 루트를 방문하여 5의 값을 출력하고 다음 레벨로 이동하여 왼쪽과 오른쪽에 10과 12를 출력하게 됩니다. 깊이가 증가되면서 마지막 레벨에 존재하는 1의 값을 끝으로 탐색이 종료됩니다.

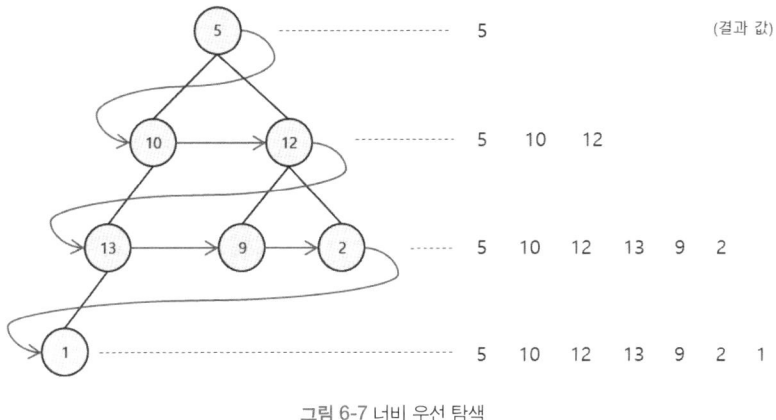

그림 6-7 너비 우선 탐색

너비 우선 탐색 알고리즘은 선입선출의 성격을 가진 큐와 반복문을 이용하면 쉽게 문제를 해결할 수 있으며, 큐에 root를 삽입 후 반복문을 호출합니다.

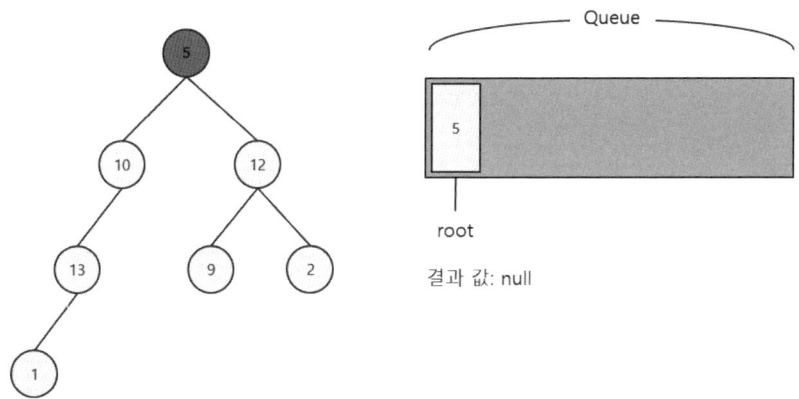

그림 6-8 너비 우선 탐색 과정 (1)

1. 큐가 비어 있지 않을 때까지 반복문을 호출하며 큐에서 노드 하나를 꺼내옵니다.
2. (1)에서 꺼낸 노드의 값을 출력하고 왼쪽 및 오른쪽 자식이 존재하는지 확인합니다.

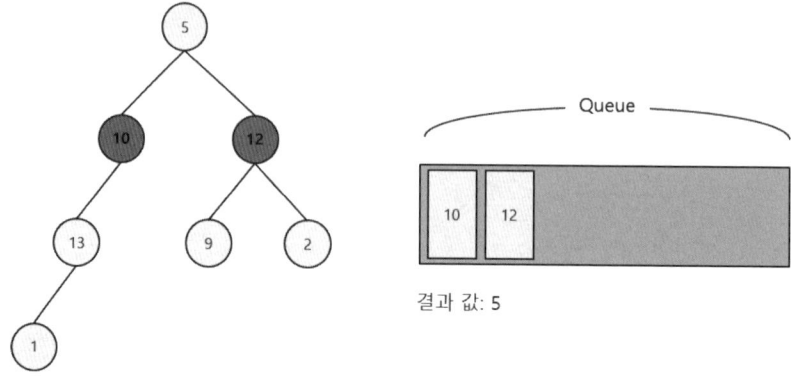

그림 6-9 너비 우선 탐색 과정 (2)

3. (2)에서 꺼낸 노드의 왼쪽 자식 10과 오른쪽 자식 12를 큐에 삽입합니다.
4. 큐는 선입선출이므로 맨 앞의 10의 값을 가진 노드를 꺼낸 뒤 값을 출력하고 왼쪽 자식이 존재하므로 13을 큐에 삽입합니다.
5. 순서에 따라서 12의 값을 가진 노드를 꺼낸 뒤 왼쪽과 오른쪽 자식이 존재하므로 9와 2의 노드를 큐에 삽입합니다.

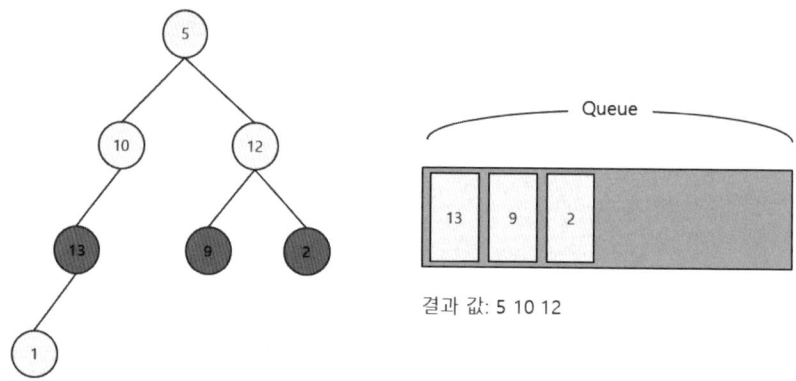

그림 6-10 너비 우선 탐색 과정 (3)

6. 큐에서 노드 하나를 꺼내와 13의 값을 출력합니다. 다음 왼쪽 자식인 1의 노드가 존재하므로 왼쪽 자식 노드를 큐에 삽입합니다.

7. 9와 2의 노드도 큐에서 꺼내온 뒤, 값을 출력합니다. 자식 노드가 존재하지 않으므로 큐에 삽입할 노드는 없습니다.

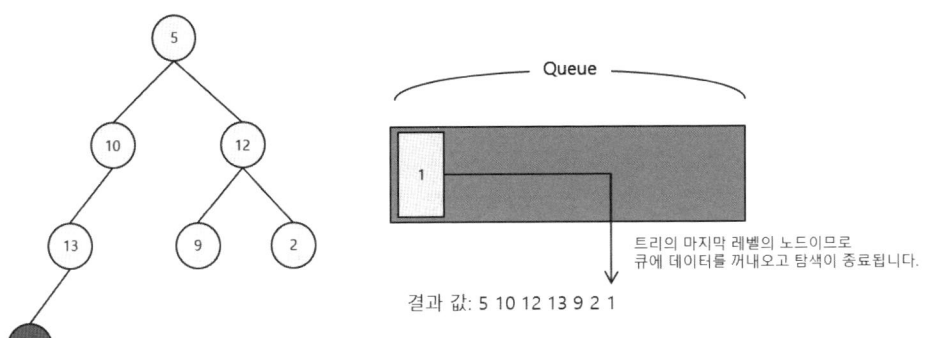

그림 6-11 너비 우선 탐색 과정 (4)

8. 마지막으로 큐에 노드를 꺼내서 1의 값을 출력하고 자식 노드가 없으므로 반복문을 처음부터 다시 실행하는데 큐가 비어 있는 상태이므로 너비 우선 탐색을 종료합니다.

너비 우선 탐색의 동작원리를 그림 6-8부터 그림 6-11까지 배워보았습니다. 실제 코드로는 어떻게 구현하면 될까요?

```
/**
 * 너비 우선 탐색(Breadth-First Search)
 * 큐를 이용한 탐색 방법
 * @param root
 */
public void bfs(Node root) {
    LinkedListQueue queue = new LinkedListQueue();
    queue.enqueue(root);

    while(!queue.empty()) {
        Node node = (Node) queue.dequeue();
        System.out.print(node.getValue() + " ");
```

```
        if (node.getLeftChild() != null) {
            queue.enqueue(node.getLeftChild());
        }

        if (node.getRightChild() != null) {
            queue.enqueue(node.getRightChild());
        }
    }
}
```

선형 구조의 큐 챕터에서 사용한 링크드리스트 큐를 이용하였습니다. 큐를 생성한 후 루트를 큐에 삽입하여 반복문의 조건인 큐가 비어 있지 않을 때까지 반복을 진행합니다. queue.dequeue() 메서드를 호출하여 노드를 하나 꺼내 온 뒤, System.out.print(…)로 값을 출력하고 해당 노드에서 자식 노드의 존재여부를 확인합니다. 존재한다면 왼쪽 자식부터 오른쪽 자식까지 큐에 차례대로 삽입을 하고 반복문의 조건이 완료될 때까지 로직을 수행하게 됩니다.

▶ 결괏값

```
5 10 12 13 9 2 1
```

6.1.6 완전 이진 트리(Complete Binary Tree)

완전 이진 트리는 이진 트리의 특성을 가짐과 동시에 마지막 레벨을 제외한 나머지 레벨들은 모두 자식 노드가 2개여야 합니다.

자식 노드를 채우는 순서는 왼쪽부터 오른쪽으로 채워 나가며, 모두 채우지 않아도 됩니다.

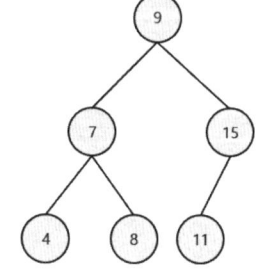

그림 6-12 완전 이진 트리의 기본 구조

완전 이진 트리의 특징으로 일반적인 이진 트리와 다르게 링크드리스트가 아닌 인덱스 기반의 배열로도 표현을 할 수 있습니다.

구현을 하기 전에 잘못된 완전 이진 트리의 예시를 살펴봅시다. 잘못된 완전 이진 트리는 아래와 같습니다.

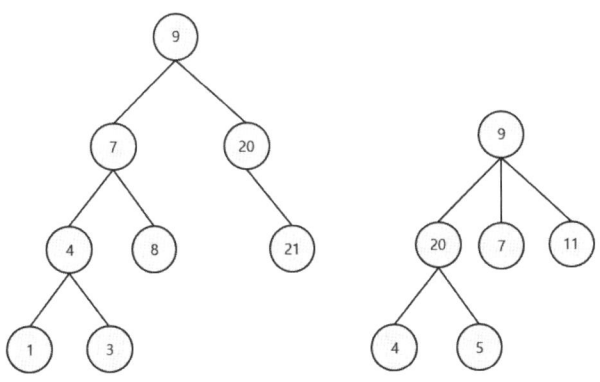

그림 6-13 잘못된 완전 이진 트리

그림 6-13의 좌측 트리는 레벨2에서 노드 20의 왼쪽 자식이 없어 완전 이진 트리 조건이 될 수 없습니다. 그림 6-13의 우측 트리에서는 최대 2개까지인 자식 노드의 개수라는 조건을 벗어나므로 잘못된 완전 이진 트리입니다.

완전 이진 트리 구현하기

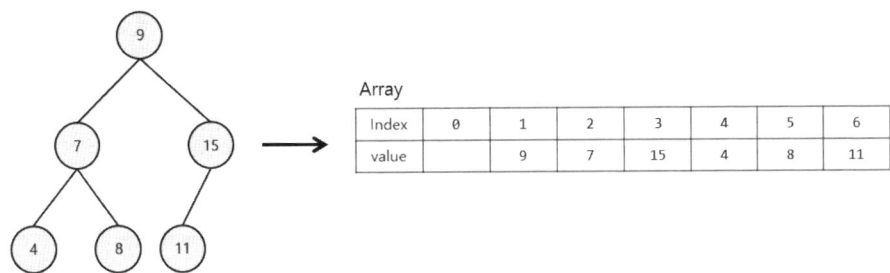

그림 6-14 완전 이진 트리를 배열로 표현

배열의 0번째를 비워두는 이유는 자식 노드를 인덱스로 계산을 쉽게 하기 위함입니다. 왼쪽 완전 이진 트리를 배열로 표현하면 첫 번째 인덱스에는 루트가 들어가고 차례대로 왼쪽 자식부터 오른쪽 자식까지 모두 배열에 담습니다. 만약 편향된 이진 트리를 배열로 표현하는 경우에는 배열 사이사이에 빈 공간이 여러 개 존재하므로 메모리 낭비가 있기에 완전 이진 트리가 아닌 경우에는 링크드리스트로 표현하는 것이 효율적입니다.

인덱스 기반으로 노드를 구하는 규칙은 다음과 같습니다.

- 왼쪽 자식 노드: 2×index (index <= 노드의 수)
- 오른쪽 자식 노드: (2×index)+1 (index <= 노드의 수)
- 부모 노드: 2÷index (index > 1)

인덱스 2의 노드 7을 기준으로 왼쪽 자식과 오른쪽 자식, 그리고 부모 노드를 구해보면 왼쪽 자식 노드는 2×2가 되므로 인덱스 4인 노드4가 왼쪽 자식 노드임을 확인할 수 있습니다. 오른쪽 자식 노드는 (2×2)+1이 되며 인덱스 5인 노드 8이 오른쪽 자식 노드임을 확인할 수 있습니다. 부모 노드는 2÷2이므로 인덱스 1인 루트 노드가 부모인 것을 확인할 수 있습니다.

완전 이진 트리를 배열로 표현하는 방법과 인덱스 기반으로 노드를 구하는 규칙을 살펴보았습니다. 다음은 실제로 완전 이진 트리를 구현해 봅시다.

completeBinaryTree/ Main.java

```java
package tree.completeBinaryTree;

public class Main {
    public static void main(String[] args) {
        CompleteBinaryTree completeBinaryTree = new CompleteBinaryTree();

        // 빈 노드는 -1로 대체합니다.
        int[] arr = new int[]{-1, 9, 7, 15, 4, 8, 11};
        completeBinaryTree.printAll(arr);
    }
}
```

completeBinaryTree/ CompleteBinaryTree.java

```java
package tree.completeBinaryTree;

public class CompleteBinaryTree {
    public void printAll(int[] arr) {
        for (int i = 1; i < arr.length; i++) {
            int leftNode = this.getLeftNode(arr, i);
            int rightNode = this.getRightNode(arr, i);

            if (leftNode > -1) {
                System.out.println(String.format("%d의 왼쪽 자식의 노드는 %d",
                    arr[i], leftNode));
            }

            if (rightNode > -1) {
                System.out.println(String.format("%d의 오른쪽 자식의 노드는 %d",
                    arr[i], rightNode));
            }
        }
    }

    private int getLeftNode(int[] arr, int index) {
        int findIndex = 2 * index;
        if (arr.length <= findIndex) {
            return -1;
        }

        return arr[findIndex];
    }

    private int getRightNode(int[] arr, int index) {
        int findIndex = (2 * index) + 1;
        if (arr.length <= findIndex) {
            return -1;
        }

        return arr[findIndex];
    }
}
```

▶ 실행결과

9의 왼쪽 자식의 노드는 7
9의 오른쪽 자식의 노드는 15
7의 왼쪽 자식의 노드는 4
7의 오른쪽 자식의 노드는 8
15의 왼쪽 자식의 노드는 11

CompleteBinaryTree 클래스에 printAll 메서드로 연결된 노드들을 모두 출력하고 있습니다. 인자로 완전 이진 트리의 배열을 받아서 배열의 길이만큼 반복문을 진행합니다.

```
private int getLeftNode(int[] arr, int index) {
    int findIndex = 2 * index;
    if (arr.length <= findIndex) {
        return -1;
    }

    return arr[findIndex];
}

private int getRightNode(int[] arr, int index) {
    int findIndex = (2 * index) + 1;
    if (arr.length <= findIndex) {
        return -1;
    }

    return arr[findIndex];
}
```

getLeftNode와 getRightNode은 인자로 배열과 인덱스를 받고 인덱스 규칙에 사용한 자식 노드를 구하는 방식을 코드로 옮겨놓았습니다. 자식 노드를 구하는 조건 중 만약 배열의 길이보다 같거나 클 경우 빈 노드를 표현하는 -1을 반환합니다.

6.1.7 이진 탐색 트리(Binary Search Tree)

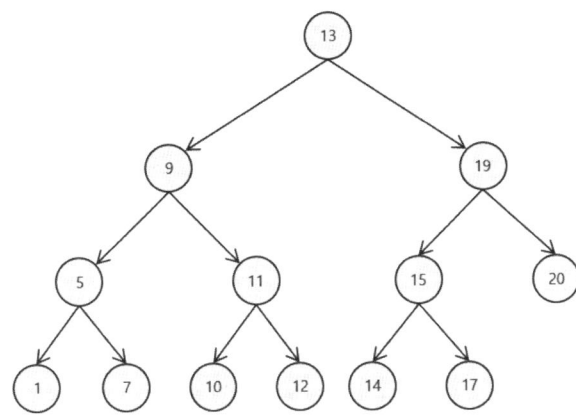

그림 6-15 이진 탐색 트리의 기본 구조

노드의 자식이 두 개 이하인 트리를 이진 트리라고 배웠습니다. 이진 트리를 활용하여 데이터 탐색이 용이하도록 트리를 구성한 것이 이진 탐색 트리입니다. 일반적인 이진 트리는 노드의 값과 관계없이 노드의 개수만 2개 이하로 만들면 되지만 이진 탐색 트리는 노드의 값이 중요합니다. 효율적이고 빠르게 데이터를 찾기 위해 루트를 기준으로 루트보다 작은 값은 좌측으로 배치하고 루트보다 큰 값은 우측으로 배치합니다.

이진 탐색 트리 특징

- 기준 노드 N에서 왼쪽의 서브 트리 노드의 값은 N보다 작아야 하며 오른쪽 서브 트리의 값은 N보다 커야 합니다.
- 노드는 중복된 값을 가질 수 없습니다.
- 자식이 2개 이하여야 합니다.

이진 탐색 트리의 검색

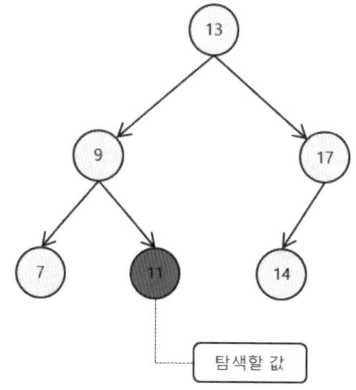

그림 6-16 이진 탐색 트리의 검색

그림 6-16과 같이 루트 노드 기준으로 왼쪽 서브 트리의 노드들은 9, 7, 11이며 루트보다 작은 값으로 배치되어 있습니다. 오른쪽 서브 트리의 노드들은 17, 14로 루트보다 큰 값으로 배치되어 있습니다. 위 트리에서 데이터 11을 탐색해 봅시다.

해당 루트를 방문하면서 루트의 값을 봅니다. 13이므로 우리가 찾는 값이 아닙니다. 다음 13보다 작은 값인 11은 왼쪽에만 존재할 수 있겠죠? 이진 탐색 트리 조건에 따르면 왼쪽 서브 트리의 노드는 루트보다 작은 값이 되어야 하기 때문입니다. 루트에서 왼쪽 자식 노드로 이동합니다. 9라는 값은 우리가 찾는 값이 아니며 11보다 작은 값이므로 오른쪽 자식 노드로 이동합니다.

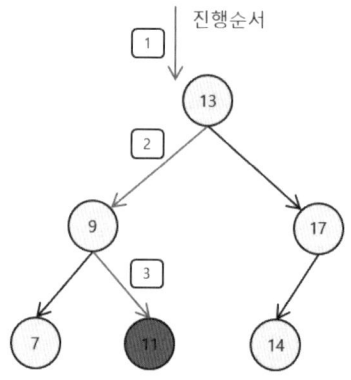

그림 6-17 이진 탐색 트리의 진행 순서

오른쪽 자식 노드의 값은 11이므로 탐색이 종료됩니다. 만약에 찾는 값이 없으면 NULL을 반환해 주거나 프로그램에 맞는 동작을 구현해 주면 됩니다.

BinarySearchTree/Main1.java

```java
package tree.BinarySearchTree;

public class Main1 {
    public static void main(String[] args) {
        /* binary tree
         *         13
         *       9    17
         *     7  11 14
         */

        BinarySearchTree binarySearchTree = new BinarySearchTree();
        Node root = new Node(13);
        binarySearchTree.setRoot(root);

        Node node9 = new Node(9);
        Node node17 = new Node(17);
        Node node7 = new Node(7);
        Node node11 = new Node(11);
        Node node14 = new Node(14);

        // 왼쪽 서브트리 생성
        binarySearchTree.getRoot().setLeftChild(node9);
        node9.setLeftChild(node7);
        node9.setRightChild(node11);

        // 오른쪽 서브트리 생성
        binarySearchTree.getRoot().setRightChild(node17);
        node17.setLeftChild(node14);

        Node resultNode = binarySearchTree.search(binarySearchTree.getRoot(), 11);
        System.out.println("재귀호출을 이용한 검색 결과: " + resultNode.getValue());

        Node resultNode2 = binarySearchTree.search(14);
```

```
            System.out.println("반복문을 이용한 검색 결과: " + resultNode2.getValue());
    }
}
```

BinarySearchTree/BinarySearchTree.java

```java
...

/**
 * 재귀 함수를 사용하는 방법
 * @param root
 * @param value
 * @return
 */
public Node search(Node root, int value) {
    if (node == null) {
        return null;
    } else if (node.getValue() == value) {
    return node;
    } else if (node.getValue() > value) {
    return search(node.getLeftChild(), value);
    } else {
    return search(node.getRightChild(), value);
    }
}


/**
 * 반복문을 사용하는 방법
 */
public Node search(int value) {
    if (this.root == null) {
        return null;
    }

    Node target = this.root;
    while (target != null && target.getValue() != value) {;
        if (target.getValue() > value) {
            target = target.getLeftChild();
```

```
        } else {
            target = target.getRightChild();
        }
    }
    return target;
}

...
```

▶ 실행결과

재귀호출을 이용한 검색 결과: 11
반복문을 이용한 검색 결과: 14

BinarySearchTree 클래스의 search 메서드는 2가지 방식으로 구현할 수 있습니다. 재귀호출 또는 반복문을 사용하는 방식이 있습니다. 재귀호출로 구현된 코드를 살펴봅시다.

핵심 로직은 첫 번째 인자인 root의 값이 찾을 값과 같으면 root인자를 반환해 주고 그렇지 않다면 두 가지 조건이 추가됩니다.

> 1. 비교 대상 노드의 값이 찾을 값보다 크면 왼쪽 서브 트리로 이동하여 찾는다.
> 2. 비교 대상 노드의 값이 찾을 값보다 작으면 오른쪽 서브 트리로 이동하여 찾는다.

코드를 보면 if (root.getValue() > value) {…} 조건을 만족하면 왼쪽 자식을 인수로 넘겨 search 메서드를 다시 호출하고 그렇지 않으면 search(root.getRightChild(), value)로 오른쪽 자식을 인수로 넘겨 재귀호출을 진행합니다. 반복문을 이용한 방식도 핵심 로직은 재귀호출 방식과 같습니다.

이진 탐색 트리의 삽입

이진 탐색 트리는 노드가 삽입될 위치가 값에 의해 결정됩니다. 삽입할 값이 부모 노드보다 작을 경우 왼쪽으로 이동하고 클 경우는 오른쪽으로 이동합니다. 삽입의 조건은 크게 3가지가 있습니다.

1. 루트가 존재하지 않는 경우 (루트를 생성함)

삽입 대상 값: 13

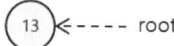

그림 6-18 이진 탐색 트리의 삽입 과정 (1)

2. 삽입할 값이 루트보다 작은 경우(왼쪽으로 이동)

삽입 대상 값: 9

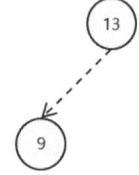

그림 6-19 이진 탐색 트리의 삽입 과정 (2)

3. 삽입할 값이 루트보다 큰 경우(오른쪽으로 이동)

삽입 대상 값: 17

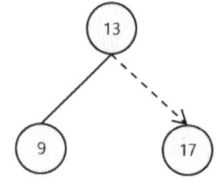

그림 6-20 이진 탐색 트리의 삽입 과정 (3)

검색(search) 파트에서 이진 탐색 트리를 생성하는 방법은 아래와 같이 노드 객체를 하나하나 생성하여 값을 세팅하고 직접 노드의 위치를 잡아 주어야 했습니다.

```
...
BinarySearchTree binarySearchTree = new BinarySearchTree();
        Node root = new Node(13);
        binarySearchTree.setRoot(root);

        Node node9 = new Node(9);
        Node node17 = new Node(17);
        Node node7 = new Node(7);
        Node node11 = new Node(11);
        Node node14 = new Node(14);

        // 왼쪽 서브트리 생성
        binarySearchTree.getRoot().setLeftChild(node9);
        node9.setLeftChild(node7);
        node9.setRightChild(node11);

        // 오른쪽 서브트리 생성
        binarySearchTree.getRoot().setRightChild(node17);
        node17.setLeftChild(node14);
...
```

단순한 이진 탐색 트리를 조작한다면 괜찮겠지만 노드의 수가 50개, 100개, 1000개 이상이 되는 경우 하나하나 노드를 생성하고 직접 연결해 주는 것은 비효율적이며 연결에 실수할 수도 있습니다. 지금 배울 삽입 메서드를 이용하면 노드의 개수에 상관없이 로직에서 값을 보고 판단하여 부모-자식 노드를 연결해 줍니다.

BinarySearchTree/Main2.java

```java
package tree.BinarySearchTree;

public class Main2 {
    public static void main(String[] args) {
        /* binary tree
         *           13
         *       9        17
```

```
 * 7   11   14
 */

    BinarySearchTree binarySearchTree = new BinarySearchTree();
    binarySearchTree.insert(13);
    binarySearchTree.insert(9);
    binarySearchTree.insert(17);
    binarySearchTree.insert(7);
    binarySearchTree.insert(11);
    binarySearchTree.insert(14);
    binarySearchTree.insert(14);

    binarySearchTree.bfs(binarySearchTree.getRoot());
  }
}
```

BinarySearchTree/BinarySearchTree.java

```
package tree.BinarySearchTree;
import queue.linkedlist.LinkedListQueue;

public class BinarySearchTree {
    private Node root;

    public void setRoot(Node node) {
        this.root = node;
    }

    public Node getRoot() {
        return this.root;
    }

    /**
     * 너비 우선 탐색 (Breadth First Search)
     * 큐를 이용하여 탐색
     * @param root
     */
    public void bfs(Node root) {
        LinkedListQueue queue = new LinkedListQueue();
```

```
        queue.enqueue(root);

        while(!queue.empty()) {
            Node node = (Node) queue.dequeue();
            System.out.print(node.getValue() + " ");

            if (node.getLeftChild() != null) {
                queue.enqueue(node.getLeftChild());
            }

            if (node.getRightChild() != null) {
                queue.enqueue(node.getRightChild());
            }
        }
    }
}
```

▶ 실행결과

```
14는(은) 중복된 값입니다. 삽입을 중단합니다.
13 9 17 7 11 14
```

삽입 조건에 따른 코드를 부분적으로 살펴봅시다. 첫 번째로 루트가 존재하지 않는 경우입니다.

```
if (this.root == null) {
    this.root = new Node(value);
    return;
}
```

insert 메서드에서 삽입할 위치를 찾기 전 this.root가 null이면 삽입할 값으로 root 노드를 생성해 주고 로직을 완료합니다.

두 번째와 세 번째 조건은 삽입할 값이 루트보다 크거나 작은 경우입니다. '7'을 삽입한다는 전제 하에 그림 6-21을 살펴봅시다.

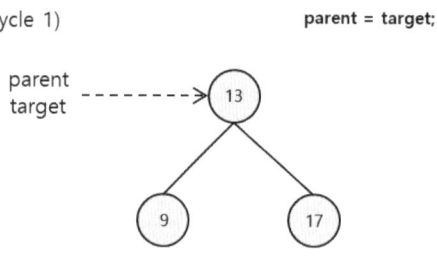

그림 6-21 이진 탐색 트리의 삽입 과정 (1)

반복문을 시작하면 parent 객체는 target과 같은 노드를 바라보게 됩니다. parent 객체를 사용하는 이유는 반복문의 조건을 보면 target != null으로 반복문이 종료되는 시점입니다. target이 null이 되면 삽입할 위치가 되는 곳이므로 부모 노드를 기억하고 있다가 해당 위치에 노드를 생성하여 부모-자식을 연결합니다.

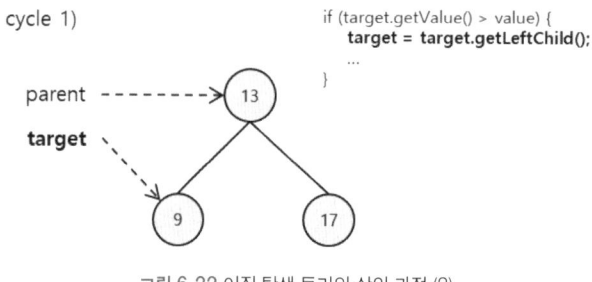

그림 6-22 이진 탐색 트리의 삽입 과정 (2)

if (target.getValue() > value)에서 target은 13이고 13 > 7 조건에 해당되므로 target은 자신이 바라보는 노드의 왼쪽 자식 노드를 가리킵니다.

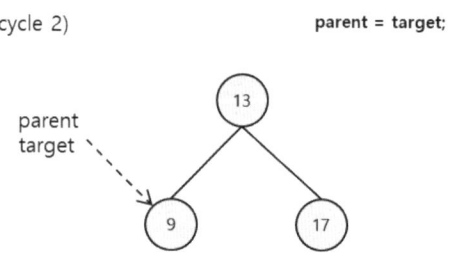

그림 6-23 이진 탐색 트리의 삽입 과정 (3)

두 번째 사이클을 반복하여 parent는 target과 같은 곳인 노드 9를 가리킵니다.

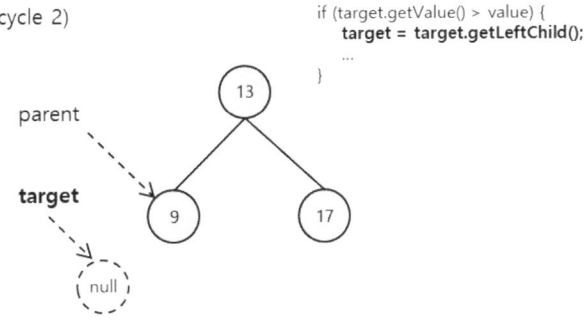

그림 6-24 이진 탐색 트리의 삽입 과정 (4)

target의 값은 9이고 삽입할 값은 7이므로 9 > 7 조건에 해당됩니다. target은 자신이 바라보던 노드의 왼쪽 자식을 다시 가리키게 되는데 9의 왼쪽 자식 노드가 없으므로 null을 가리키게 됩니다.

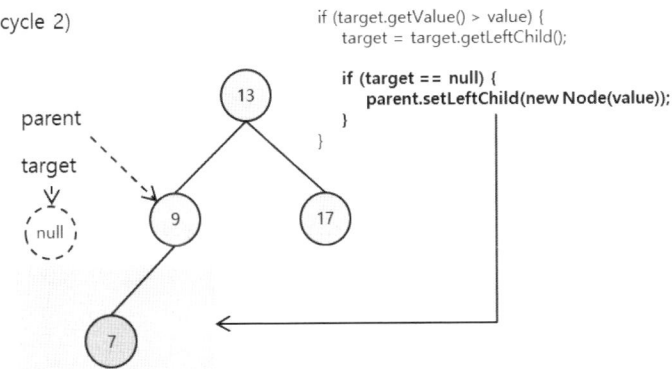

그림 6-25 이진 탐색 트리의 삽입 과정 (5)

다음 라인에서 target == null 조건이 성립되고 parent는 target의 부모를 가리키고 있으므로 parent 객체에 접근하여 parent.setLeftChild(new Node(value))로 인해 '7'의 값으로 왼쪽 자식을 생성합니다.

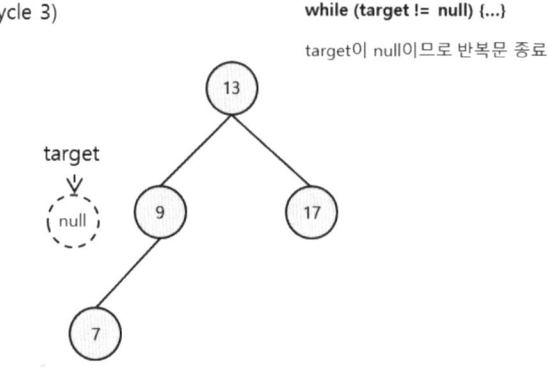

그림 6-26 이진 탐색 트리의 삽입 과정 (6)

target이 null이므로 반복문이 종료되고 삽입 대상인 7은 9의 왼쪽 자식 노드로 올바르게 연결된 것을 확인할 수 있습니다. 루트보다 큰 값을 삽입하는 동작은 오른쪽 서브 트리로 이동하여 parent를 target과 같은 곳으로 가리키게 하고 target은 자신이 바라보고 있던 노드의 오른쪽 자식 노드를 다시 가리킵니다. 만약 target이 null이면 parent 객체를 이용하여 오른쪽 자식 노드를 생성해 주면 됩니다.

지금까지 일일이 노드를 생성해서 직접 부모와 자식 간의 연결을 해 주었다면 삽입 메서드를 배운 시점에는 배열에 값들을 저장하고 loop를 통해 이진 탐색 트리를 구현할 수 있습니다.

BinarySearchTree/Main3.java

```
package tree.BinarySearchTree;

public class Main3 {
    public static void main(String[] args) {
        /* binary tree
         *                      56
         *              10              94
         *           8      17       77      101
         *         3  9  12  49   65  81   99
         */
```

```java
        BinarySearchTree binarySearchTree = new BinarySearchTree();
        int arr[] = new int[]{56, 10, 94, 8, 17, 77, 101, 3, 9, 12, 49, 63,
        81, 99};

        for (int v : arr) {
            binarySearchTree.insert(v);
        }

        binarySearchTree.bfs(binarySearchTree.getRoot());
    }
}
```

BinarySearchTree/BinarySearchTree.java

```java
package tree.BinarySearchTree;
import queue.linkedlist.LinkedListQueue;

public class BinarySearchTree {
    private Node root;

    public void setRoot(Node node) {
        this.root = node;
    }

    public Node getRoot() {
        return this.root;
    }

    /**
     * 너비 우선 탐색 (Breadth First Search)
     * 큐를 이용하여 탐색
     * @param root
     */
    public void bfs(Node root) {
        LinkedListQueue queue = new LinkedListQueue();
        queue.enqueue(root);

        while(!queue.empty()) {
```

```java
            Node node = (Node) queue.dequeue();
            System.out.print(node.getValue() + " ");

            if (node.getLeftChild() != null) {
                queue.enqueue(node.getLeftChild());
            }

            if (node.getRightChild() != null) {
                queue.enqueue(node.getRightChild());
            }
        }
    }

    /**
     * 삽입
     * 1. 루트가 null인 경우
     * 2. 삽입할 값이 루트보다 작은 경우
     * 3. 삽입할 값이 루트보다 큰 경우
     * @param value
     */
    public void insert(int value) {
        if (this.root == null) {
            this.root = new Node(value);
            return;
        }

        Node target = this.root;
        Node parent = null;

        while (target != null) {
            parent = target;
            if (target.getValue() == value) {
                System.out.println(String.format("%s는(은) 중복된 값입니다. 삽입을 중단합니다.", value));
                break;
            }

            if (target.getValue() > value) {
                target = target.getLeftChild();
```

```
                if (target == null) {
                    parent.setLeftChild(new Node(value));
                }
            } else {
                target = target.getRightChild();

                if (target == null) {
                    parent.setRightChild(new Node(value));
                }
            }
        }
    }
}
```

▶ 실행결과

56 10 94 8 17 77 101 3 9 12 49 63 81 99

이진 탐색 트리의 삭제

삭제 연산은 삽입과 마찬가지로 3가지 경우가 있지만 상대적으로 조금 더 복잡한 구조를 가집니다. 노드를 삭제하고 나서 연결된 자식 노드까지 관리해 주어야 하기 때문입니다. 삭제 연산에서 고려해야 할 3가지 경우에 대해서 알아봅시다.

---

1. 자식 노드가 없는 노드를 삭제하는 경우
2. 자식 노드가 1개만 존재하는 노드를 삭제하는 경우
3. 자식 노드가 2개 존재하는 노드를 삭제하는 경우

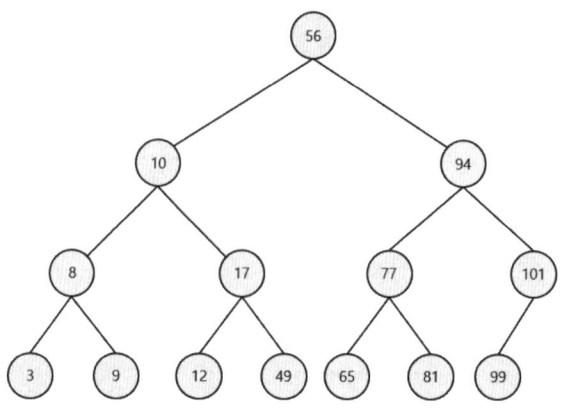

그림 6-27 이진 탐색 트리의 기본 구조

높이는 4이고 노드의 개수는 14개인 이진 탐색 트리가 있습니다. 리프 노드인 노드 3과 자식이 하나만 존재하는 노드 101, 자식이 두 개가 존재하는 노드 94를 삭제하는 과정을 살펴보겠습니다.

- **자식 노드가 없는 노드 3 삭제**

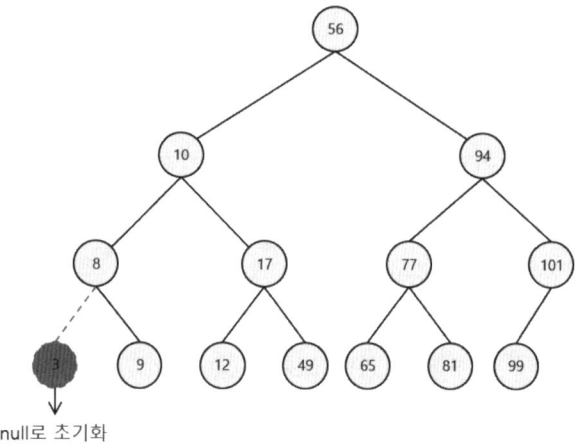

그림 6-28 노드 3을 제거하는 이진 탐색 트리

1. 검색을 통해 삭제할 노드 3을 찾은 뒤, 자식 노드의 존재 여부를 파악합니다.
2. 리프 노드이므로 노드 3을 null로 초기화한 후 연결을 끊어 줍니다.

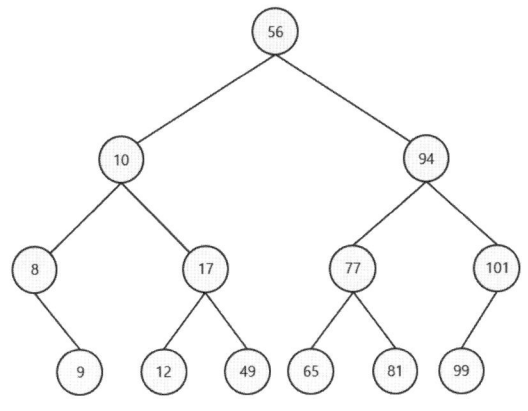

그림 6-29 노드 3을 제거한 이진 탐색 트리

3. 노드 3을 삭제한 이진 탐색 트리의 모습입니다.

- **자식 노드가 1개만 존재하는 노드 101 삭제**

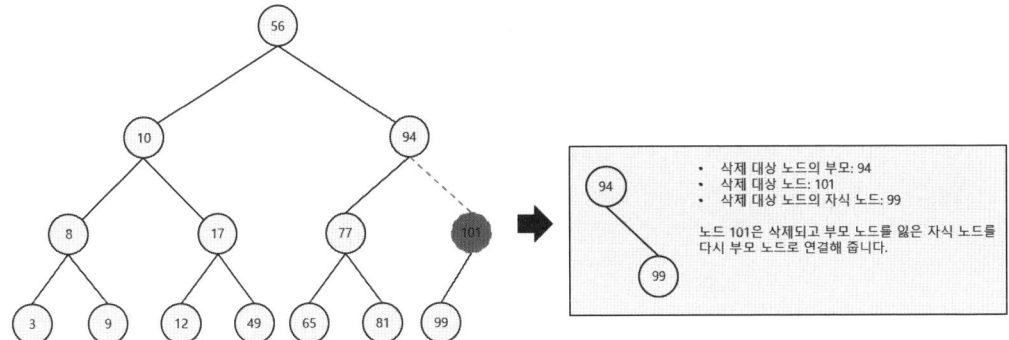

그림 6-30 자식 노드가 1개만 존재하는 노드 '101' 삭제

1. 검색을 통해 삭제할 노드 101을 찾습니다. 자식 노드의 존재 여부를 파악하여 자식 노드가 1개만 존재하는 것을 알아냈습니다.
2. 삭제 대상 노드의 부모 노드 94를 기억해 두고 노드 101을 삭제합니다.
3. 삭제된 노드 101의 왼쪽 자식인 노드 99를 (2)에서 기억해 둔 노드 94의 자식 노드로 연결해 줍니다.

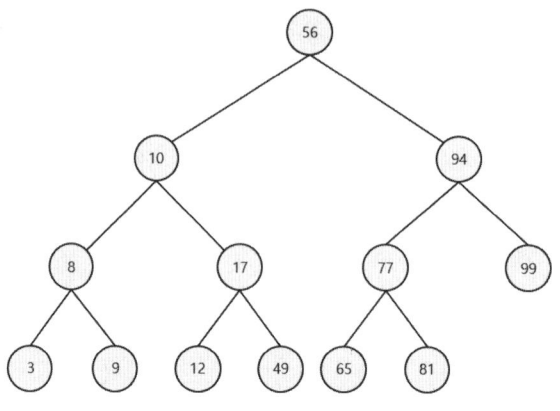

그림 6-31 노드 '101'을 제거한 이진 탐색 트리

4. 그림 6-31은 노드 101을 삭제한 이진 탐색 트리의 모습입니다.

- **자식 노드가 2개 존재하는 노드 94 삭제**

자식 노드가 없거나 1개일 경우에는 고려해야 할 것이 많지 않았지만 자식 노드가 2개인 노드를 제거하는 경우는 부모 노드를 잃은 하위 자식 노드들의 이진 탐색 트리 조건 중 부모 노드 값 기준으로 왼쪽은 작은 값, 오른쪽은 큰 값으로 균형을 이루어야 하기 때문에 삭제된 노드의 서브 트리를 재배치해야 합니다. 재배치 과정은 다음 그림과 같습니다.

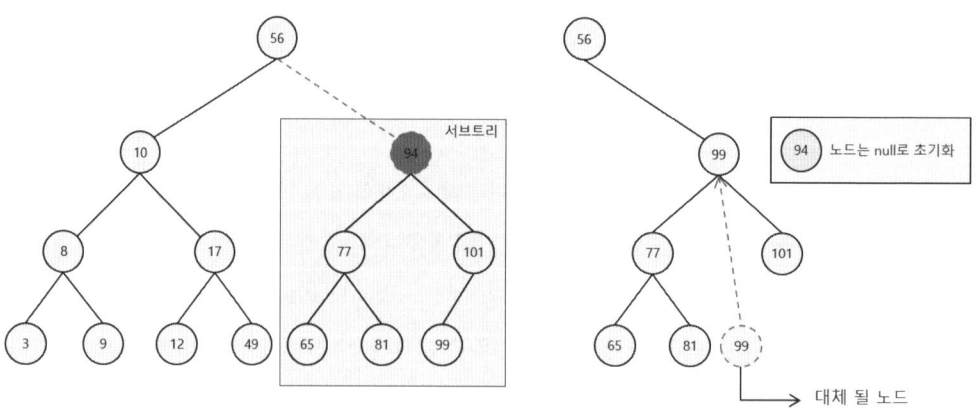

그림 6-32 자식 노드가 2개 존재하는 노드 '94' 삭제

1. 검색을 통해 노드 94를 찾아낸 뒤, 자식 노드 존재여부를 파악합니다.
2. 자식 노드가 2개이므로 오른쪽 서브 트리의 노드들 중에서 노드 94를 대체하고 트리의 균형을 맞출 노드를 찾습니다.
3. 대체할 노드를 찾는 기준은 오른쪽 서브 트리의 왼쪽 리프 노드를 찾으면 됩니다. 이 노드를 삭제될 노드의 위치에 재배치하면 이진 탐색 트리의 균형을 이룰 수 있습니다.
4. 노드 94는 null로 초기화하고 노드 99를 삭제한 노드의 위치에 재배치합니다.

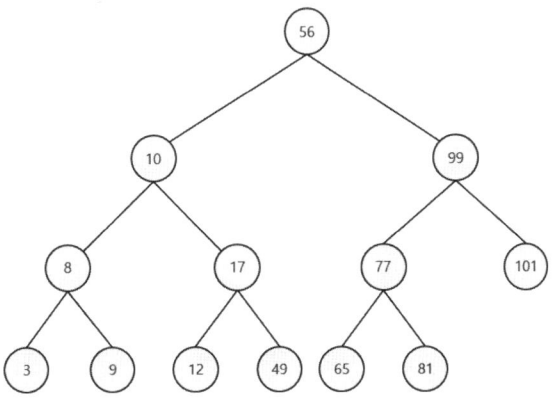

그림 6-33 노드 '94'를 제거한 재배치된 이진 탐색 트리

5. 그림 6-33은 노드 94를 삭제하고 노드 99를 재배치한 이진 탐색 트리의 모습입니다. 루트의 오른쪽 서브 트리를 살펴보면 노드 99의 왼쪽 서브 트리 노드들은 모두 노드 99보다 작은 값이며 오른쪽 서브 트리의 노드는 노드 99보다 큰 값이므로 이진 탐색 트리 조건을 만족합니다.

BinarySearchTree/Main4.java
```java
package tree.BinarySearchTree;

public class Main4 {
    public static void main(String[] args) {
        /* binary tree
```

```
 *                    56
 *            10              94
 *         8      17      77        101
 *       3   9  12  49  65  81   99
 */

BinarySearchTree binarySearchTree0 = new BinarySearchTree();
BinarySearchTree binarySearchTree1 = new BinarySearchTree();
BinarySearchTree binarySearchTree2 = new BinarySearchTree();

int arr[] = new int[]{56, 10, 94, 8, 17, 77, 101, 3, 9, 12, 49, 63, 81, 99};
for (int v : arr) {
    binarySearchTree0.insert(v);
    binarySearchTree1.insert(v);
    binarySearchTree2.insert(v);
}

// 1. 자식 노드가 없는 경우
System.out.println("자식 노드가 없는 노드 3을 지운 결과");
binarySearchTree0.delete(binarySearchTree0.getRoot(), 3);
binarySearchTree0.bfs(binarySearchTree0.getRoot());
System.out.println("\n");

// 2. 자식 노드가 1개인 경우
System.out.println("자식 노드가 1개인 노드101을 지운 결과");
binarySearchTree1.delete(binarySearchTree1.getRoot(), 101);
binarySearchTree1.bfs(binarySearchTree1.getRoot());
System.out.println("\n");

// 3. 자식 노드가 2개인 경우
System.out.println("자식 노드가 2개인 노드94를 지운 결과");
binarySearchTree2.delete(binarySearchTree2.getRoot(), 94);
binarySearchTree2.bfs(binarySearchTree2.getRoot());
System.out.println("\n");
    }
}
```

BinarySearchTree/BinarySearchTree.java

```java
package tree.BinarySearchTree;
import queue.linkedlist.LinkedListQueue;

public class BinarySearchTree {
    private Node root;

    public void setRoot(Node node) {
        this.root = node;
    }

    public Node getRoot() {
        return this.root;
    }

    /**
     * 너비 우선 탐색 (Breadth First Search)
     * 큐를 이용하여 탐색
     * @param root
     */
    public void bfs(Node root) {
        LinkedListQueue queue = new LinkedListQueue();
        queue.enqueue(root);

        while(!queue.empty()) {
            Node node = (Node) queue.dequeue();
            System.out.print(node.getValue() + " ");

            if (node.getLeftChild() != null) {
                queue.enqueue(node.getLeftChild());
            }

            if (node.getRightChild() != null) {
                queue.enqueue(node.getRightChild());
            }
        }
    }
```

```java
/**
 * 재귀 함수를 사용하는 방법
 * @param root
 * @param value
 * @return
 */
public Node search(Node root, int value) {
    if (node == null) {
        return null;
    } else if (node.getValue() == value) {
    return node;
    } else if (node.getValue() > value) {
    return search(node.getLeftChild(), value);
    } else {
    return search(node.getRightChild(), value);
    }
}

/**
 * 반복문을 사용하는 방법
 */
public Node search(int value) {
    if (this.root == null) {
        return null;
    }

    Node target = this.root;
    while (target != null && target.getValue() != value) {;
        if (target.getValue() > value) {
            target = target.getLeftChild();
        } else {
            target = target.getRightChild();
        }
    }
    return target;
}

/**
 * 삽입
```

```java
 * 1. 루트가 null인 경우
 * 2. 삽입할 값이 루트보다 작은 경우
 * 3. 삽입할 값이 루트보다 큰 경우
 * @param value
 */
public void insert(int value) {
    if (this.root == null) {
        this.root = new Node(value);
        return;
    }

    Node target = this.root;
    Node parent = null;

    while (target != null) {
        parent = target;
        if (target.getValue() == value) {
            System.out.println(String.format("%s는(은) 중복된 값입니다. 삽입을 중단합니다.", value));
            break;
        }

        if (target.getValue() > value) {
            target = target.getLeftChild();

            if (target == null) {
                parent.setLeftChild(new Node(value));
            }
        } else {
            target = target.getRightChild();

            if (target == null) {
                parent.setRightChild(new Node(value));
            }
        }
    }
}

/**
```

```java
 * node 인자 기준으로 오른쪽 서브트리의 리프 노드 가져옴
 * @param node
 * @return
 */
public Node getMinimumNode(Node node) {
    if (node == null) {
        return null;
    }

    if (node.getLeftChild() != null) {
        return getMinimumNode(node.getLeftChild());
    }

    return node;
}

/**
 * 삭제
 * @param value
 */
public Node delete(Node root, int value) {
    if (root == null) {
        return null;
    }

    if (root.getValue() == value) {
        if (root.getLeftChild() == null && root.getRightChild() == null) {
        // 자식 노드가 모두 없는 경우
            root = null;
            return null;
        } else if (root.getLeftChild() != null && root.getRightChild() ==
        null) { // 왼쪽 자식 노드만 존재하는 경우
            Node left = root.getLeftChild();
            root = null;
            return left;
        } else if (root.getLeftChild() == null && root.getRightChild() !=
        null) { // 오른쪽 자식 노드만 존재하는 경우
            Node right = root.getRightChild();
            root = null;
```

```
            return right;
        } else { // 자식 노드가 2개인 경우
            Node children = getMinimumNode(root.getRightChild());
            root.setValue(children.getValue());
            root.setRightChild(delete(root.getRightChild(), children.
            getValue()));
        }
    }
    
    if (root.getValue() > value) {
        root.setLeftChild(delete(root.getLeftChild(), value));
    } else {
        root.setRightChild(delete(root.getRightChild(), value));
    }
    
    return root;
  }
}
```

▶ 실행결과

자식 노드가 없는 노드 3을 지운 결과
56 10 94 8 17 77 101 9 12 49 63 81 99

자식 노드가 1개인 노드101을 지운 결과
56 10 94 8 17 77 99 3 9 12 49 63 81

자시 노드가 2개인 노드94를 지운 결과
56 10 99 8 17 77 101 3 9 12 49 63 81

delete 메서드의 인자로 root와 삭제할 값 value를 받습니다. value가 루트의 값보다 작으면 왼쪽 서브트리에 존재하므로 왼쪽 자식 노드를 인수로 넘겨 delete 메서드를 재귀호출합니다.

```
if (root.getValue() > value) {
    root.setLeftChild(delete(root.getLeftChild(), value));
```

```
} else {
    root.setRightChild(delete(root.getRightChild(), value));
}
```

root.setLeftChild 또는 root.setRightChild는 노드를 삭제하고 부모 노드 간의 연결을 끊기 위해 사용됩니다.

```
if (root.getValue() == value) {
    …
}
```

삭제 대상 값과 루트 노드(여기선 재귀호출로 인한 임의의 노드)의 값이 같으면 삭제되는 3가지의 경우를 확인합니다.

```
if (root.getLeftChild() == null && root.getRightChild() == null) {
// 자식 노드가 모두 없는 경우
    root = null;
    return null;
} else if (root.getLeftChild() != null && root.getRightChild() == null) {
// 왼쪽 자식 노드만 존재하는 경우
    Node left = root.getLeftChild();
    root = null;
    return left;
} else if (root.getLeftChild() == null && root.getRightChild() != null) {
// 오른족 자식 노드만 존재하는 경우
    Node right = root.getRightChild();
    root = null;
    return right;
} else { // 자식 노드가 2개인 경우
    Node children = getMinimumNode(root.getRightChild());
    root.setValue(children.getValue());
    root.setRightChild(delete(root.getRightChild(), children.getValue()));
}
```

자식 노드에 대한 고려가 필요 없는 경우 삭제 대상 노드를 null로 초기화하고 null을 반환하여 부모 노드 간의 연결을 끊어 줍니다. 자식 노드가 1개이면서 왼쪽 또는 오른쪽 자식 노드만 존재하는 경우는 대상 노드를 삭제하기 전 왼쪽 또는 오른쪽 자식 노드를 변수에 담습니다. 삭제 대상 노드를 삭제하고 변수에 담았던 자식 노드를 반환해 준 후 삭제된 노드의 부모 노드와 연결 지어 줍니다.

```
else { // 자식 노드가 2개인 경우
    Node children = getMinimumNode(root.getRightChild());
    root.setValue(children.getValue());
    root.setRightChild(delete(root.getRightChild(), children.getValue()));
}
```

자식 노드가 2개인 경우는 삭제된 노드의 대체자를 찾기 위해 오른쪽 서브 트리의 왼쪽 자식 노드의 리프 노드를 사용해야 합니다. getMinimumNode(Node) 메서드를 통해 대체 노드를 찾은 뒤 삭제될 노드와 바꿔 줍니다. 노드99는 노드94와 위치가 바뀐 상태이므로 노드99는 리프 노드가 됩니다. 이어서 root(현재 노드99)의 오른쪽 서브 트리로 이동하여 노드94를 찾아서 제거해 줍니다.

탐색의 종류

데이터를 탐색하는 방법에는 여러 종류가 있습니다. 너비 우선 탐색(Breadth-First Search Tree)과 깊이 우선 탐색(Depth-First Search Tree)이 있으며, 깊이 우선 탐색에서는 전위, 중위, 후위 순회 방법이 있습니다. 너비 우선 탐색은 이진 트리 구현하기 챕터에서 살펴보았으며 이번 장에서는 깊이 우선 탐색에 대해서 알아봅시다.

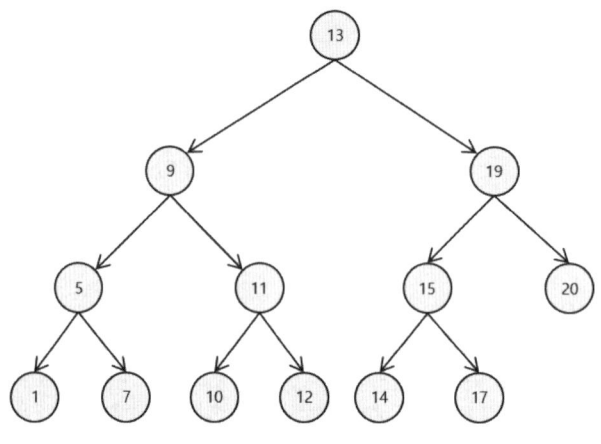

그림 6-34 이진 탐색 트리

- **깊이 우선 탐색 (Depth-First Search)**

최상단 루트부터 시작하여 리프 노드까지의 우선 순위로 탐색하는 방법을 깊이 우선 탐색이라 합니다. 탐색할 노드가 없으면 다시 부모 노드로 올라가서 부모를 탐색하거나 다시 자식을 탐색합니다.

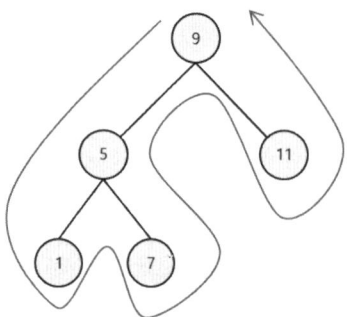

그림 6-35 깊이 우선 탐색 트리 과정

1. 루트부터 시작하여 좌측 노드 5를 방문합니다.
2. 노드 1에서 더 이상 갈 곳이 없으므로 부모 노드 5를 지나서 형제 노드 7을 방문합니다.
3. 루트를 지나 노드 11을 방문한 후 다시 루트로 이동합니다.

노드의 방문 순서에 따라서 깊이 우선 탐색의 방법도 달라질 수 있습니다. 깊이 우선 탐색은 세 가지 방법으로 구분 짓습니다.

- **전위 순회(preorder traversal)**

전위 순회는 루트부터 시작하여 좌측 기준으로 모든 노드를 방문한 뒤, 우측 노드를 이어서 방문합니다. 아래와 같이 전위 순회가 진행됩니다. 주의할 점은 좌측 노드 - 우측 노드란 좌측 노드를 모두 찾은 뒤 우측 노드를 찾는다는 의미입니다.

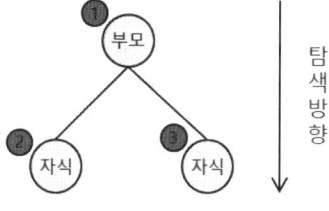

그림 6-36 전위 순회 과정

> 노드 방문 - 좌측 노드 - 우측 노드

그림 6-34의 이진 트리를 전위 순회로 탐색하면 다음과 같은 결괏값을 가집니다.

> 13 → 9 → 5 → 1 → 7 → 11 → 10 → 12 → 19 → 15 → 14 → 17 → 20

전위 순회를 수행하는 preorder 메서드

tree/traversal/Traversal.java
```java
public void preorder(Node node) {
    if (node == null) {
        return;
    }
    System.out.print(" " + node.getValue());
    preorder(node.getLeftChild());
    preorder(node.getRightChild());
}
```

깊이 우선 탐색의 특성상 루트부터 시작하므로 노드를 인자로 받아서 호출하는 쪽에서 루트 노드를 인수로 전달합니다. 노드의 값을 출력하기 위해 노드가 null이 아니게 될 때까지 재귀호출을 합니다. 노드 방문은 전위 순회 방식으로, System.out.print(int) 메서드로 노드의 값을 출력합니다. 다음 좌측 노드 방문은 노드의 왼쪽 자식 노드를 인수로 재귀호출을 합니다. 좌측 노드 탐색이 끝나면 이어서 오른쪽 자식 노드를 인수로 한 재귀호출을 끝으로 마지막 리프 노드를 만나면서 노드가 null이 되며 재귀호출이 종료됩니다.

tree/binaryTree/Main1.java

```java
package tree.BinarySearchTree;
import tree.traversal.Traversal;

public class Main5 {
    public static void main(String[] args) {
        /* binary tree
         *                  13
         *           9              19
         *        5      11      15      20
         *      1   7  10  12  14  17
         */
        BinarySearchTree binarySearchTree = new BinarySearchTree();
        int arr[] = new int[]{13, 9, 19, 5, 11, 15, 20, 1, 7, 10, 12, 14, 17};

        for (int v : arr) {
            binarySearchTree.insert(v);
        }

        new Traversal().preorder(binarySearchTree.getRoot());
    }
}
```

그림 6-33의 이진 트리를 구현하기 위해 필요한 노드들을 생성합니다. 순서에 맞게 루트 노드부터 왼쪽 자식과 오른쪽 자식을 연결시켜 줍니다. 다음 루트 노드를 인수로 하여 전위 순회 메서드를 호출합니다.

```
tree/traversal/Traversal.java
```

```java
package tree.traversal;
import tree.binaryTree.Node;

public class Traversal {

    public void preorder(Node node) {
        if (node == null) {
            return;
        }
        System.out.print(" " + node.getValue());
        preorder(node.getLeftChild());
        preorder(node.getRightChild());
    }
    ...
}
```

▶ 실행결과

```
13 9 5 1 7 11 10 12 19 15 14 17 20
```

- **중위 순회(inorder traversal)**

중위 순회는 왼쪽 서브 트리의 리프 노드부터 시작하여 부모 노드를 거쳐 오른쪽 노드를 방문합니다. 왼쪽 서브 트리를 기준으로 최하단 왼쪽 노드는 이진 트리의 가장 작은 값이 되고 왼쪽 노드부터 시작하는 중위 순회의 결과는 이진 트리의 오름차순으로 정렬된 결괏값을 가집니다.

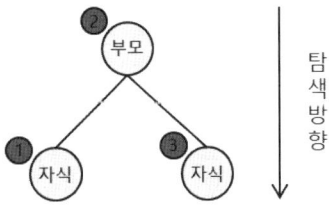

그림 6-37 중위 순회 과정

좌측 노드 - 노드 방문 - 우측 노드

그림 6-34의 이진 트리를 중위 순회로 탐색하면 다음과 같은 결괏값을 가집니다.

1 → 5 → 7 → 9 → 10 → 11 → 12 → 13 → 14 → 15 → 17 → 19 → 20

중위 순회를 수행하는 inorder 메서드

tree/traversal/Traversal.java

```java
public void inorder(Node node) {
    if (node == null) {
        return;
    }

    inorder(node.getLeftChild());
    System.out.println(node.getValue());
    inorder(node.getRightChild());
}
```

중위 순회의 인자도 루트 노드를 받는 것에서 시작됩니다. 루트를 기준으로 재귀호출을 통해 왼쪽 노드를 가져옵니다. 리프 노드까지 도달하면 왼쪽 자식이 존재하지 않으므로 값을 출력하고, 오른쪽 자식도 존재하지 않으므로 해당 노드의 부모부터 다시 재귀호출을 시작합니다. 좌측 노드 - 노드 방문 - 우측 노드의 순서대로 코드를 살펴보면 inorder(node.getLeftChild())로 좌측 노드를 가져오고 System.out.println(node.getValue())으로 값을 출력하고 다음 inorder(node.getRightChild())으로 우측 노드를 방문합니다.

tree/binaryTree/Main1.java

```java
package tree.BinarySearchTree;
import tree.traversal.Traversal;

public class Main6 {
    public static void main(String[] args) {
        /* binary tree
        *                    13
        *            9               19
        *         5    11         15    20
```

```
 *  1  7  10  12  14  17
 */
BinarySearchTree binarySearchTree = new BinarySearchTree();
int arr[] = new int[]{13, 9, 19, 5, 11, 15, 20, 1, 7, 10, 12, 14, 17};

for (int v : arr) {
    binarySearchTree.insert(v);
}

new Traversal().inorder(binarySearchTree.getRoot());
    }
}
```

그림 6-34의 이진 트리를 구현하기 위해 필요한 노드들을 생성하고 순서에 맞게 루트 노드부터 왼쪽 자식과 오른쪽 자식을 연결시켜 줍니다. 다음 루트 노드를 인수로 하여 중위 순회 메서드를 호출합니다.

tree/traversal/Traversal.java

```java
package tree.traversal;
import tree.binaryTree.Node;

public class Traversal {
...
public void inorder(Node node) {
    if (node == null) {
        return;
    }

    inorder(node.getLeftChild());
    System.out.println(node.getValue());
    inorder(node.getRightChild());
}
...
}
```

▶ 실행결과

1 5 7 9 10 11 12 13 14 15 17 19 20

- **후위 순회(postorder traversal)**

이진 트리의 3가지 순회 방법은 모두 왼쪽 서브 트리부터 시작한다는 점이 동일하지만 노드를 방문하는 순서가 다릅니다. 후위 순회는 노드 방문을 마지막으로 수행하는 알고리즘입니다. 왼쪽 서브 트리의 리프 노드부터 구한 뒤, 오른쪽 형제 노드를 구합니다. 다음 오른쪽 서브 트리 기준으로 왼쪽 리프 노드부터 시작하여 형제 노드를 구하고 방문할 노드가 없으면 루트를 방문합니다. 후위 순회의 마지막 노드는 루트가 됩니다.

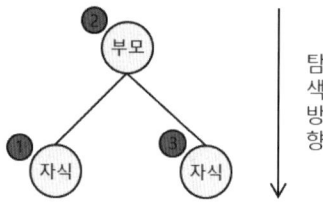

그림 6-38 후위 순회 과정

> 왼쪽 노드 - 오른쪽 노드 - 노드 방문

그림 6-34의 이진 트리를 후위 순회로 탐색하면 다음과 같은 결괏값을 가집니다.

> 1 → 7 → 5 → 10 → 12 → 11 → 9 → 14 → 17 → 15 → 20 → 19 → 13(루트)

후위 순회를 수행하는 postorder 메서드

```
tree/traversal/Traversal.java
```
```
public void postorder(Node node) {
    if (node == null) {
        return;
    }

    postorder(node.getLeftChild());
```

```
        postorder(node.getRightChild());
        System.out.println(node.getValue());
}
```

전위와 중위를 배우면서 노드 방문 순서만 인지하고 있으면 재귀호출로 여러 가지 순회를 구현할 수 있습니다. 후위 순회도 왼쪽 자식 → 오른쪽 자식 → 노드 방문이므로 처음 루트부터 시작한다는 점이 동일하며, 왼쪽 자식을 탐색하기 위해 postorder(node.getLeftChild())를 호출합니다.

다음 오른쪽 자식을 탐색하기 위해 postorder(node.getRightChild())를 호출하고, 마지막으로 노드 방문을 위해 System.out.println(node.getValue())으로 값을 출력합니다.

tree/binaryTree/Main1.java
```
package tree.BinarySearchTree;
import tree.traversal.Traversal;

public class Main7 {
    public static void main(String[] args) {
        /* binary tree
         *                13
         *         9              19
         *      5    11        15    20
         *    1  7  10 12    14  17
         */
        BinarySearchTree binarySearchTree = new BinarySearchTree();
        int arr[] = new int[]{13, 9, 19, 5, 11, 15, 20, 1, 7, 10, 12, 14, 17};

        for (int v : arr) {
            binarySearchTree.insert(v);
        }

        new Traversal().postorder(binarySearchTree.getRoot());
    }
}
```

그림 6-33의 이진 트리를 생성해 줍니다. 다음 루트 노드를 인수로 하여 후위 순회 메서드를 호출합니다. 마지막 값은 루트 노드의 값임을 확인할 수 있습니다.

```java
tree/traversal/Traversal.java

package tree.traversal;
import tree.binaryTree.Node;

public class Traversal {
...
public void postorder(Node node) {
    if (node == null) {
        return;
    }

    postorder(node.getLeftChild());
    postorder(node.getRightChild());
    System.out.println(node.getValue());
    }
}
```

▶ 실행결과

1 7 5 10 12 11 9 14 17 15 20 19 13

> 6.2 힙 트리(heap tree)

6.2.1 힙 트리란?

힙(heap)은 사전적 의미로 '더미', '아무렇게 쌓아 놓은 더미'를 뜻하며 수의 집합에서 최솟값 또는 최댓값을 빠르게 구하기 위해 사용되는 자료구조입니다. 완전 이진 트리를 기본으로 하기 때문에 특징도 완전 이진 트리와 동일합니다. 대신 노드 값의 대소관계는 부모-자식 간에만 성립하여야 하고, 형제 노드는 성립되지 않아도 됩니다.

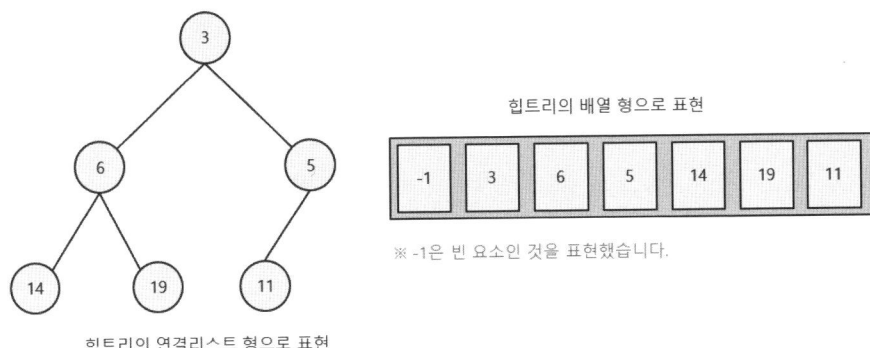

그림 6-39 힙 트리 구조와 배열로 표현

힙 트리는 완전 이진 트리의 특징을 가지고 있기에 배열로 사용할 수 있습니다. 자식 노드를 쉽게 구하기 위해 0번째 인덱스를 -1로 빈 요소로써 처리하며 다음 첫 번째 인덱스부터 데이터를 담게 됩니다.

6.2.2 종류

최소 힙과 최대 힙 트리로 구분 지을 수 있습니다.

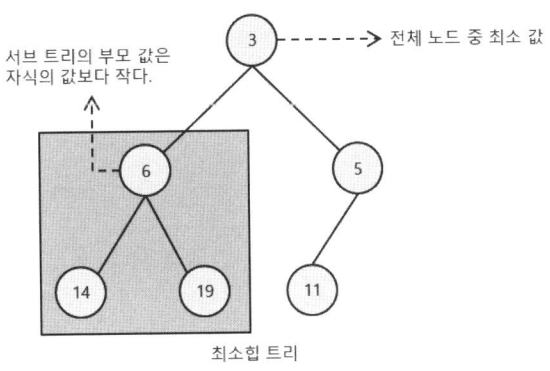

그림 6-40 최소 힙 트리 구조

최소 힙 트리는 부모가 자식의 값보다 항상 작은 값이 되며, 루트는 전체 노드의 값 중에서 가장 작은 값이 됩니다. 왼쪽 서브 트리를 보면 부모 노드 6은 자식 노드들인 14와 19보다 작은 값으로 이루어져 있습니다.

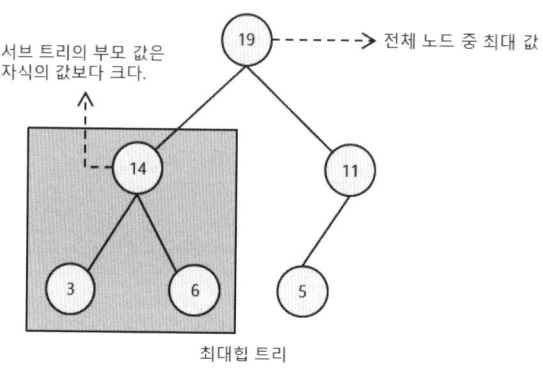

그림 6-41 최대 힙 트리 구조

최대 힙 트리는 부모가 자식의 값보다 항상 큰 값으로 배치됩니다. 루트는 전체 노드의 값 중에서 가장 큰 값이 되며, 서브 트리도 이와 동일하게 왼쪽 서브 트리를 보면 부모 노드 14는 자식 노드 3과 6보다 큰 값으로 이루어져 있습니다.

이번 장에서는 최소 힙 트리(min heap tree)를 배워 보겠습니다. 최소 힙 트리의 동작 원리와 구현 방식을 배우면 최대 힙 트리의 경우에는 노드 간의 대소 관계를 수정해 주면 됩니다.

6.2.3 최소 힙 트리 구현하기

자연수의 집합으로 이루어진 최소 힙 트리를 구현해 봅시다. 최소 힙 트리의 기본 멤버 변수는 다음과 같습니다.

```
public class MinHeapTree {
    private int[] heap;
    private int size;
```

```
    private int pointer;
}
```

- int[] heap: 트리를 배열로 표현하기 위해 선언된 변수입니다.
- int size: 고정된 크기를 가진 배열의 길이입니다.
- int pointer: 데이터 삽입의 위치를 정하는 변수입니다.

생성자

최소 힙 트리의 생성자입니다.

```
MinHeapTree(int size) {
    this.size = size;
    this.heap = new int[size + 1];
// 자식 노드를 구하는 연산을 단순화시키기 위해서 0번지는 비워둔다.
    this.heap[0] = -1;
    this.pointer = 0;
}
```

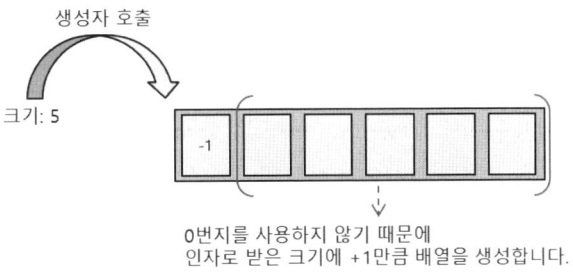

그림 6-42 최소 힙 트리 배열 초기화

생성자의 인자로 배열의 크기를 받습니다. 자식의 인덱스를 쉽게 구하기 위해서 배열의 0번지는 -1인 빈 값으로 표현해 두었으며 0번지를 사용하지 않으므로 인자로 받은 배열의 크기를 하나 더 증가시키고 삽입 연산에 필요한 pointer는 0으로 초기화를 하였습니다.

필요 메서드

최소 힙 트리를 구현하기 위해 필요한 메서드들이 있습니다. 하나하나 알아보도록 합시다.

- **부모의 인덱스 구하기**

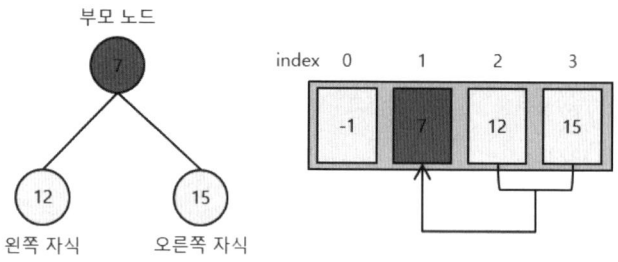

그림 6-43 최소 힙 트리 구조와 배열로 표현

```
parent index = index / 2
```

부모의 인덱스를 구하는 방법은 나누기 연산자를 이용한 "넘겨 받은 인덱스 / 2"의 결괏값입니다. 세 개의 노드로 구성된 최소 힙 트리가 있습니다. 부모 노드는 7이며 자식 노드는 각각 12와 15입니다. 왼쪽 자식 노드의 부모 노드를 구하고자 배열 표현식을 보면 노드 12는 인덱스 2에 위치해 있습니다. 이를 대입하면 2/2= 1 의 값이 나오며 배열의 첫 번째 인덱스가 부모 노드 7을 가져오는 것을 확인할 수 있습니다.

```
/**
 * 부모의 인덱스 가져오기
 * @param index
 * @return
 */
public int getParentIndex(int index) {
    // 인덱스가 1보다 작은 경우는 계산을 하지 않는다.
    if (index < 1) {
```

```
        return -1;
    }

    return index / 2;
}
```

- **자식의 인덱스 구하기**

부모 노드 인덱스 기준으로 왼쪽과 오른쪽 자식을 구하는 방법은 다릅니다.

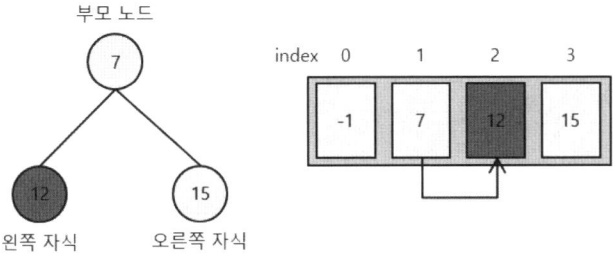

그림 6-44 최소 힙 트리 왼쪽 자식을 구하는 과정

---

left child index = 2 × index

왼쪽 자식의 노드 인덱스를 구하는 방법입니다. 나누기 연산자를 이용한 "2×넘겨 받은 인덱스"의 결괏값입니다. 노드 7의 왼쪽 자식을 구하기 위해 인덱스 1을 넘겨서 계산하면 2의 결괏값이 나오고 이를 배열에 접근시키면 자신의 왼쪽 자식이 노드 12인 것을 확인할 수 있습니다.

```
/**
 * 왼쪽 자식의 인덱스 가져오기
 * @param index
 * @return
 */
public int getLeftChildIndex(int index) {
```

```
    // 인덱스가 1보다 작은 경우는 계산을 하지 않는다.
    if (index < 1) {
        return -1;
    }

    return 2 * index;
}
```

오른쪽 자식의 노드 인덱스를 구하는 방법은 왼쪽 자식 인덱스를 구한 값에 +1을 해 주면 됩니다.

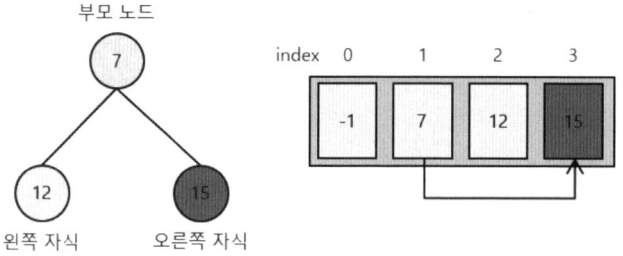

그림 6-45 최소 힙 트리 오른쪽 자식을 구하는 과정

right child index = (2 × index) + 1

노드 7의 인덱스 1을 오른쪽 자식을 구하는 식에 대입해보면 2×1+1로 3이라는 인덱스가 나옵니다. 이 값을 배열에 접근하면 노드 15 값을 얻을 수 있고 노드 15는 노드 7의 오른쪽 자식 노드임을 확인할 수 있습니다. 이렇게 힙 트리는 배열로 표현할 수 있으므로 인덱스 기반으로 부모와 자식 관계를 쉽게 가져올 수 있습니다.

```
/**
 * 오른쪽 자식의 인덱스 가져오기
 * @param index
 * @return
```

```
 */
public int getRightChildIndex(int index) {
    // 인덱스가 1보다 작은 경우는 계산을 하지 않는다.
    if (index < 1) {
        return -1;
    }

    return (2 * index) + 1;
}
```

■ **리프 노드 판별**

리프 노드는 자식이 없는 노드를 뜻합니다.

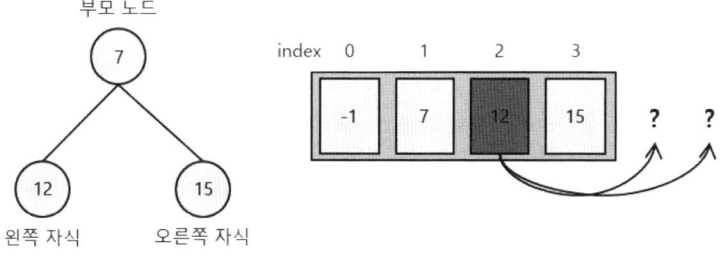

그림 6-46 리프 노드가 없는 최소 힙 트리

```
/**
 * 리프 노드 판별하기
 * @param index
 * @return
 */
public boolean isLeafNode(int index) {
    return getLeftChildIndex(index) > size && getRightChildIndex(index) > size;
}
```

특정 노드가 리프 노드인지 판별하고자 자신의 인덱스를 넘겨 왼쪽 및 오른쪽 자식의 인덱스를 구합니다. 만약 리프 노드이면 자식 노드가 없으므로 자식 노드의 인덱스는 힙 트리 배열의 크기보다 큰 값을 가지게 됩니다. 왼쪽과 오른쪽 자식 인덱스 모두 배열의 크기를 벗어난 인덱스를 가지면 리프 노드인 것을 알 수 있습니다.

배열의 크기가 4인 최소 힙 트리를 통해 노드 12가 리프 노드인지 확인해 보겠습니다. 노드 12의 인덱스는 2이며 왼쪽 자식 노드의 인덱스는 4가 됩니다. 오른쪽 자식 노드의 인덱스는 5가 되고 모두 배열의 크기보다 큰 값을 가지기 때문에 노드 12는 리프 노드입니다.

- **루트 가져오기**

힙 트리의 장점은 루트 노드에 접근하면 항상 최솟값 또는 최댓값을 가져올 수 있습니다. 배열의 0번지는 비워두기 때문에 1번지가 루트입니다.

```
/**
 * 최솟값 가져오기
 */
public int getRoot() {
    return heap[1];
}
```

- **swap 메서드**

힙 트리의 삽입 또는 삭제 연산 시에 두 노드 간의 위치를 변경하는 메서드입니다. 인자로 위치를 변경할 두 노드의 인덱스를 받습니다.

```
/**
 * 스왑 메서드
 * @param cureentIndex
 * @param parentIndex
 */
public void swap(int currentIndex, int parentIndex) {
    int temp;
    temp = heap[cureentIndex];
```

```
        heap[cureentIndex] = heap[parentIndex];
        heap[parentIndex] = temp;
}
```

첫 번째 인자는 현재 노드를 바라보고 있는 인덱스를 의미하고 두 번째 인자는 첫 번째 인자의 부모 노드의 인덱스를 나타냅니다. temp변수를 이용하여 두 노드의 위치를 변경해 줍니다.

- **모든 노드 출력하기**

```
/**
 * 모든 노드 출력하기
 */
public void print() {
    for (int i = 1; i <= size; i++) {
        int parent = heap[i];
        int leftChild = 2 * i <= size ? heap[2 * i] : -1;
        int rightChild = (2 * i) + 1 <= size ? heap[(2 * i) + 1] : -1;

        if (leftChild > -1 && rightChild > -1) {
            System.out.println(String.format("부모: %s, 왼쪽 자식: %s, 오른쪽 자식: 
               %s", parent, leftChild, rightChild));
        } else if (leftChild > -1 && rightChild == -1) {
            System.out.println(String.format("부모: %s, 왼쪽 자식: %s, 오른쪽 자식은 
               없습니다.", parent, leftChild));
        } else if (leftChild == -1 && rightChild > -1) {
            System.out.println(String.format("부모: %s, 왼쪽 자식은 없습니다. 오른쪽 
               자식: %s.", parent, rightChild));
        } else {
            System.out.println(String.format("리프 노드: %s", parent));
        }
    }
}
```

최소 힙 트리의 모든 노드를 출력하는 메서드입니다. 지금까지 배운 부모 노드의 인덱스

를 구하는 메서드와 자식 노드의 인덱스를 구하는 메서드, 리프 노드를 구하는 메서드를 이용하면 위와 같이 노드들 간의 상관관계를 나타낼 수 있습니다.

삽입

최소 힙 트리의 삽입은 트리 마지막 위치에 새 노드를 삽입한 후 해당 부모의 값과 비교하여 새 노드의 값이 작을 경우 부모 노드와 위치를 바꾸어 부모 노드의 값이 작거나 같을 때까지 재배치를 진행합니다.

[14, 11, 6, 12, 5, 3]의 자연수를 차례대로 삽입하여 최소 힙 트리를 만드는 과정을 살펴 봅시다.

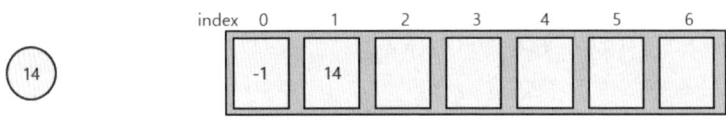

그림 6-47 최소 힙 트리 삽입 과정 (1)

빈 트리에서 처음 노드 14를 삽입하므로 루트 노드가 됩니다. 비교 대상이 없으므로 삽입 연산이 종료됩니다.

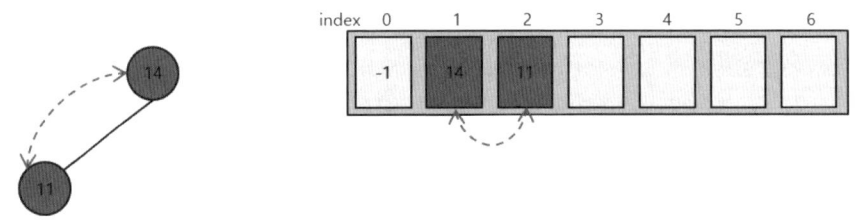

그림 6-48 최소 힙 트리 삽입 과정 (2-1)

트리의 마지막 위치에 노드 11을 삽입하고 부모 노드와 값을 비교합니다. 부모 노드 값은 14이고 새 노드 11보다 큰 값이므로 서로 위치를 변경합니다.

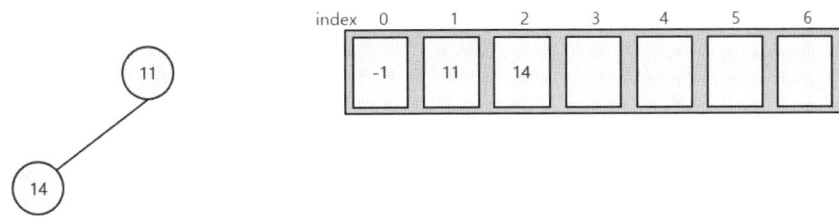

그림 6-49 최소 힙 트리 삽입 과정 (2-2)

새 노드 11은 루트 자리로 이동되고 노드 14는 왼쪽 자식으로 위치가 변경되었습니다.

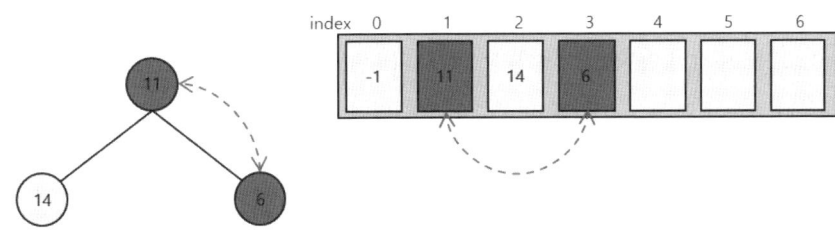

그림 6-50 최소 힙 트리 삽입 과정 (3-1)

새 노드 6을 트리의 마지막 위치인 루트 노드의 오른쪽 자식으로 삽입합니다. 그리고 부모 노드와 값을 비교합니다. 새 노드 6의 부모의 값은 11이며 부모가 자식보다 큰 값을 가지므로 서로 위치를 변경합니다.

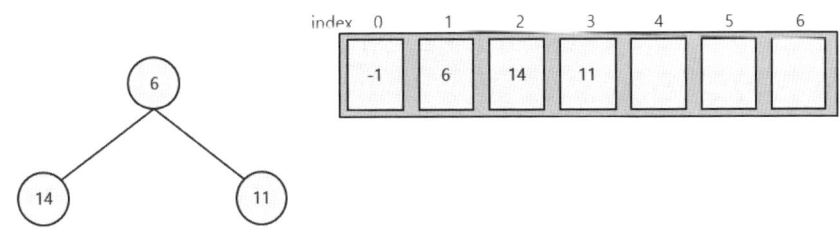

그림 6-51 최소 힙 트리 삽입 과정 (3-2)

새 노드 6은 루트 자리로 이동되며 노드 11의 위치가 루트의 오른쪽 자식으로 변경되었습니다.

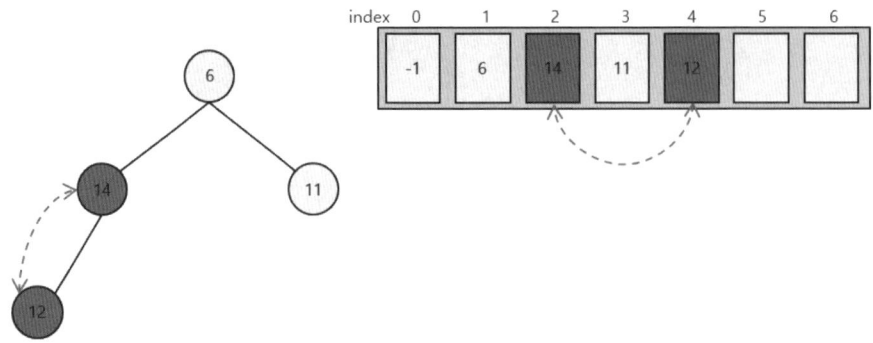

그림 6-52 최소 힙 트리 삽입 과정 (4-1)

새 노드 12를 트리의 마지막 위치에 삽입합니다. 부모 노드와 값을 비교했을 때 새 노드 12의 값이 작으므로 부모 노드와 위치를 변경합니다.

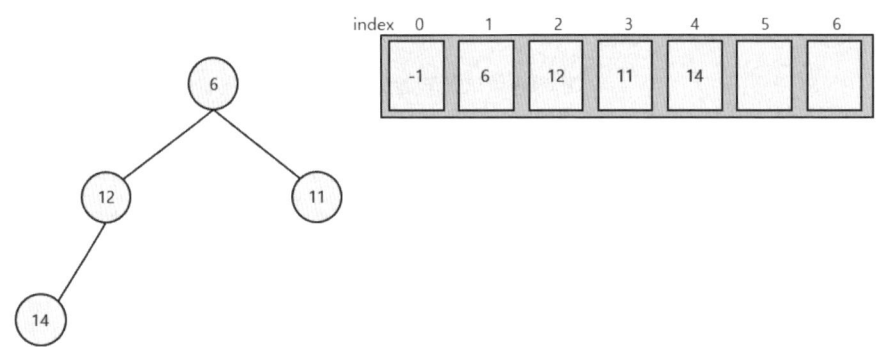

그림 6-53 최소 힙 트리 삽입 과정 (4-2)

새 노드 12의 위치가 변경되었고 왼쪽 자식으로 노드 14가 위치해 있습니다. 다음 새 노드 12의 부모 노드가 존재하므로 노드 6과 비교합니다. 부모 노드의 값이 작으므로 위치를 변경하지 않고 삽입 연산을 종료합니다.

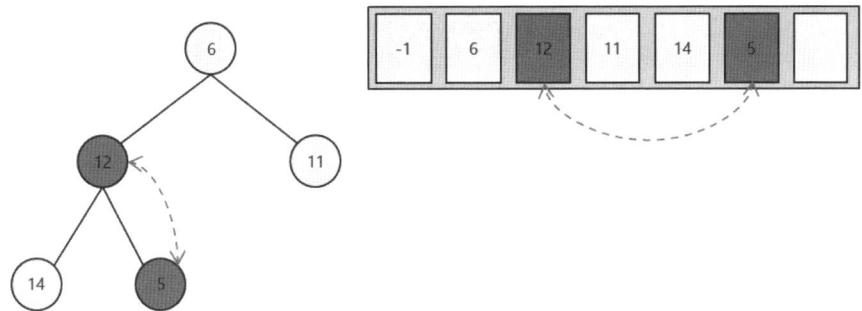

그림 6-54 최소 힙 트리 삽입 과정 (5-1)

새 노드 5를 노드 12의 오른쪽 자식으로 삽입합니다. 다음 부모 노드의 값과 비교하여 새 노드 5의 값이 작으므로 부모 노드와 위치를 변경해 줍니다.

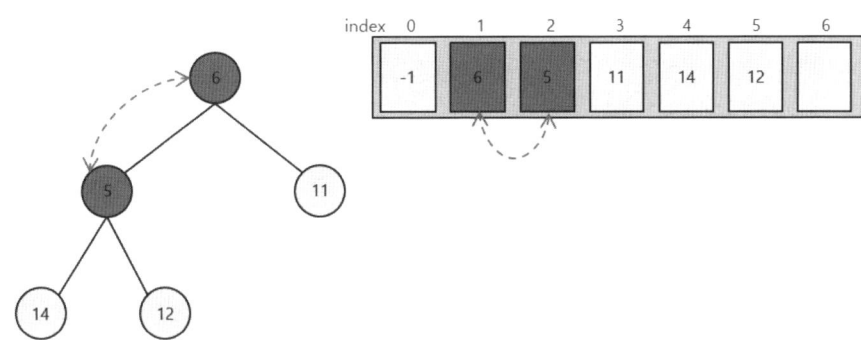

그림 6-55 최소 힙 트리 삽입 과정 (5-2)

새 노드 5가 노드 12와 변경되어 노드 14와 노드 12의 부모 노드가 되었습니다. 다음 새 노드 5의 부모 노드가 존재하므로 부모 노드 6의 값과 비교합니다. 새 노드 5의 값이 부모 노드 값보다 작으므로 서로 위치를 변경해 줍니다.

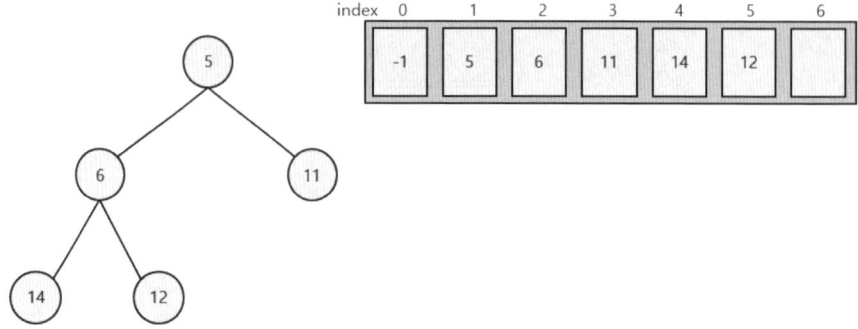

그림 6-56 최소 힙 트리 삽입 과정 (5-3)

새 노드 5는 루트 노드가 되며 삽입 연산이 종료됩니다.

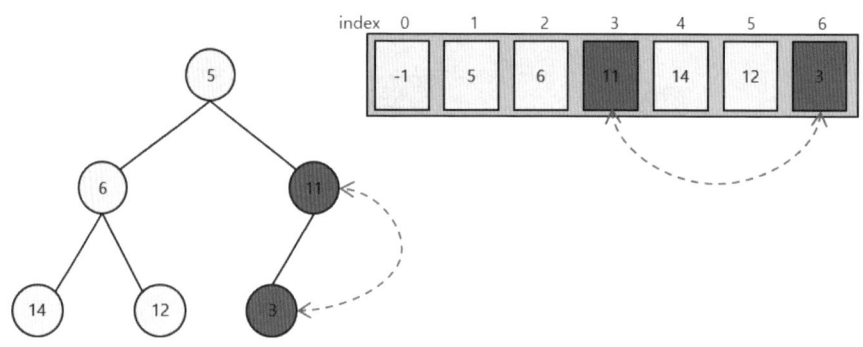

그림 6-57 최소 힙 트리 삽입 과정 (6-1)

새 노드 3을 트리의 마지막 위치인 노드 11의 왼쪽 자식으로 삽입합니다. 부모 노드가 존재하므로 서로 값을 비교합니다. 새 노드 3의 값이 부모 노드보다 작으므로 서로 위치를 변경합니다.

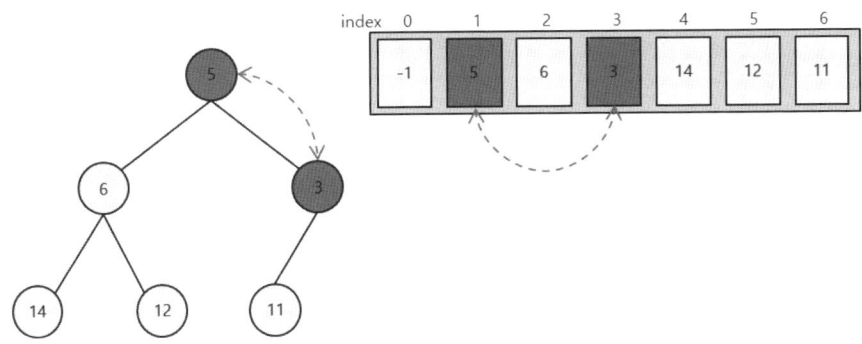

그림 6-58 최소 힙 트리 삽입 과정 (6-2)

새 노드 3의 위치가 변경되고 해당 위치의 부모 노드가 존재하므로 새 노드 3과 부모 노드 5의 값을 비교합니다. 새 노드 3의 값이 더 작으므로 부모 노드와 위치를 변경합니다.

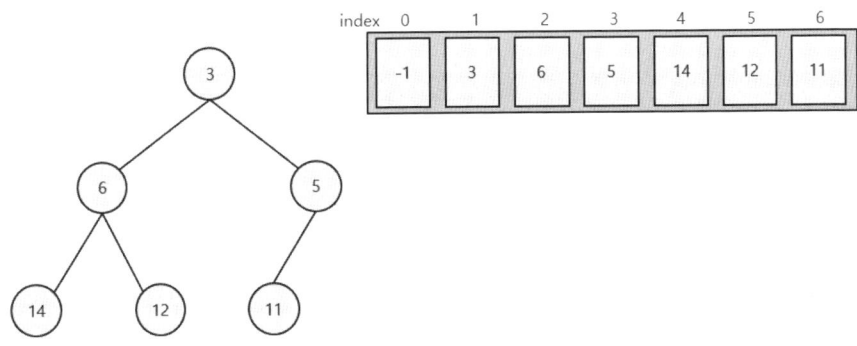

그림 6-59 최소 힙 트리 삽입 과정 (6-3)

새 노드 3은 루트 노드가 되며 삽입 연산이 종료됩니다. 모든 노드가 삽입된 최소 힙 트리를 보면 루트는 가장 작은 값으로 배치되어 있고 각각의 서브 트리의 루트 노드는 자신의 자식 노드들보다 작은 값으로 이루어져 있는 것을 볼 수 있습니다.

```
heapTree/Main1.java
package heapTree;

public class Main1 {
```

CHAPTER 06 비선형 구조 **217**

```java
/**
 * 최소 힙 트리 삽입 예제
 * @param args
 */
public static void main(String[] args) {
    MinHeapTree minHeap = new MinHeapTree(6);
    minHeap.insert(14);
    minHeap.insert(11);
    minHeap.insert(6);
    minHeap.insert(12);
    minHeap.insert(5);
    minHeap.insert(3);

    minHeap.print();
}
```

heapTree/MinHeapTree.java

```java
package heapTree;

public class MinHeapTree {
    private int[] heap;
    private int size;
    private int pointer;

    MinHeapTree(int size) {
        this.size = size;
        this.heap = new int[size + 1];
        // 자식 노드 인덱스를 구하기 쉽게 하기 위해 0번지는 비워 둡니다.
        this.heap[0] = -1;
        this.pointer = 0;
    }

    /**
     * 최솟값 가져오기
     */
    public int getRoot() {
```

```
        return heap[1];
    }

    /**
     * 부모의 인덱스를 가져오기
     * @param index
     * @return
     */
    public int getParentIndex(int index) {
        // 인덱스가 1보다 작은 경우는 계산을 하지 않는다.
        if (index < 1) {
            return -1;
        }

        return index / 2;
    }

    /**
     * 왼쪽 자식의 인덱스 가져오기
     * @param index
     * @return
     */
    public int getLeftChildIndex(int index) {
        // 인덱스가 1보다 작은 경우는 계산을 하지 않는다.
        if (index < 1) {
            return -1;
        }

        return 2 * index;
    }

    /**
     * 오른쪽 자식의 인덱스 가져오기
     * @param index
     * @return
     */
    public int getRightChildIndex(int index) {
        // 인덱스가 1보다 작은 경우는 계산을 하지 않는다.
        if (index < 1) {
            return -1;
```

```java
        }
        return (2 * index) + 1;
    }

    /**
     * 리프 노드 판별하기
     * @param index
     * @return
     */
    public boolean isLeafNode(int index) {
        return getLeftChildIndex(index) > size && getRightChildIndex(index) >
        size;
    }

    /**
     * 스왑 메서드
     * @param cureentIndex
     * @param parentIndex
     */
    public void swap(int cureentIndex, int parentIndex) {
        int temp;
        temp = heap[cureentIndex];
        heap[cureentIndex] = heap[parentIndex];
        heap[parentIndex] = temp;
    }

    /**
     * 최소 힙 트리의 삽입
     * @param value
     */
    public void insert(int value) {
        heap[++pointer] = value;
        int currentIndex = pointer;

        while (heap[currentIndex] < heap[getParentIndex(currentIndex)]) {
            swap(currentIndex, getParentIndex(currentIndex));
            currentIndex = getParentIndex(currentIndex);
        }
    }
```

```java
/**
 * 모든 노드 출력하기
 */
public void print() {
    for (int i = 1; i <= size; i++) {
        int parent = heap[i];
        int leftChild = 2 * i <= size ? heap[2 * i] : -1;
        int rightChild = (2 * i) + 1 <= size ? heap[(2 * i) + 1] : -1;

        if (leftChild > -1 && rightChild > -1) {
            System.out.println(String.format("부모: %s, 왼쪽 자식: %s, 오른쪽
                자식: %s", parent, leftChild, rightChild));
        } else if (leftChild > -1 && rightChild == -1) {
            System.out.println(String.format("부모: %s, 왼쪽 자식: %s, 오른쪽
                자식은 없습니다.", parent, leftChild));
        } else if (leftChild == -1 && rightChild > -1) {
            System.out.println(String.format("부모: %s, 왼쪽 자식은 없습니다.
                오른쪽 자식: %s.", parent, rightChild));
        } else {
            System.out.println(String.format("리프 노드: %s ", parent));
        }
    }
}
```

▶ 실행결과

```
부모: 3, 왼쪽 자식: 6, 오른쪽 자식: 5
부모: 6, 왼쪽 자식: 14, 오른쪽 자식: 12
부모: 5, 왼쪽 자식: 11, 오른쪽 자식은 없습니다.
리프 노드: 14
리프 노드: 12
리프 노드: 11
```

MinHeapTree 클래스의 생성자를 호출하는 데 삽입할 전체 노드의 개수는 6이므로 생성자의 인자로 6을 담아서 minHeap 객체를 생성합니다. 생성자에서 멤버 변수들이 초

기화되는데 힙 트리의 배열을 구성할 때 0번지를 비워주기 때문에 배열의 크기는 생성자에서 인자로 받은 크기에 +1만큼 더해 주어 배열을 생성합니다. 결과적으로 배열의 크기는 7이지만 0번지는 사용하지 않기 때문에 실질적으로 1번지부터 6번지까지 사용합니다.

```
public void insert(int value) {
    heap[++pointer] = value;
    int currentIndex = pointer;

    while (heap[currentIndex] < heap[getParentIndex(currentIndex)]) {
        swap(currentIndex, getParentIndex(currentIndex));
        currentIndex = getParentIndex(currentIndex);
    }
}
```

minHeap 객체에 insert 메서드를 호출하여 노드들을 삽입해 줍니다. insert 메서드의 pointer 멤버 변수는 생성자를 통해 0으로 초기 세팅되고 삽입할 때마다 +1씩 증가되어 배열에 데이터를 저장합니다. 새 노드와 부모 노드의 값을 비교하고자 pointer의 값으로 할당된 currentIndex 변수를 사용합니다.

while 문에서 현재 삽입된 노드와 해당 부모 노드의 값을 비교합니다. 만약에 부모 노드가 존재하지 않거나 부모 노드의 값이 작으면 반복문을 타지 않으므로 삽입 연산이 종료됩니다. 부모 노드가 존재하고 부모 노드의 값이 현재 삽입된 노드의 값보다 작으면 swap 메서드를 통해 서로 위치를 변경하고 currentIndex는 변경된 위치의 인덱스로 값을 재할당 받습니다. 다음 반복문을 다시 호출하여 동일한 로직을 수행하게 됩니다.

삭제

최소 힙 트리의 삭제는 항상 루트 노드를 반환합니다. 그런 다음 마지막 위치에 존재하는 노드를 루트 위치로 이동하여 최소 힙 트리 조건에 맞게 노드 간의 재배치가 이루어집니다. 삽입은 마지막 위치에서 삽입되어 노드가 상향식으로 재배치되었다면 삭제는 하향식으로 루트에서 시작하여 아래로 이루어집니다.

그림으로 삭제 연산에 대해 알아봅시다.

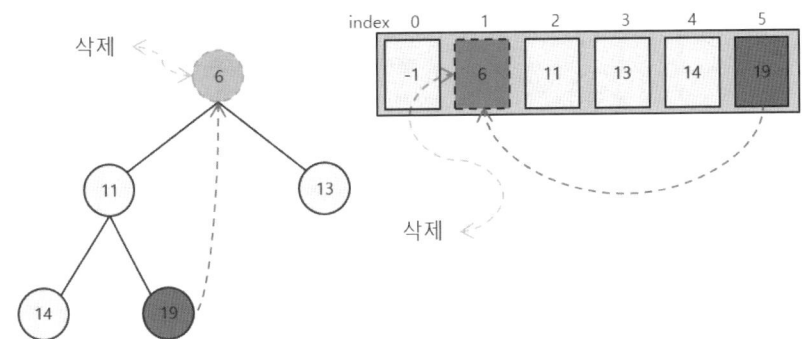

그림 6-60 최소 힙 트리 삭제 과정 (1)

힙 트리의 삭제 연산은 루트 노드부터 시작됩니다. 최소 힙 트리이므로 그림과 같이 루트는 모든 노드 중에서 최솟값이며 루트 노드를 반환함과 동시에 트리에서 삭제합니다. 다음 배열의 마지막 번지에 존재하는 노드 19를 루트로 이동시킵니다.

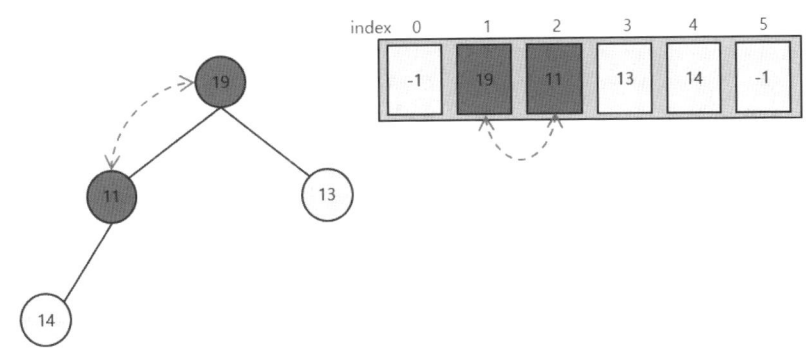

그림 6-61 최소 힙 트리 삭제 과정 (2)

마지막 노드 19가 루트 노드로 이동되었습니다. 최소 힙 트리 조건을 만족하기 위해 노드들을 재배치해야 합니다. 먼저 루트 노드의 왼쪽과 오른쪽 자식의 값들을 서로 비교합니다. 그중 작은 값을 선정합니다. 그림에서는 루트 노드의 왼쪽 자식인 노드 11과 오른쪽 자식인 노드13을 비교했을 때 노드 11의 값이 작으므로 루트 노드 값과 비교합니다. 루트 노드의 값은 19이고 왼쪽 자식의 노드는 11이므로 서로 위치를 변경합니다.

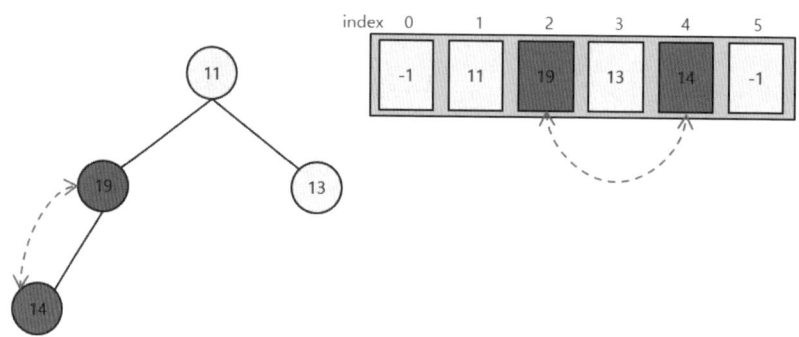

그림 6-62 최소 힙 트리 삭제 과정 (3)

노드 11은 루트 노드가 되고 노드 19는 다시 자식 노드가 있는지 확인합니다. 만약에 자식 노드가 존재하지 않거나 자식 노드의 값이 자신보다 클 경우 삭제 연산은 종료됩니다. 위 그림에서는 왼쪽의 자식 노드가 존재하고 자신보다 작은 값을 가졌으므로 자식 노드와 위치를 변경합니다.

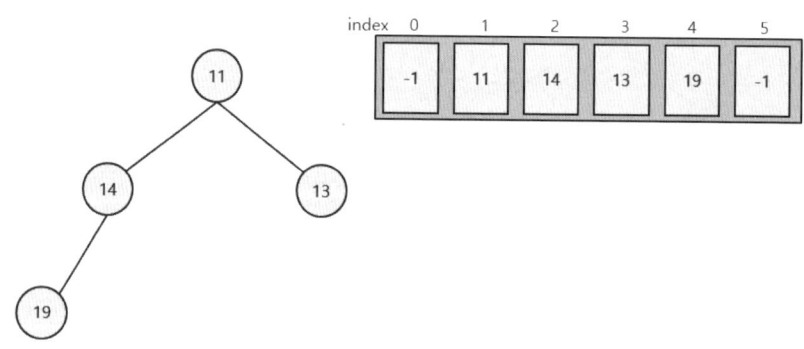

그림 6-63 최소 힙 트리 삭제 과정 (4)

최종적으로 노드 19는 리프 노드가 되며 삭제 연산이 종료됩니다. 루트는 노드들 중 가장 작은 값인 11이 위치해 있고 왼쪽 및 오른쪽 서브 트리도 최소 힙 트리를 만족함을 확인할 수 있습니다.

heapTree/Main2.java

```java
package heapTree;

public class Main2 {

    /**
     * 최소 힙 트리 삭제 예제
     * @param args
     */
    public static void main(String[] args) {
        MinHeapTree minHeap = new MinHeapTree(5);
        minHeap.insert(6);
        minHeap.insert(14);
        minHeap.insert(13);
        minHeap.insert(11);
        minHeap.insert(19);

        minHeap.delete();
        minHeap.print();
    }
}
```

heapTree/MinHeapTree.java

```java
package heapTree;

public class MinHeapTree {
    private int[] heap;
    private int size;
    private int pointer;

    MinHeapTree(int size) {
        this.size = size;
        this.heap = new int[size + 1];
        // 자식 노드 인덱스를 구하기 쉽게 하기 위해 0번지는 비워 둡니다.
```

```java
        this.heap[0] = -1;
        this.pointer = 0;
    }

    /**
     * 최솟값 가져오기
     */
    public int getRoot() {
        return heap[1];
    }

    /**
     * 부모의 인덱스를 가져오기
     * @param index
     * @return
     */
    public int getParentIndex(int index) {
        // 인덱스가 1보다 작은 경우는 계산을 하지 않는다.
        if (index < 1) {
            return -1;
        }

        return index / 2;
    }

    /**
     * 왼쪽 자식의 인덱스 가져오기
     * @param index
     * @return
     */
    public int getLeftChildIndex(int index) {
        // 인덱스가 1보다 작은 경우는 계산을 하지 않는다.
        if (index < 1) {
            return -1;
        }

        return 2 * index;
    }

    /**
```

```java
 * 오른쪽 자식의 인덱스 가져오기
 * @param index
 * @return
 */
public int getRightChildIndex(int index) {
    // 인덱스가 1보다 작은 경우는 계산을 하지 않는다.
    if (index < 1) {
        return -1;
    }

    return (2 * index) + 1;
}

/**
 * 리프 노드 판별하기
 * @param index
 * @return
 */
public boolean isLeafNode(int index) {
    return getLeftChildIndex(index) > size && getRightChildIndex(index) >
    size;
}

/**
 * 스왑 메서드
 * @param cureentIndex
 * @param parentIndex
 */
public void swap(int cureentIndex, int parentIndex) {
    int temp;
    temp = heap[cureentIndex];
    heap[cureentIndex] = heap[parentIndex];
    heap[parentIndex] = temp;
}

/**
 * 최소 힙 트리의 삽입
 * @param value
 */
public void insert(int value) {
```

```java
        heap[++pointer] = value;
        int currentIndex = pointer;

        while (heap[currentIndex] < heap[getParentIndex(currentIndex)]) {
            swap(currentIndex, getParentIndex(currentIndex));
            currentIndex = getParentIndex(currentIndex);
        }
    }

    /**
     * 최솟값을 반환하면서 삭제
     * @return
     */
    public int delete() {
        int result = getRoot();

        // 마지막 노드를 루트로 이동
        heap[1] = heap[size];
        heap[size] = -1;
        size--;

        if (size > 1) {
            rebuild(1);
        }

        return result;
    }

    /**
     * cureent index 인자 기준으로 heap 재구성
     * @param current
     */
    private void rebuild(int current) {
        // current index 기준으로 왼쪽 자식과 오른쪽 자식 중 작은 값을 구한다.
        int leftChildIndex = getLeftChildIndex(current);
        int rightChildIndex = getRightChildIndex(current);

        if (isLeafNode(current)) {
            return;
```

```
        }

        // 왼쪽 자식만 존재하는 경우
        int swapIndex = current;
        if (rightChildIndex > size) {
            if (heap[leftChildIndex] < heap[current]) {
                swapIndex = leftChildIndex;
            }
        } else {
            // current index 기준으로 왼쪽 자식과 오른쪽 자식 중 작은 값을 구한다.
            if (heap[leftChildIndex] <= heap[rightChildIndex]) {
                swapIndex = leftChildIndex;
            } else {
                swapIndex = rightChildIndex;
            }
        }

        // current가 swap값보다 크면 자리를 바꾼다.
        if (heap[current] > heap[swapIndex]) {
            swap(current, swapIndex);
            rebuild(swapIndex);
        }
    }

    /**
     * 모든 노드 출력하기
     */
    public void print() {
        for (int i = 1; i <= size; i++) {
            int parent = heap[i];
            int leftChild = 2 * i <= size ? heap[2 * i] : -1;
            int rightChild = (2 * i) + 1 <= size ? heap[(2 * i) + 1] : -1;

            if (leftChild > -1 && rightChild > -1) {
                System.out.println(String.format("부모: %s, 왼쪽 자식: %s, 오른쪽 자식: %s", parent, leftChild, rightChild));
            } else if (leftChild > -1 && rightChild == -1) {
                System.out.println(String.formal("부모: %s, 왼쪽 자식: %s, 오른쪽 자식은 없습니다.", parent, leftChild));
```

```
            } else if (leftChild == -1 && rightChild > -1) {
                System.out.println(String.format("부모: %s, 왼쪽 자식은 없습니다.
                오른쪽 자식: %s.", parent, rightChild));
            } else {
                System.out.println(String.format("리프 노드: %s ", parent));
            }
        }
    }
}
```

▶ 실행결과

```
부모: 11, 왼쪽 자식: 14, 오른쪽 자식: 13
부모: 14, 왼쪽 자식: 19, 오른쪽 자식은 없습니다.
리프 노드: 13
리프 노드: 19
```

삭제 연산을 위해 delete 메서드와 rebuild 메서드가 추가되었습니다. 하나씩 살펴보면서 코드를 이해해 봅시다.

```
public int delete() {
    int result = getRoot();

    // 마지막 노드를 루트로 이동
    heap[1] = heap[size];
    heap[size] = -1;
    size--;

    if (size > 1) {
        rebuild(1);
    }

    return result;
}
```

delete 메서드에서는 최솟값을 가진 루트를 변수에 담은 뒤, 배열의 마지막 위치에 있는 노드를 루트로 이동시킵니다. 다음 배열의 마지막 번지에 -1을 할당해 주어 빈 값으로 표현하고 size를 -1만큼 감소시킵니다. 그리고 노드가 2개 이상일 경우 최소 힙 트리를 재구성하기 위해 rebuild 메서드를 호출합니다. 최소 힙 트리 재구성이 완료되면 처음 루트를 변수에 담아 두었던 result를 반환해 줍니다.

```java
private void rebuild(int current) {
// current index 기준으로 왼쪽 자식과 오른쪽 자식 중 작은 값을 구한다.
    int leftChildIndex = getLeftChildIndex(current);
    int rightChildIndex = getRightChildIndex(current);

    if (isLeafNode(current)) {
        return;
    }

// 왼쪽 자식만 존재하는 경우
    int swapIndex = current;
    if (rightChildIndex > size) {
        if (heap[leftChildIndex] < heap[current]) {
            swapIndex = leftChildIndex;
        }
    } else {
// current index 기준으로 왼쪽 자식과 오른쪽 자식 중 작은 값을 구한다.
        if (heap[leftChildIndex] <= heap[rightChildIndex]) {
            swapIndex = leftChildIndex;
        } else {
            swapIndex = rightChildIndex;
        }
    }

// current가 swap 값보다 크면 자리를 바꾼다.
    if (heap[current] > heap[swapIndex]) {
        swap(current, swapIndex);
        rebuild(swapIndex);
    }
}
```

rebuild 메서드에서 최소 힙 트리를 구성하기 위해 노드들을 재배치합니다. 인자로 넘어온 currentIndex 기준으로 왼쪽 및 오른쪽 자식 노드의 인덱스를 구합니다. 다음 isLeafNode 메서드를 호출하여 현재 인덱스가 리프 노드인지 아닌지 판단합니다. 리프 노드가 아니면 자식 노드들이 존재하는지 판단하고 값을 비교하기 시작합니다. rightChildIndex > size는 오른쪽 자식 노드 인덱스가 배열의 크기를 벗어나고 왼쪽 자식 노드의 값이 현재 바라보고 있는 노드의 값보다 작으면 swapIndex 변수에 leftChildIndex를 재할당합니다. 그리고 swap 메서드를 호출하여 서로 위치를 변경한 후 다시 swapIndex를 인수로 하여 rebuild 메서드를 재귀호출합니다.

만약 왼쪽과 오른쪽 자식 노드가 존재하면 if(heap[leftChildIndex] <= heap[rightChildIndex]) 조건문을 통해 두 자식 중 작은 값을 swapIndex에 재할당하여 현재 바라보고 있는 노드의 값과 swapIndex가 바라보고 있는 값을 비교하여 서로의 위치를 변경한 후 rebuild 메서드를 재귀호출하거나 삭제 연산을 종료합니다.

6.2.4 연습문제

> 문제 | 06_2_1

최대 힙 트리를 아래 메서드와 함께 구현해 보세요.

- 삽입 메서드
- 삭제 메서드

CHAPTER

07

버블 정렬
(Bubble Sort)

CHAPTER 07 __ 버블 정렬(Bubble Sort)

인접한 두 요소의 값을 비교하여 대소관계에 따라 서로 자리를 교체합니다. 최악의 경우 [1, 2, 3, 4, 5]의 배열을 역순으로 정렬하면 모든 요소의 자리를 교체해 주기 때문에 $O(n^2)$의 시간복잡도를 가집니다. 속도가 매우 느린 정렬 알고리즘이지만 구현이 간단하여 데이터가 적은 곳에서 사용이 용이합니다. 반대로 대규모 데이터에서는 부적합합니다.

> 7.1 동작 방식

정렬이 오름차순 기준이라 가정해 봅시다. 배열의 첫 번째 요소부터 순회를 시작하여 첫 번째 요소와 두 번째 요소를 비교하여 첫 번째 요소의 값이 더 크면 서로 자리를 교체합니다. 다음 두 번째 요소와 세 번째 요소를 비교하여 자리를 교체해 줍니다. 이렇게 서로 값을 비교하여 자리를 교체하면 마지막 요소에 항상 큰 값이 정렬됩니다. 다음 순회부터는 모든 요소를 방문할 필요가 없습니다. 첫 번째 순회 후 가장 큰 값이 정렬되어 뒤에서부터 위치해 있기 때문입니다.

현재 위치와 비교 대상을 유심히 살펴 봅시다.

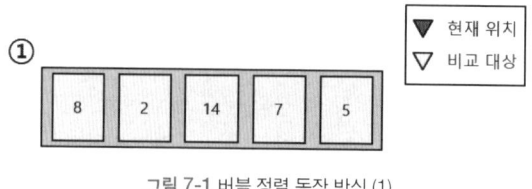

그림 7-1 버블 정렬 동작 방식 (1)

다음 크기가 5인 [8, 2, 14, 7, 5] 배열을 오름차순으로 버블 정렬을 해 봅시다.

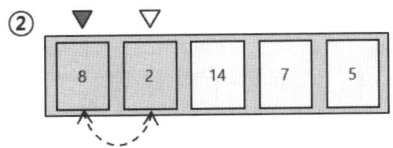

그림 7-2 버블 정렬 동작 방식 (2)

시작 위치는 배열의 첫 요소 8부터 진행합니다. 자신과 인접한 1번지의 값과 비교했을 때 자신보다 작은 2의 값을 가지므로 자리를 교체합니다.

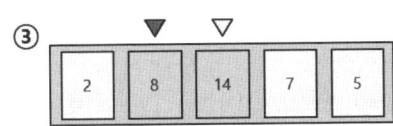

그림 7-3 버블 정렬 동작 방식 (3)

다음 시작 위치를 하나 증가시켜 다음 값을 바라보도록 합니다. 8과 14는 정렬이 된 상태이므로 자리 교체를 하지 않습니다.

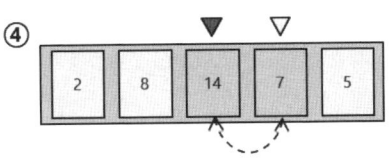

그림 7-4 버블 정렬 동작 방식 (4)

시작 위치를 하나 증가시켜 14를 바라보도록 합니다. 14는 7보다 큰 값이므로 자리를 교체합니다.

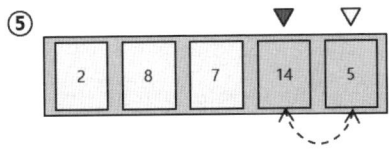

그림 7-5 버블 정렬 동작 방식 (5)

다음 시작 위치를 하나 증가시키고 14와 5를 비교합니다. 14는 5보다 큰 값이므로 자리를 교체합니다.

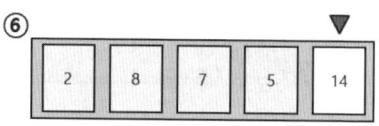

그림 7-6 버블 정렬 동작 방식 (6)

시작 위치를 하나 더 증가시켰지만 비교 대상이 존재하지 않고 배열의 크기와 같으므로 한 번의 사이클이 완료된 상태입니다. 그림과 같이 한 번의 사이클이 끝나면 배열의 마지막 요소에 가장 큰 값이 정렬됩니다.

> 한 번의 정렬이 끝난 후에는 마지막 시작 위치가 정렬이 된 상태임을 확인할 수 있습니다. 다음 사이클부터는 이미 정렬된 요소를 제외하고 순회합니다.

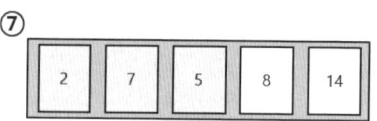

그림 7-7 버블 정렬 동작 방식 (7)

14는 이미 정렬이 완료된 상태이므로 14를 제외하고 버블 정렬을 진행합니다. 다시 한 사이클이 완료된 배열은 그림 7-7과 같습니다.

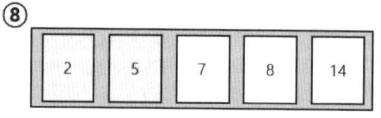

그림 7-8 버블 정렬 동작 방식 (8)

앞서 진행한 두 번의 정렬로 8과 14의 정렬이 완료된 상태이므로 제외시키고 버블 정렬을 진행합니다. 한 사이클이 끝난 후 완료된 배열은 그림 7-8과 같습니다.

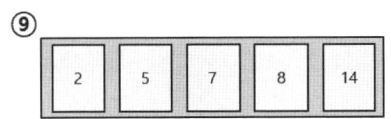

그림 7-9 버블 정렬 동작 방식 (9)

이와 같이 반복적으로 정렬을 수행하면 아래와 같이 오름차순으로 정렬된 배열을 구할 수 있습니다.

> 7.2 버블 정렬 구현하기

버블 정렬의 동작방식을 살펴 보았습니다. 코드로 구현해 봅시다.

algorithm/bubble/Main.java

```java
package algorithm.bubble;
import java.util.Arrays;

public class Main {
    public static void main(String[] args) {
        BubbleSort bubbleSort = new BubbleSort();

        int[] arr = new int[]{8, 2, 14, 7, 5};
        bubbleSort.sort(arr);

        System.out.println(Arrays.toString(arr));
    }
}
```

algorithm/bubble/BubbleSort.java

```java
package algorithm.bubble;

public class BubbleSort {
    public int[] sort(int[] arr) {
```

```
        for (int i = 1; i < arr.length; i++) {
            for (int j = 0; j < arr.length - i; j++) {
                if (arr[j] > arr[j + 1]) {
                    int temp = arr[j];
                    arr[j] = arr[j + 1];
                    arr[j + 1] = temp;
                }
            }
        }

        return arr;
    }
}
```

▶ 실행결과

[2, 5, 7, 8, 14]

처음 for 문은 모든 배열의 요소를 순회하기 위해 사용되었으며, 두 번째 for 문은 각 요소를 비교하기 위해 사용됩니다. 두 번째 for 문에서 주의할 점은 버블 정렬은 두 인접한 요소를 서로 비교하고 정렬을 하는 것입니다. 순회가 진행되면서 마지막 요소들은 이미 정렬이 된 상태이므로 arr.length - i 를 해 주어 정렬이 되지 않은 위치까지만 정렬하도록 합니다.

```
if (arr[j] > arr[j + 1]) {
    int temp = arr[j];
    arr[j] = arr[j + 1];
    arr[j + 1] = temp;
}
```

왼쪽 요소가 오른쪽 요소보다 큰 경우에 서로 자리를 교체해 줍니다. 위 swap 로직은 알고리즘에서 자주 사용되므로 메서드로 만들어서 호출해 줄 수 있습니다. 예제에서는 직접 구현하여 사용합니다.

> 7.3 연습문제

문제 | 07_1

입력 받은 값의 크기만큼 배열을 생성하고, 각 요소는 중복되지 않으며, 무작위 값으로 초기화하여 내림차순으로 정렬해 보세요. (1 < n <= 입력받은 값) (n은 자연수)

```
예제)
입력 값: 5
생성된 배열: [5, 2, 3, 1, 4]
결괏값: [5, 4, 3, 2, 1]
```

문제 | 07_2

100,000 크기를 가진 배열이 오름차순으로 정렬되어 있습니다. 이미 정렬을 마친 배열에 대해서 거품정렬을 시도하려 합니다. 정렬된 배열인 경우 거품정렬을 하지 않도록 거품정렬 알고리즘을 구현해 보세요.

CHAPTER

08

선택 정렬 (Selection Sort)

CHAPTER 08 _ 선택 정렬(Selection Sort)

주어진 배열에서 순회를 할 때마다 최솟값 및 최댓값을 찾아서 배열의 앞쪽으로 정렬하는 알고리즘입니다. 최악의 경우는 버블 정렬과 동일하게 $O(n^2)$의 시간 복잡도를 가집니다.

1. 배열에서 최솟값을 찾습니다.
2. 1의 값을 배열의 맨 앞과 교체합니다. (swap)
3. 교체한 자리를 제외하고 정렬할 개수가 1개만 남을 때까지 (1)부터 반복합니다.

> 8.1 동작 방식

항상 최솟값이 0번째 인덱스부터 정렬됩니다. 무작위한 값을 담고 있는 크기가 5인 배열을 오름차순으로 선택 정렬을 이용하여 정렬해 봅시다.

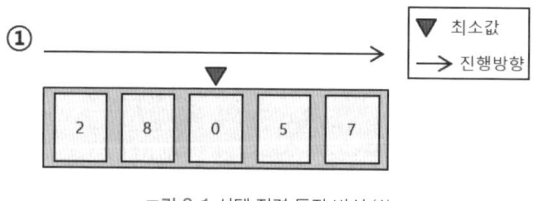

그림 8-1 선택 정렬 동작 방식 (1)

처음에는 정렬된 값이 없으므로 최솟값을 찾고자 배열의 요소를 모두 순회하여 최솟값 0을 구합니다.

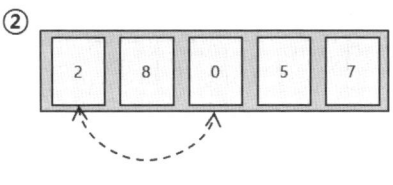

그림 8-2 선택 정렬 동작 방식 (2)

최솟값을 구했으므로 첫 번째 요소와 자리를 교체해 줍니다.

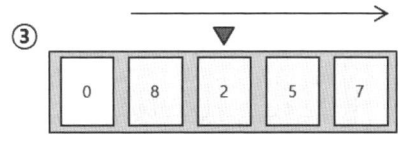

그림 8-3 선택 정렬 동작 방식 (3)

0번째 인덱스는 최솟값으로 정렬된 상태이므로 0번째를 제외한 1번째 인덱스부터 다시 순회하여 최솟값 2를 구합니다.

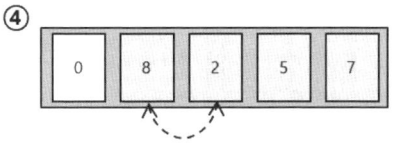

그림 8-4 선택 정렬 동작 방식 (4)

정렬이 되지 않은 두 번째 요소와 최솟값 2를 교체해 줍니다.

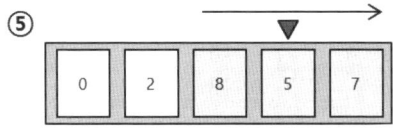

그림 8-5 선택 정렬 동작 방식 (5)

0번째부터 1번째 인덱스까지는 최솟값으로 정렬이 된 상태입니다. 2번째 인덱스부터 마지막 인덱스까지 순회하여 최솟값 5를 구합니다.

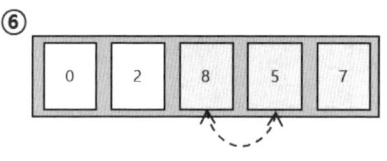

그림 8-6 선택 정렬 동작 방식 (6)

정렬된 인덱스를 제외하고 우리가 구한 최솟값 5와 세번째 요소를 교체해 줍니다.

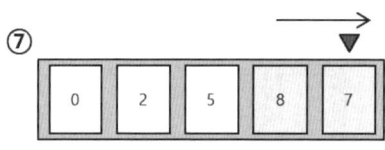

그림 8-7 선택 정렬 동작 방식 (7)

0번째부터 2번째 인덱스까지는 최솟값으로 정렬된 상태이므로 3번째 인덱스부터 순회하여 최솟값 7을 구합니다.

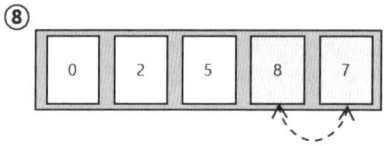

그림 8-8 선택 정렬 동작 방식 (8)

마찬가지로 정렬된 인덱스를 제외하고 최솟값 7과 네 번째 요소를 교체해 줍니다.

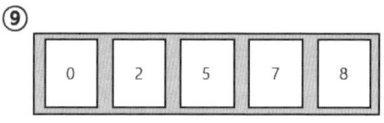

그림 8-9 선택 정렬 동작 방식 (9)

배열의 마지막 요소를 제외하고 모두 정렬되었으며, 마지막 요소는 자연스레 가장 큰 값이 되므로 정렬을 마칩니다.

> 8.2 선택 정렬 구현하기

선택 정렬의 동작방식을 살펴 보았습니다. 코드로 구현해 봅시다.

algorithm/selection/Main.java

```java
package algorithm.selection;
import java.util.Arrays;

public class Main {
    public static void main(String[] args) {
        SelectionSort selectionSort = new SelectionSort();

        int[] arr = new int[]{2, 8, 0, 5, 7};
        selectionSort.sort(arr);

        System.out.println(Arrays.toString(arr));
    }
}
```

algorithm/selection/SelectionSort.java

```java
package algorithm.selection;

public class SelectionSort {
    public int[] sort(int[] arr) {
        for (int i = 0; i < arr.length - 1; i++) {
            int minIndex = i;
            for (int j = i; j < arr.length; j++) {
                if (arr[minIndex] < arr[j]) {
                    continue;
                }

                minIndex = j;
            }

            int temp = arr[i];
            arr[i] = arr[minIndex];
            arr[minIndex] = temp;
```

```
        }
        return arr;
    }
}
```

▶ 실행결과

```
[0, 2, 5, 7, 8]
```

순회를 할 때마다 최솟값이 위치한 index를 알기 위해 minIndex 변수를 사용합니다. 두 번째 for 문 로직에서 if 문을 보면 arr[minIndex]의 값보다 arr[j]의 값이 크면 정렬이 된 상태이므로 continue로 다음 요소로 넘어가서 다시 비교하게 됩니다. 두 번째 for 문이 끝나면 minIndex는 최솟값이 존재하는 index를 가지게 되므로 인덱스 i와 자리를 교체하여 정렬을 완료하게 됩니다.

8.3 연습문제

문제 08_1

"HelloWorld" 문자열을 선택 정렬을 사용하여 오름차순으로 정렬해 보세요.

CHAPTER

09

삽입 정렬
(Insertion Sort)

CHAPTER **09** __ **삽입 정렬(Insertion Sort)**

배열을 기준으로 두 번째 요소인 첫 번째 인덱스부터(배열의 인덱스는 0부터 배열의 길이 - 1) 자신의 앞 요소인 배열의 첫 번째 요소까지 비교하여 정렬될 위치를 찾아 삽입하는 알고리즘입니다. 오름차순으로 정렬된 배열을 내림차순으로 정렬하는 최악의 경우에는 $O(n^2)$ 시간 복잡도를 가집니다. 버블 정렬과 선택 정렬에 비해 최선의 경우 $O(n)$ 시간복잡도를 가지므로 두 정렬보다 효율이 좋습니다. 그러나 배열의 크기가 큰 경우에는 정렬될 값이 많으므로 효율이 떨어집니다.

> ## 9.1 동작 방식

그림 9-1 삽입 정렬 동작 방식 (1)

배열의 첫 번째 인덱스부터 시작합니다.

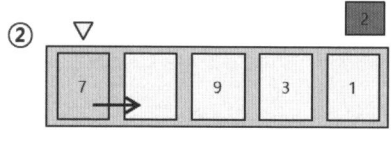

그림 9-2 삽입 정렬 동작 방식 (2)

삽입 정렬은 배열의 1번째 인덱스부터 시작하므로 2의 값을 변수에 할당해 둡니다. 배열의 0번째 인덱스의 값 7과 2를 비교합니다. 7은 2보다 크므로 7을 우측으로 한 칸 이동시킵니다.

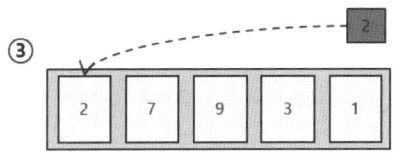

그림 9-3 삽입 정렬 동작 방식 (3)

비교 대상이 없으므로 마지막으로 이동시킨 위치에 2를 삽입합니다.

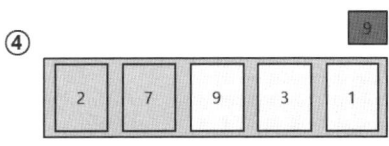

그림 9-4 삽입 정렬 동작 방식 (4)

다음 2번째 인덱스 9의 값을 보면 자신의 앞 요소보다 큰 값이므로 정렬하지 않고 다음 인덱스로 넘어갑니다.

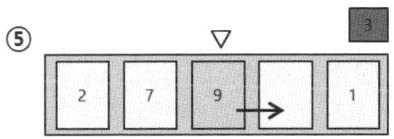

그림 9-5 삽입 정렬 동작 방식 (5)

3번째 인덱스 값 3과 자신의 앞 요소인 9와 비교합니다. 9는 3보다 크므로 9를 우측으로 한 칸 이동시킵니다.

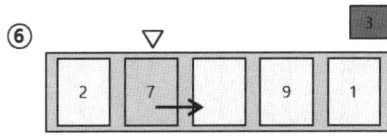

그림 9-6 삽입 정렬 동작 방식 (6)

다음 앞 요소인 7과 비교합니다. 7은 3보다 크므로 7을 우측으로 한 칸 이동시킵니다.

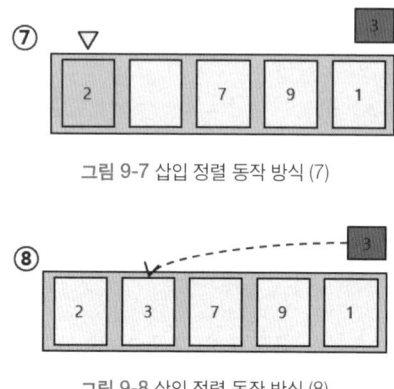

그림 9-7 삽입 정렬 동작 방식 (7)

그림 9-8 삽입 정렬 동작 방식 (8)

3은 2보다 크므로 마지막으로 이동시킨 위치에 3을 삽입합니다.

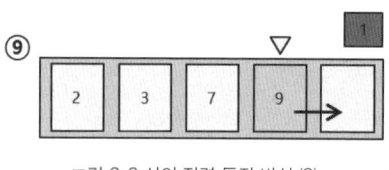

그림 9-9 삽입 정렬 동작 방식 (9)

4번째 인덱스 값 1을 변수에 할당합니다. 자신의 앞 요소인 9와 비교합니다. 9는 1보다 크므로 9를 우측으로 한 칸 이동시킵니다.

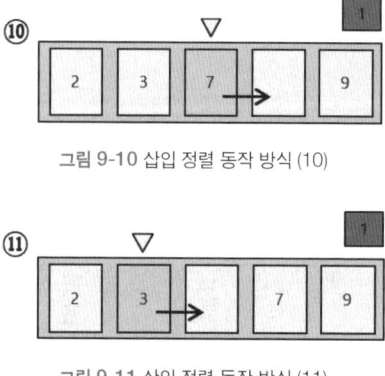

그림 9-10 삽입 정렬 동작 방식 (10)

그림 9-11 삽입 정렬 동작 방식 (11)

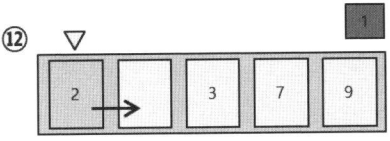

그림 9-12 삽입 정렬 동작 방식 (12)

자신보다 앞 요소의 값이 커질 때까지 비교하며 자리를 이동시킵니다.

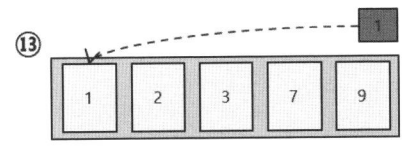

그림 9-13 삽입 정렬 동작 방식 (13)

더 이상 비교 대상이 없으므로 마지막으로 이동시킨 위치에 1을 삽입한 후 정렬을 마칩니다.

> 9.2 삽입 정렬 구현하기

삽입 정렬의 동작방식을 살펴 보았습니다. 코드로 구현해 봅시다.

algorithm/insertion/Main.java
```java
package algorithm.insertion;
import java.util.Arrays;

public class Main {
    public static void main(String[] args) {
        InsertionSort insertionSort = new InsertionSort();

        int[] arr = new int[]{7, 2, 9, 3, 1};
        insertionSort.sort(arr);
```

```
            System.out.println(Arrays.toString(arr));
        }
    }
```

algorithm/insertion/InsertionSort.java
```java
package algorithm.insertion;

public class InsertionSort {
    public int[] sort(int[] arr) {
        for (int i = 1; i < arr.length; i++) {
            int target = arr[i];

            int j;
            for (j = i - 1; j >= 0 && arr[j] > target; j--) {
                arr[j + 1] = arr[j];
            }

            arr[j + 1] = target;
        }

        return arr;
    }
}
```

▶ 실행결과

[1, 2, 3, 7, 9]

첫 번째 for 문은 배열의 모든 요소를 순회하기 위해 사용되었으며, 두 번째 for 문은 정렬할 위치를 찾기 위해 사용됩니다.

int i = 1;을 선언하여 1번째 인덱스부터 시작합니다. 배열의 모든 요소를 순회하기 위해 i < arr.length 조건을 주었습니다. target 변수는 정렬 대상인 값을 담아 두고 있습니다. 처음 순회할 땐 target이 2가 되겠죠? 다음 for 문은 비교 대상을 선정하여 정렬 대상과 비교하기 위해 사용됩니다. 비교 대상의 인덱스 변수는 j입니다. 삽입 정렬은 자신의 앞

요소와 비교해 나가므로 자신의 인덱스보다 하나 작은 값부터 1씩 감소시키면서 비교합니다. for 문을 빠져나가는 조건은 인덱스 j가 배열의 0번째 인덱스를 벗어나거나 target 변수보다 값이 작을 경우입니다.

그림 9-2와 함께 살펴 봅시다. target의 값은 2이고 인덱스 j는 7의 값을 가리키고 있습니다. 7은 2보다 큰 값이므로 두 번째 for 문의 로직을 수행하게 됩니다. 7을 한 칸 이동시키기 위해 인덱스 j를 +1 증가시킨 후 값을 넣어 주면 됩니다. arr[j + 1] = arr[j];가 해당 역할을 수행합니다.

그림 9-3에서 7을 옮긴 뒤 0번째 인덱스에 target 변수의 값을 담고 있습니다. 요소 간 비교를 수행하고 반복문을 빠져나오면 인덱스 j + 1는 target이 들어갈 위치를 바라보고 있습니다. 정렬을 마친 target 변수의 값을 arr[j + 1] = target; 코드를 통해 삽입되어야 할 위치에 값을 넣습니다. 배열의 크기만큼 반복하면 최종적으로 사용자가 원하는 정렬된 배열을 구할 수 있습니다.

> 9.3 연습문제

문제 09_1

"llll looo lloo oolo loll oool" 2진수를 나타내는 문자열이 존재합니다. 이 문자열을 10진수로 변환하여 배열에 차례대로 넣은 뒤, 삽입 정렬을 이용하여 오름차순으로 정렬해 보세요. (삽입 정렬의 반복문은 while 문을 사용하세요.)

예제)
"oool looo ooll oolo" => [1, 8, 3, 2] => [1, 2, 3, 8]

CHAPTER
10

셸 정렬(Shell Sort)

CHAPTER **10**__ 셸 정렬(Shell Sort)

삽입 정렬 알고리즘을 기반으로 단점이 보완된 정렬 알고리즘입니다. 오름차순으로 정렬된 배열이 있다고 가정합시다. 이 배열을 다시 내림차순으로 정렬할 때 삽입 정렬을 이용하면 모든 요소의 위치를 한 칸씩 계속 바꾸어야 하므로 비효율적입니다. 그렇기에 요소들의 많은 이동을 줄이기 위해 고안된 알고리즘입니다.

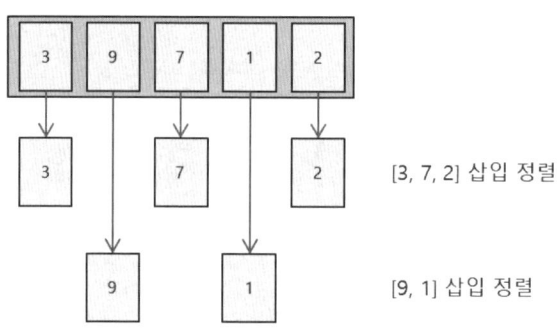

그림 10-1 셸 정렬의 기본 동작

셸 정렬은 배열의 요소들을 특정한 간격에 맞추어 부분 리스트(여기서 리스트는 인덱스로 접근 가능한 순서가 없는 배열을 의미합니다) 로 만들어서 삽입 정렬을 진행하는데, 배열의 요소들을 얼마만큼 묶을지 계산하기 위해 gap(간격)이라는 값을 사용합니다.

> gap(간격) = 배열의 길이 ÷ 2

여기서는 배열의 길이를 2로 나눈 값을 gap으로 사용합니다. gap을 이용하여 배열을 부분 리스트로 나눈 후 각각 삽입 정렬을 수행합니다. 한 사이클이 끝나면 다시 gap을 2로 나누고 배열을 부분 리스트로 만들어서 삽입 정렬을 진행합니다. 간격이 0보다 클 때까지 정렬을 진행합니다.

> 10.1 동작 방식

순서가 없는 자연수를 담고 있는, 크기가 9인 배열을 오름차순으로 셸 정렬하는 과정을 그림으로 살펴 봅시다.

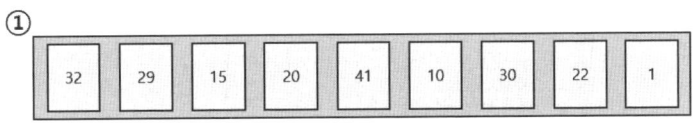

그림 10-2 셸 정렬 동작 방식 (1)

배열의 길이는 9이므로 간격(gap)을 4로 계산합니다. 다음 간격을 기준으로 배열의 요소들을 부분 리스트화합니다.

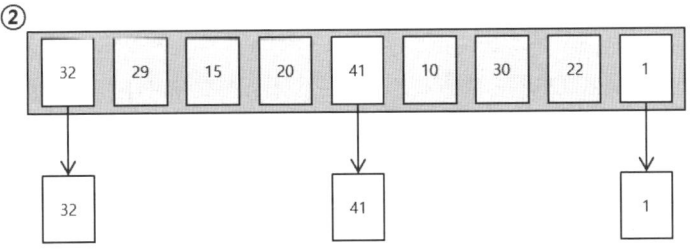

그림 10-3 셸 정렬 동작 방식 (2)

간격 4를 기준으로 {32, 41, 1}이 하나의 부분 리스트가 됩니다. 이 요소들끼리만 삽입 정렬을 진행합니다.

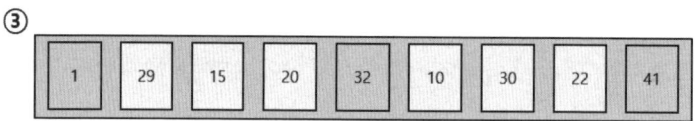

그림 10-4 셸 정렬 동작 방식 (3)

(2)에서 삽입 정렬한 결과로 {32, 41, 1}의 순서였던 요소들이 {1, 32, 41}로 오름차순 정렬된 것을 확인할 수 있습니다. 첫 번째 요소와 간격을 기준으로 부분 리스트를 만들어 정렬을 마쳤습니다. 정렬을 하지 않은 요소들도 간격을 기준으로 정렬을 진행해 봅시다.

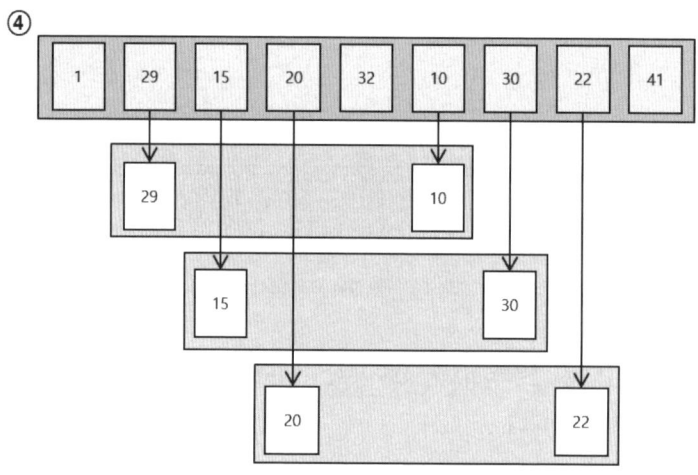

그림 10-5 셸 정렬 동작 방식 (4)

{29, 10}, {15, 30}, {20, 22}라는 부분 리스트 3개가 만들어졌습니다. 각각 삽입 정렬을 진행합니다.

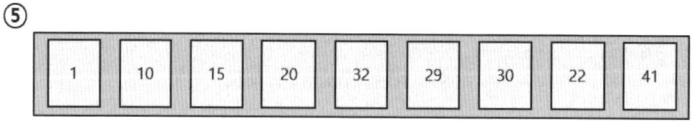

그림 10-6 셸 정렬 동작 방식 (5)

그림 10-5는 간격 4를 기준으로 모든 요소들이 삽입 정렬을 마친 모습입니다. 어느 정도

오름차순 정렬된 것으로 보이지만 아직 완전한 오름차순 정렬은 되지 않았습니다. 다시 간격에 나누기 2를 하여 셸 정렬을 진행해 봅시다.

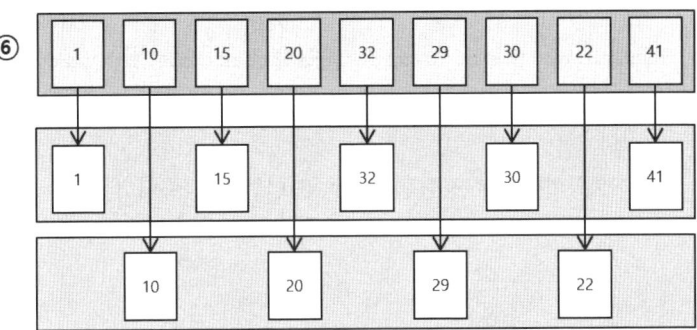

그림 10-7 셸 정렬 동작 방식 (6)

간격이 2인 경우에는 두 개의 부분 리스트가 만들어집니다. {1, 15, 32, 30, 41}과 {10, 20, 29, 22} 각각의 부분 리스트를 삽입 정렬합니다.

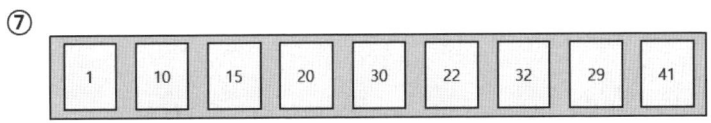

그림 10-8 셸 정렬 동작 방식 (7)

간격 2를 기준으로 모든 요소들이 삽입 정렬을 마친 모습입니다. 간격이 0보다 클 때까지 셸 정렬이 진행되므로 다시 간격에 나누기 2를 하여 간격 1로 셸 정렬을 진행해 봅시다.

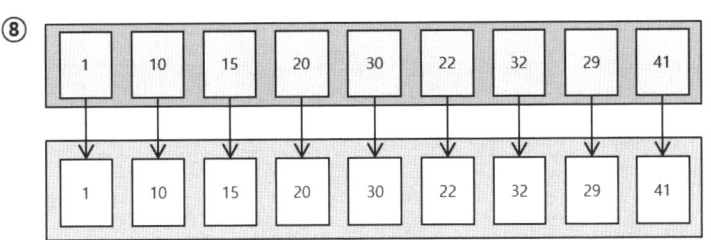

그림 10-9 셸 정렬 동작 방식 (8)

간격이 1이므로 모든 요소들이 하나의 부분 리스트가 되고 삽입 정렬을 진행합니다.

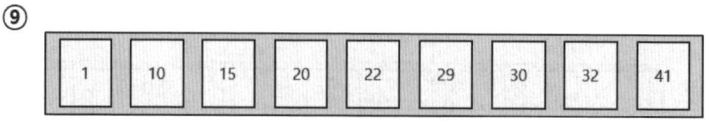

그림 10-10 셀 정렬 동작 방식 (9)

셀 정렬이 끝나면 오름차순으로 정렬된 배열을 확인할 수 있습니다.

> 10.2 셀 정렬 구현하기

셀 정렬의 동작방식을 살펴 보았습니다. 코드로 구현해 봅시다.

algorithm/shell/Main.java

```java
package algorithm.shell;
import java.util.Arrays;

public class Main {
    public static void main(String[] args) {
        ShellSort shellSort = new ShellSort();
        int[] arr = new int[]{32, 29, 15, 20, 41, 10, 30, 22, 1};

        shellSort.sort(arr);
        System.out.println("셀 정렬 완료 후: " + Arrays.toString(arr));
    }
}
```

algorithm/shell/ShellSort.java

```java
package algorithm.shell;
import java.util.Arrays;

public class ShellSort {
```

```java
    public void sort(int[] arr) {
        int length = arr.length;

        System.out.println(String.format("초기 배열: %s \n", Arrays.
        toString(arr)));
        System.out.println("---");
        for (int gap = length / 2; gap > 0; gap /= 2) { // ----- (1)
            System.out.println(String.format("간격 %s(으)로 배열을 나눕니다.",
            gap));

            for (int startIndex = 0; startIndex < gap; startIndex++) {
            // ----- (2)
                this.insertionSortByGap(arr, gap, startIndex);
            }
        }
        System.out.println("---");
    }

    private void insertionSortByGap(int[] arr, int gap, int startIndex) {
        for (int i = startIndex + gap; i < arr.length; i += gap) { // ----- (3)
            int j;
            int temp = arr[i];

            for (j = i - gap; j >= 0 && arr[j] > temp; j -= gap) { // ----- (4)
                arr[j + gap] = arr[j];
            }
            arr[j + gap] = temp;
        }
        System.out.println(String.format("정렬 진행 후 배열: %s \n", Arrays.
        toString(arr)));
    }
}
```

▶ 실행결과

초기 배열: [32, 29, 15, 20, 41, 10, 30, 22, 1]

간격 4(으)로 배열을 나눕니다.

```
정렬 진행 후 배열: [1, 29, 15, 20, 32, 10, 30, 22, 41]
정렬 진행 후 배열: [1, 10, 15, 20, 32, 29, 30, 22, 41]
정렬 진행 후 배열: [1, 10, 15, 20, 32, 29, 30, 22, 41]
정렬 진행 후 배열: [1, 10, 15, 20, 32, 29, 30, 22, 41]
---
간격 2(으)로 배열을 나눕니다.
정렬 진행 후 배열: [1, 10, 15, 20, 30, 29, 32, 22, 41]
정렬 진행 후 배열: [1, 10, 15, 20, 30, 22, 32, 29, 41]
---
간격 1(으)로 배열을 나눕니다.
정렬 진행 후 배열: [1, 10, 15, 20, 22, 29, 30, 32, 41]
---
셸 정렬 완료 후: [1, 10, 15, 20, 22, 29, 30, 32, 41]
```

(1)의 for 문은 부분 리스트로 만들기 위한 기준(gap)을 구합니다. 처음 gap을 구하기 위해 배열의 길이 나누기 2를 하여 gap을 구합니다. gap을 이용하여 첫 사이클을 수행한 다음, 간격 / 2만큼 다시 계산하여 사이클을 반복합니다. gap이 0보다 클 때까지 나누기 2를 하여 배열들을 정렬합니다.

(2)의 for 문은 gap을 기준으로 실제 정렬을 수행할 부분 리스트에 속하는 요소들을 선택하기 위해 사용됩니다. startIndex는 0부터 시작하여 gap보다 작을 때까지 수행되고 배열의 첫 번째 요소부터 gap을 기준으로 자신과 속한 부분 리스트의 요소들끼리 삽입 정렬을 합니다.

(3), (4)의 for 문은 우리가 삽입 정렬 챕터에서 배운 알고리즘과 동일합니다. 다른 부분은 gap이라는 변수가 인덱스와 함께 연산됩니다. (3)의 반복문을 보면 인덱스는 i변수를 사용하고 있습니다. 그리고 gap을 이용하여 초기화하고 증감연산에 사용됩니다. 인덱스로 사용되는 i변수는 gap 변수와 함께 특정한 간격으로 정렬할 요소를 가리키고 있으며, int temp = arr[i]를 선언하여 temp에 정렬할 요소를 담아 둡니다.

(4)의 for 문에서 인덱스는 j입니다. 여기서는 temp 변수를 어느 곳에 정렬을 해둘 것인가를 결정하는 반복문입니다. gap 변수와 연산된 인덱스 j변수는 특정한 간격으로 비교

대상을 가리키며 현재 코드는 오름차순 기준이므로 큰 값을 뒤로 배치시킵니다. (4)의 for 문이 종료되면 arr[j + gap]으로 정렬될 위치를 선정하고 temp의 값을 할당하여 정렬을 마치게 됩니다. 이렇게 크게는 (1)의 for 문부터 안쪽 (3), (4)의 for 문이 모두 완료되면 오름차순으로 정렬된 배열을 구할 수 있습니다.

셸 정렬의 핵심은 삽입 정렬을 하기 전 배열의 요소들을 특정한 간격으로 나누어 각각 삽입 정렬을 수행하는 것입니다.

> 10.3 연습문제

문제 10_1

{학생 이름/학생 번호}로 정리된 학생부가 있습니다. 이 학생부를 두 가지 방법으로 셸 정렬을 이용하여 오름차순으로 정렬해 보세요.

조건)
학생 이름 기준으로 오름차순
학생 번호 기준으로 오름차순

CHAPTER

11

병합 정렬
(Merge Sort)

CHAPTER 11 _ 병합 정렬(Merge Sort)

분할정복 전략의 한 종류인 병합 정렬입니다. 여기서 분할정복은 무엇을 의미할까요?

> 어떠한 문제를 작은 단위의 문제로 나누어 해결하고 그 결과를 다시 하나의 문제로 해결합니다.

분할정복을 토대로 병합 정렬은 배열을 균등한 크기로 분할할 수 없을 때까지 분할하고 두 부분 리스트를 정렬과 동시에 병합하여 정렬된 결과를 구하는 방법입니다. 순서는 다음과 같습니다.

1. 분할
2. 정복(정렬 및 병합)

병합 정렬은 최선 및 최악의 경우 모두 $O(nlogn)$ 시간복잡도를 가집니다. 또 병합하는 과정에서 분할된 부분 리스트를 정렬하기 위해 두 부분 리스트를 합한 크기만큼 임시로 담을 배열을 메모리에 할당받습니다. 이로 인해 다른 정렬 알고리즘에 비해 메모리 사용량이 높습니다.

> 11.1 동작 방식

크기가 8인 [5, 2, 30, 11, 9, 17, 12, 24] 배열을 오름차순으로 병합 정렬하는 과정을 그림 11-1을 통해 알아봅시다.

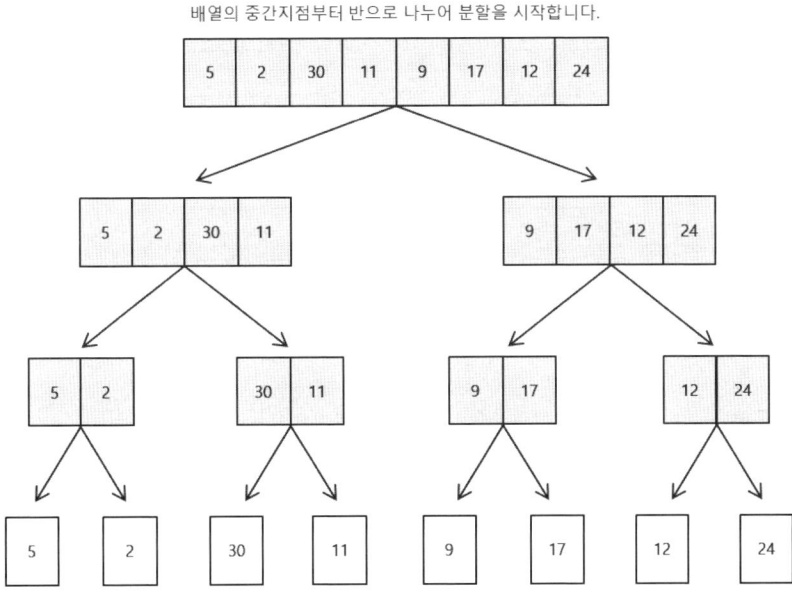

그림 11-1 병합 정렬 동작 방식 (1)

병합 정렬은 분할정복 알고리즘 기반을 토대로 동작하기 때문에 0 또는 1의 부분 리스트가 될 때까지 분할을 진행합니다. 정렬할 배열의 중간 지점인 11과 9 사이를 반으로 나누면 2개의 부분 리스트가 생성됩니다.

[5, 2, 30, 11]과 [9, 17, 12, 24] 이 두 부분 리스트를 각각 분할하면 [5, 2], [30, 11], [9, 17], [12, 24] 총 4개의 부분 리스트가 생성되고 각 부분 리스트의 요소의 개수는 2개이므로 다시 분할을 진행합니다. 최종적으로 하나의 요소로 구성된 부분 리스트 8개가 생성됩니다. 더 이상 분할할 수 없는 단계가 되면 첫 번째 요소부터 인접한 요소와 값을 비교하고 병합을 진행합니다.

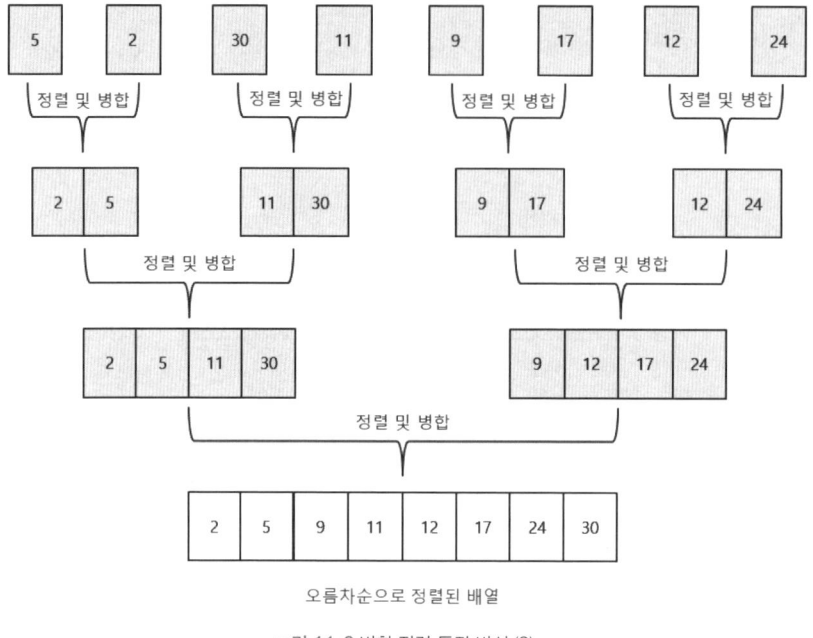

그림 11-2 병합 정렬 동작 방식 (2)

분할이 끝난 부분 리스트를 하나의 배열로 만들기 위해 2가지의 과정을 거쳐야 합니다.

1. 정렬
2. 병합

[5], [2]의 두 부분 리스트를 병합할 때, 오름차순 기준으로 정렬을 진행하므로 [2, 5] 순으로 병합됩니다. 이외에 분할된 부분 리스트를 위 규칙대로 병합하면 오름차순으로 정렬된 [2, 5, 9, 11, 12, 17, 24, 30] 배열을 구할 수 있습니다.

> 11.2 병합 정렬 구현하기

병합 정렬의 동작방식을 살펴 보았습니다. 코드로 구현해 봅시다.

algorithm/merge/Main.java

```java
package algorithm.merge;
import java.util.Arrays;

public class Main {
    public static void main(String[] args) {
        MergeSort mergeSort = new MergeSort();
        int[] arr = new int[]{5, 2, 30, 11, 9, 17, 12, 24};

        System.out.println(String.format("초기 배열: %s \n", Arrays.
        toString(arr)));
        mergeSort.merge(arr, 0, arr.length -1);
        System.out.println("병합 정렬 완료 후: " + Arrays.toString(arr));
    }
}
```

algorithm/merge/MergeSort.java

```java
package algorithm.merge;

public class MergeSort {
    private void mergeSort(int arr[], int start, int div, int end) {
        int[] temp = new int[arr.length];

        int s = start;
        int r = div + 1;
        int k = start; // 배열에 복사할 위치 인덱스

        while (s <= div && r <= end) {
            if (arr[s] <= arr[r]) {
                temp[k++] = arr[s++];
            } else {
                temp[k++] = arr[r++];
            }
        }

        // 앞쪽
        while (s <= div) {
```

```
                temp[k++] = arr[s++];
            }

            // 뒤쪽
            while (r <= end) {
                temp[k++] = arr[r++];
            }

            for (int h = 0; h <= end - start; h++) {
                arr[start + h] = temp[start + h];
            }
        }
    }

    public void merge(int arr[], int left, int right) {
        // 하나가 남을 때까지
        if (left < right) {
            int div = (left + right) / 2;

            merge(arr, left, div);
            merge(arr, div + 1, right);
            mergeSort(arr, left, div, right);
        }
    }
}
```

▶ 실행결과

```
초기 배열: [5, 2, 30, 11, 9, 17, 12, 24]
병합 정렬 완료 후: [2, 5, 9, 11, 12, 17, 24, 30]
```

merge 메서드는 3개의 인자로 정렬할 배열을 받을 arr 변수와 분할 정복에 사용될 left, right 변수를 사용합니다. 정렬을 하기 전 배열을 잘게 쪼개는 분할 작업을 진행하기 위해 if (left < right) 조건문을 작성합니다. 조건문에서 left 변수가 right 변수보다 크거나 같을 경우에는 분할된 요소가 1개라는 의미를 가집니다. 분할이 어떻게 진행되는지 살펴 봅시다.

먼저 배열을 반으로 자르기 위해 int div = (left + right) / 2; 코드에서 배열의 중간 지점의 인덱스를 구합니다. 다음 왼쪽부터 자르기 위해 left와 배열의 중간지점인 div 변수를 인자로 넘겨 merge 메서드를 재귀호출합니다.

[5, 3, 30, 11, 9, 17, 12, 24] 배열에서 왼쪽부터 분할되어 첫 번째 [5]와 두 번째 요소 [3]을 구한 후 mergeSort를 호출하는 순서를 표 11-1로 나타내었습니다.

표 11-1 [5, 3, 30, 11, 9, 17, 12, 24] 배열의 병합 정렬 과정을 표로 표현

콜스택	메서드	left	right	div	if (left < right)
1	merge(arr, left, div)	0	7	3	true
2	merge(arr, left, div)	0	3	1	true
3	merge(arr, left, div)	0	1	0	true
4	merge(arr, left, div)	0	0		false (3)으로 돌아감
4	merge(arr, div+1, right)	1	1		false (3)으로 돌아감
3	merge(arr, left, div, right)	0	1	0	true

콜스택 3번에서 left와 right를 0의 값으로 전달하여 merge 메서드를 재귀호출합니다. 콜스택 4번의 첫 번째에서 이미 [5]라는 요소만 분할되었기 때문에 if (left < right) 조건으로 더 이상 분할할 수 없어서 아무 동작 없이 스택을 반환하고 콜스택 3으로 복귀합니다.

다음 라인에서 merge(arr, div + 1, right)를 호출하는데 콜스택 3을 보면 div는 0이며 right는 1을 가지고 있습니다. 이 값으로 merge(arr, div + 1, right)를 호출한 결과로 콜스택 4번의 두 번째에서 left와 right는 각각 1로 [3]의 요소를 가리키며 더 이상 분할될 수 없으므로 스택을 반환하고 콜스택 3으로 복귀합니다. 분할할 수 없는 두 개의 요소를 구했기 때문에 이 두 요소를 비교하여 오름차순으로 정렬하는 mergeSort 메서드를 호출하게 됩니다.

분할된 요소를 정렬하여 다시 병합하는 메서드인 mergeSort를 살펴봅시다.

```
int[] temp = new int[arr.length];

int s = start;
int r = div + 1;
int k = start; // 배열에 복사할 위치 인덱스
```

분할된 데이터를 병합하여 임시로 저장할 temp 배열을 선언합니다. int s, int r은 서로 비교해 가며 정렬하기 위한 인덱스로 사용됩니다. int k는 임시로 담을 배열의 인덱스를 지정하는 변수입니다.

```
while (s <= div && r <= end) {
    if (arr[s] <= arr[r]) {
        temp[k++] = arr[s++];
    } else {
        temp[k++] = arr[r++];
    }
}
```

while 문을 좀 더 쉽게 이해하기 위해서 병합된 두 개의 리스트를 다시 병합한다는 가정을 하고 코드를 함께 봅시다. [2, 5]와 [11, 30]은 서로 [5], [2]와 [30], [11]이 각각 병합된 리스트입니다. 이 두 리스트를 다시 병합을 시도해야 합니다.

실제 arr 변수에는 [2, 5, 11, 30, ...]이 존재하겠죠? 보기 쉽게 [2, 5], [11, 30]을 분리하여 while 문을 돌린다고 가정하면 코드를 이해하는 데 도움이 될 수 있을 것 같습니다. 병합할 두 리스트 중 첫 번째 리스트의 인덱스는 s를 사용하고 두 번째 리스트는 r을 사용합니다. end는 병합할 범위를 가리킵니다. 위 설명을 다음과 같이 그림 11-3으로 나타낼 수 있습니다.

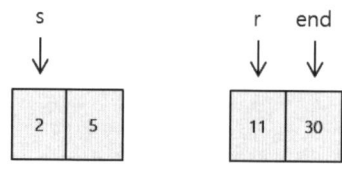

그림 11-3 mergeSort 메서드

11은 2보다 크므로 2를 임시 배열에 삽입하고 s를 하나 증가시켜 [5]를 가리키도록 합니다. 다음 5와 11을 비교했을 때, 5가 작으므로 임시 배열에 5를 삽입하고 s를 하나 증가시킵니다. 그럼 s는 r과 같은 [11]을 바라보고 있겠죠? s는 첫 번째 리스트를 가리켜야 하는데 첫 번째 리스트를 벗어나 두 번째 리스트를 가리키므로 더 이상 정렬할 요소가 없다고 볼 수 있습니다.

```
while (s <= div) {
    temp[k++] = arr[s++];
}

while (r <= end) {
    temp[k++] = arr[r++];
}
```

현재까지 임시 배열에 [2, 5]만 삽입된 상태이며 [11, 30]은 임시 배열에 삽입되지 않은 상태로 정렬을 마쳤습니다. 임시 배열에 삽입되지 않은 나머지 리스트를 담기 위해 위 2개의 while 문을 통해 임시 배열에 담아 줍니다.

```
for (int h = 0; h <= end - start; h++) {
    arr[start + h] = temp[start + h];
}
```

마지막으로 정렬과 병합을 마친 임시 배열을 기존 arr 배열에 복사합니다. 아직 병합되지 않은 리스트들도 위 동작과 동일하게 임시 배열에 정렬된 요소를 삽입하고, 나머지 리스트들도 마찬가지로 임시 배열에 삽입한 뒤, 기존 배열에 복사하고 병합 정렬을 종료합니다.

11.3 연습문제

문제 11_1

[1, 12, 15, 7, 3, 9, 10, 8, 2, 5, 4]의 데이터를 담고 있는 배열이 있습니다. 이 배열을 내림차순으로 병합 정렬하고 분할-병합 과정을 모두 출력해 보세요.

CHAPTER

12

퀵 정렬(Quick Sort)

CHAPTER 12 _ 퀵 정렬(Quick Sort)

우리는 지금까지 버블 정렬, 선택 정렬, 삽입 정렬, 셸 정렬, 병합 정렬을 배워 보았습니다. 지금부터 배울 퀵 정렬은 이름에서도 알 수 있듯이 정렬 알고리즘 중에서 가장 빠른 알고리즘이며 찰스 앤터니 리처드 호어(Charles Antony Richard Hoare)가 개발하였습니다.

퀵 정렬은 병합 정렬과 같은 분할정복 전략의 종류입니다. 분할한 배열을 정렬하며 다시 합치는 것은 병합 정렬과 동일하지만 다른 점이 있습니다. 병합 정렬에선 분할 과정이 오로지 배열을 분할하는 데만 집중했다면 퀵 정렬은 분할 과정에서 정렬이 함께 이루어집니다.

시간 복잡도는 최악의 경우는 $O(n^2)$이지만 평균 수행 시간은 병합 정렬과 동일한 $O(nlogn)$입니다. 퀵 정렬이 병합 정렬보다 선호도가 높은 이유는 임시 배열을 사용하지 않고 구현할 수 있기 때문에 메모리 사용량이 병합 정렬보다 낮으며 뒤에서 설명할 피벗(pivot)이라는 값을 어떻게 선택하느냐에 따라서 처리속도가 달라질 수 있기 때문입니다.

퀵 정렬에서 필수 요소인 피벗(pivot)은 정렬 시에 기준이 될 값입니다. [26, 10, 35, 19, 7, 3, 12]의 배열에서 모든 요소가 피벗이 될 수 있으며, 일반적으로 배열의 첫 번째 요소, 중간 요소, 마지막 요소를 사용합니다.

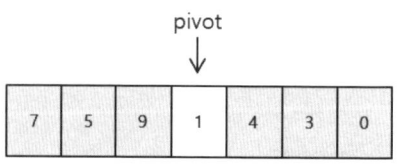

그림 12-1 퀵 정렬 피벗 선정

피벗을 기준으로 좌측은 피벗보다 작은 값으로 이루어져야 하고 우측은 피벗보다 큰 값으로 이루어져야 합니다. 그리고 나누어진 좌·우측을 부분 리스트로 보고 두 개의 부분 리스트에서 각각 피벗을 선정하여 피벗을 기준으로 원소를 나누어 정렬합니다.

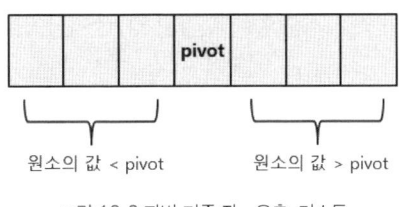

그림 12-2 피벗 기준 좌 · 우측 리스트

그림과 함께 퀵 정렬 동작 방식을 더 자세히 살펴 보겠습니다.

> ## 12.1 동작 방식

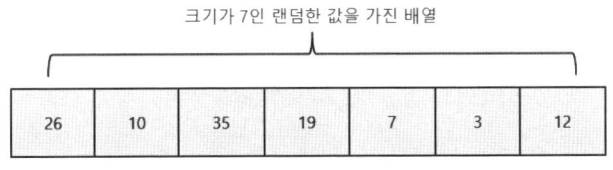

그림 12-3 퀵 정렬을 진행할 배열

크기가 7인 [26, 10, 35, 19, 7, 3, 12] 배열이 있습니다. 퀵 정렬을 이용하여 이 배열이 어떻게 오름차순으로 정렬되는지 알아봅시다.

> 피벗(pivot)은 중간 원소 19를 기준으로 정렬을 진행합니다.

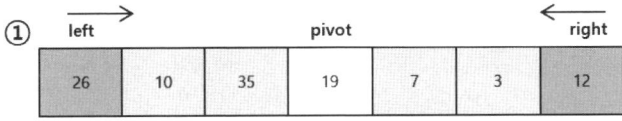

그림 12-4 퀵 정렬 동작 방식 (1)

피벗을 기준으로 배열의 양 끝에서 인덱스를 조정하여 정렬을 시작합니다. 처음 left부터 진행하며 좌측의 값이 pivot보다 작을 때까지 인덱스를 +1 증가합니다. 26은 pivot보다 큰 값이므로 인덱스를 증가시키지 않고 순회를 중단합니다. 다음 우측 값이 pivot보다 클 때까지 인덱스를 -1 감소시킵니다. 12는 pivot보다 작은 값이므로 인덱스를 감소시키지 않고 순회를 중단합니다.

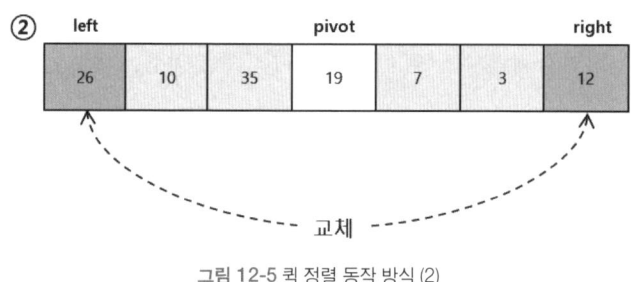

그림 12-5 퀵 정렬 동작 방식 (2)

순회가 중단된 두 인덱스(left, right) 모두 서로 자리를 교체합니다.

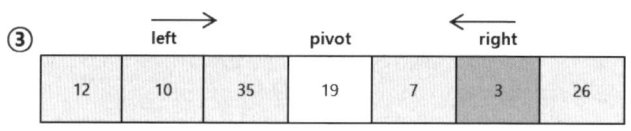

그림 12-6 퀵 정렬 동작 방식 (3)

(2)에서 26과 12를 교체하여 맨 좌측의 값은 12가, 맨 우측의 값은 26이 되었습니다. 다음 left와 right 인덱스를 조정하여 pivot과 비교합니다. 좌측의 값은 10이며 pivot보다 작은 값이므로 인덱스를 +1 증가시킵니다. 그럼 left값이 35를 가리키고 35의 값은 pivot보다 큰 값이므로 순회를 중단합니다. right 인덱스의 값과 pivot을 비교합니다. 3의 값은 pivot보다 작은 값이므로 순회를 중단합니다.

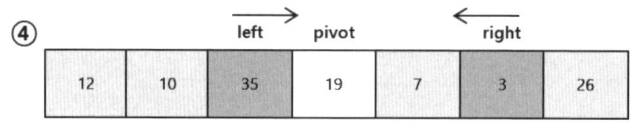

그림 12-7 퀵 정렬 동작 방식 (4)

(3)에서 순회가 중단된 모습은 (4)의 그림 12-7과 같습니다. left는 35를 바라보고 있으며 right는 3의 값을 바라보고 있습니다.

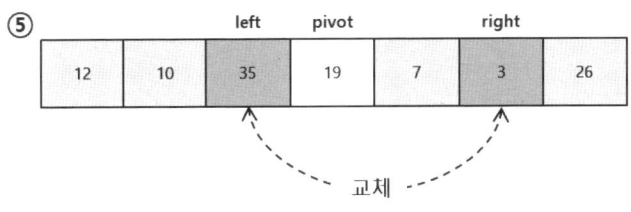

그림 12-8 퀵 정렬 동작 방식 (5)

35와 3의 자리를 서로 교체합니다.

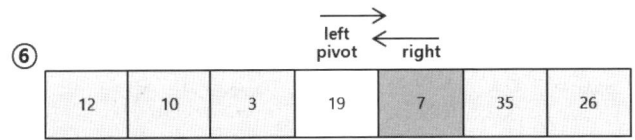

그림 12-9 퀵 정렬 동작 방식 (6)

자리가 교체된 후 좌측 인덱스를 +1 증가시켜 pivot값과 비교하는데, pivot값과 같은 19이므로 순회를 중단합니다. 다음 우측 인덱스의 값인 7은 pivot보다 작은 값이므로 순회를 중단합니다.

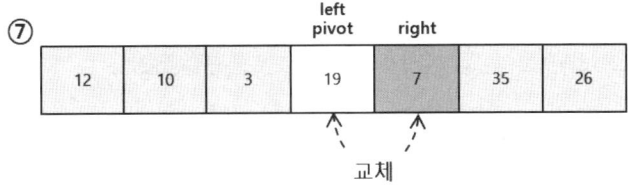

그림 12-10 퀵 정렬 동작 방식 (7)

좌측 및 우측 인덱스 값의 자리를 서로 교체해 줍니다.

그림 12-11 퀵 정렬 동작 방식 (8)

left와 right 인덱스가 서로 교차된 상황에서는 퀵 정렬을 중단하는데 퀵 정렬이 끝난 상태가 아닌 첫 번째 사이클이 완료된 상황입니다. 모든 요소가 정렬이 되지 않은 상태이므로 퀵 정렬은 계속 진행됩니다.

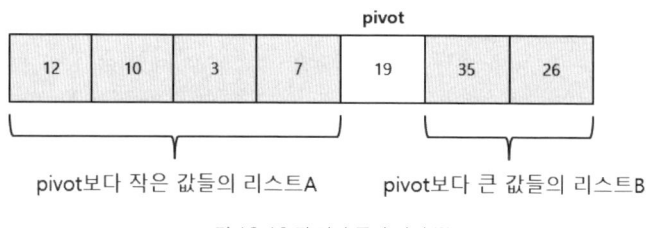

그림 12-12 퀵 정렬 동작 방식 (9)

첫 번째 사이클을 통해 pivot 기준으로 좌측에는 pivot보다 작은 값으로만 이루어진 리스트A (임시로 붙인 이름)가 배치되었으며, 우측에는 pivot보다 큰 값으로만 이루어진 리스트B (임시로 붙인 이름)가 배치되었습니다.

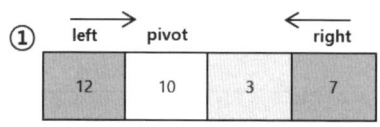

그림 12-13 피벗 19 기준으로 좌측 리스트 퀵 정렬 (1)

다시 pivot보다 작은 값으로 이루어진 리스트A를 퀵 정렬합니다. pivot은 중간 요소인 10을 기준으로 진행합니다. 좌측의 값은 pivot보다 크므로 순회를 중단하고 우측의 값은 pivot보다 작은 값이므로 순회를 중단합니다.

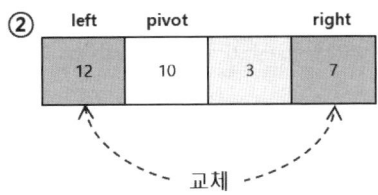

그림 12-14 피벗 19 기준으로 좌측 리스트 퀵 정렬 (2)

순회가 중단된 두 인덱스를 서로 자리 교체해 줍니다.

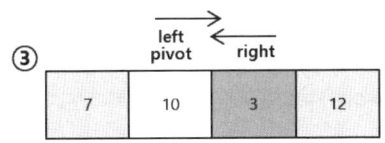

그림 12-15 피벗 19 기준으로 좌측 리스트 퀵 정렬 (3)

자리가 교체된 후 좌측 인덱스는 +1 증가하며 우측 인덱스는 -1 감소합니다. left의 값은 pivot과 같은 값이므로 순회를 중단하고 right값은 pivot보다 작은 값이므로 순회를 중단합니다.

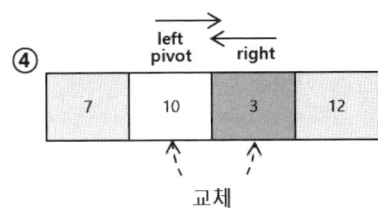

그림 12-16 피벗 19 기준으로 좌측 리스트 퀵 정렬 (4)

좌측과 우측 인덱스의 값인 10과 3을 서로 자리 교체해 줍니다.

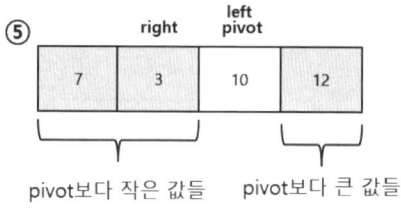

그림 12-17 피벗 19 기준으로 좌측 리스트 퀵 정렬 (5)

자리 교체가 완료된 후 두 인덱스의 값을 조정한 결과, 서로 교차된 상태이므로 퀵 정렬을 중단합니다. 좌측의 값들은 pivot보다 작은 값으로 이루어져 있으며, 우측의 값은 pivot보다 큰 값으로 이루어져 있습니다. pivot 기준 우측의 리스트는 크기가 1이므로 퀵 정렬을 수행하지 않습니다. 좌측 리스트는 크기가 1보다 크므로 다시 퀵 정렬을 진행합니다.

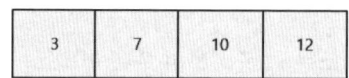

그림 12-18 피벗 19 기준으로 좌측 리스트 퀵 정렬을 마친 모습

첫 번째 사이클의 pivot을 기준으로 좌측 리스트의 퀵 정렬을 수행하면 다음과 같이 [3, 7, 10, 12]라는 오름차순으로 정렬된 결과를 얻을 수 있습니다. 다음 첫 번째 사이클의 pivot 기준의 우측 리스트를 퀵 정렬해봅시다.

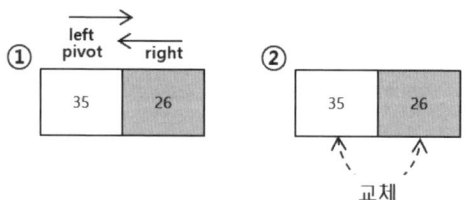

그림 12-19 피벗 19 기준으로 우측 리스트 퀵 정렬 (1, 2)

[35, 26] 리스트의 pivot을 35를 기준으로 퀵 정렬합니다. left의 값은 pivot보다 같은 값이므로 순회를 중단하고 right 인덱스는 pivot보다 작은 값이므로 서로 자리를 교체해 줍니다.

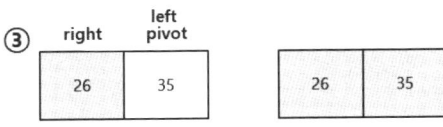

그림 12-20 피벗 19 기준으로 우측 리스트 퀵 정렬 (3)

교체가 끝난 후 두 인덱스를 조정합니다. left와 right가 서로 교차된 상태이므로 퀵 정렬을 마칩니다.

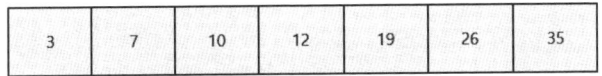

오름차순으로 정렬된 배열의 모습

그림 12-21 퀵 정렬을 마친 오름차순 배열

최종적으로 모든 퀵 정렬이 수행된 오름차순 배열을 확인할 수 있습니다.

> 12.2 퀵 정렬 구현하기

퀵 정렬의 동작방식을 살펴 보았습니다. 코드로 구현해 봅시다.

```java
algorithm/quick/Main.java

package algorithm.quick;
import java.util.Arrays;

public class Main {
    public static void main(String[] args) {
        QuickSort quickSort = new QuickSort();
        int[] arr = new int[]{26, 10, 35, 19, 7, 3, 12};

        System.out.println(String.format("초기 배열: %s", Arrays.toString(arr)));
        quickSort.quick(arr, 0, arr.length - 1);
        System.out.println("퀵 정렬 완료 후: " + Arrays.toString(arr));
```

```
        }
}
```

algorithm/quick/QuickSort.java

```java
package algorithm.quick;

public class QuickSort {
    public void quick(int[] arr, int left, int right) {
        if (left >= right) {
            return;
        }

        int l = left;
        int r = right;

        // 배열의 가운데 요소를 pivot으로 잡는다.
        int pivot = arr[(left + right) / 2];
        System.out.println(String.format("pivot의 값: %s", pivot));

        while (i < j) {
            // pivot의 좌측은 pivot보다 작은 값만 두고 큰 값을 찾는다.
            while (arr[i] < pivot) {
                i++;
            }

            // pivot의 우측은 pivot보다 큰 값만 두고 작은 값을 찾는다.
            while (arr[j] > pivot) {
                j--;
            }

            // i, j가 교차되면 분할을 멈춘다.
            if (i >= j) {
                break;
            }

            // i, j가 pivot과 같으면 i만 오른쪽으로 한 칸 이동시킨다.
            if (arr[i] == pivot && arr[j] == pivot) {
                i++;
```

```
                continue;
            }

            int temp = arr[i];
            arr[i] = arr[j];
            arr[j] = temp;
        }

        // pivot 기준으로 좌, 우측 부분 리스트 정렬
        quick(arr, left, i - 1);
        quick(arr, i + 1, right);
    }
}
```

▶ 실행결과

```
초기 배열: [26, 10, 35, 19, 7, 3, 12]
pivot의 값: 19
pivot의 값: 10
pivot의 값: 7
pivot의 값: 35
퀵 정렬 완료 후: [3, 7, 10, 12, 19, 26, 35]
```

Main 메서드에서 quickSort.quick(arr, 0, arr.length - 1); 라인을 보면 퀵 정렬 메서드인 quick을 사용한 것을 볼 수 있습니다. quick 메서드는 세 가지의 파라미터를 전달받습니다.

1. 정렬할 배열
2. 좌측 인덱스
3. 우측 인덱스

정렬할 배열은 int[ ] arr = new int[ ]{26, 10, 35, 19, 7, 3, 12};를 선언함과 동시에 초기화하여 사용하고 있습니다. 동작 방식에서 설명했듯이 첫 번째 사이클의 좌측 인덱스는 배열의 0번째 인덱스를 의미합니다. 우측 인덱스는 배열의 마지막 인덱스, 즉 배열의 길이 - 1의 값을 사용합니다.

quick 메서드를 자세히 알아봅시다. 파라미터 중 left는 좌측 인덱스를, right는 우측 인덱스를 의미합니다. 이 값은 pivot을 기준으로 좌·우측 리스트들을 나눌 때 사용됩니다.

```
int i = left;
int j = right;
```

파라미터로 넘어온 left와 right는 변경하지 않고 새 변수에 할당합니다. 그 값으로 인덱스를 조정하여 요소들끼리 자리를 교체하기 위해 사용합니다. 각각 i, j 변수에 할당해 주었습니다. pivot을 구하기 위해 int pivot = arr[(left + right) / 2]; 파라미터로 넘어온 left와 right 값을 더한 뒤 나누기 2를 한 값을 배열의 인덱스로 사용하여 pivot을 가져옵니다. 첫 번째 사이클은 계산식을 통해 19의 값이 pivot이 됩니다.

```
while (i < j) {
    ...
}
```

while (i < j)은 왼쪽 인덱스(i)와 오른쪽 인덱스(j)가 서로 교차하지 않을 때까지 퀵 정렬을 수행합니다. 오름차순 기준으로 퀵 정렬의 규칙은 pivot을 기준으로 좌측은 pivot보다 작은 값으로, 우측은 pivot보다 큰 값으로 이루어져야 하는 것을 배웠습니다. 이 규칙을 수행하기 위해 2개의 while 문을 사용합니다.

```
...
    while (arr[i] < pivot) {
        i++;
    }
    while (arr[j] > pivot) {
        j--;
    }
...
```

첫 번째 while 문은 좌측 인덱스의 요소가 pivot보다 값이 작을 때까지 인덱스를 +1 증가하도록 구현되어 있습니다. [26, 10, 35, 19, 7, 3, 12] 초기 배열에서 pivot은 19이고 좌측 인덱스는 0이므로 좌측 인덱스의 요소는 26이 됩니다. 26은 pivot인 19보다 크므로 while 문 조건에 충족하지 않으므로 인덱스를 증가시키지 않고 다음 라인을 실행하게 됩니다.

두 번째 while 문은 우측 인덱스의 요소가 pivot보다 값이 클 때까지 인덱스를 -1 감소시키도록 구현되어 있습니다. 초기 배열에서 우측 인덱스가 바라보는 요소는 12이므로 12는 pivot인 19보다 작으므로 while 문 조건에 충족하지 않으므로 인덱스 연산 없이 다음 라인들을 실행하게 됩니다.

```
if (i >= j) {
    break;
}
```

좌·우측 인덱스가 교차되거나 같을 경우 퀵 정렬을 멈추는 조건을 만족합니다. 여기까지 온 경우에는 좌·우측이 pivot 기준으로 정렬된 상태를 의미합니다.

```
int temp = arr[i];
arr[i] = arr[j];
arr[j] = temp;
```

pivot 기준으로 자리를 교체할 인덱스들을 찾고 두 인덱스가 교차되지 않은 상태면 자리 교체를 진행합니다. 앞서 버블 정렬부터 선택, 삽입, 셸, 병합 정렬에서 사용했던 swap 로직을 사용합니다. 이 로직은 메서드로 분리하여 사용할 수 있지만 예제에서는 메서드로 구분하지 않고 quick 메서드에서 구현하였습니다.

```
quick(arr, left, i - 1);
quick(arr, i + 1, right);
```

마지막으로 두 인덱스가 교차되거나 같을 경우 pivot 기준으로 좌·우측 요소들이 퀵 정렬 조건에 맞게 배치된 상태입니다. 퀵 정렬에 사용된 좌측 인덱스 i를 기준으로 i - 1은 pivot의 좌측 리스트의 마지막 인덱스를 가리키고 i+1은 pivot의 우측 리스트의 시작 인덱스를 가리킵니다.

quick 메서드의 파라미터인 left와 right를 함께 사용하여 pivot을 제외한 좌·우측 리스트의 시작과 끝 인덱스를 구할 수 있습니다. 이 값들을 사용하여 pivot기준 좌·우측 리스트들을 재귀호출하여 퀵 정렬을 수행하면 오름차순으로 정렬된 배열을 구할 수 있습니다.

12.3 연습문제

문제 12_1

불완전한 정렬인 퀵 정렬은 이미 정렬이 되어 있는 배열이거나 잘못된 피벗을 선택하는 경우에는 최악의 시간복잡도 n^2이란 시간이 걸립니다. 퀵 정렬을 개선하기 위한 방법으로 첫 번째와 중간, 마지막 요소를 정렬하여 중간 값으로 피벗을 선정하는 방법과 확률에 의존적인 임의의 피벗을 선정하는 방법, 분할 - 정복 과정에서 크기가 작을 경우 비교적 구현이 간단한 삽입 정렬 알고리즘을 이용하는 방법과 같은 각각의 개선 방법으로 퀵 정렬 알고리즘을 수정해 보세요.

CHAPTER
13

Collections Framework

CHAPTER **13** _ **Collections Framework**

> 13.1 Collections Framework란

자바에서 데이터 관리를 편리하게 처리할 수 있도록 자료구조와 알고리즘을 구조화하여 표준화된 방법을 제공하는 클래스들을 구현한 것입니다. 사용자들은 collection framework의 클래스를 통해 상황에 맞는 자료구조를 선택하고 데이터를 쉽게 조작할 수 있습니다.

collection framework의 대표적인 인터페이스는 다음과 같습니다.

- List Interface
- Set Interface
- Map Interface

각각의 인터페이스로 구현된 collection framework 구현 클래스의 종류와 사용법을 다음 챕터에서 알아봅시다.

> 13.2 List

Java Collection Framework의 Map Interface에 대하여 알아봅시다.

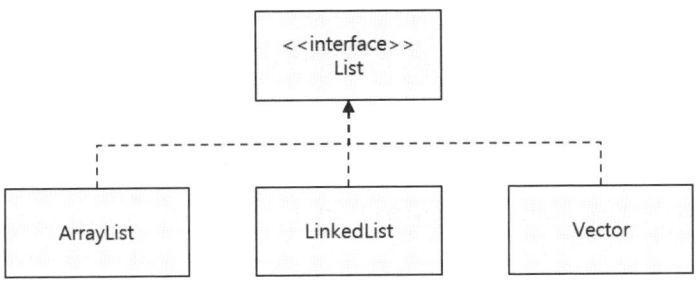

그림 13-1 List Interface 구조

List 인터페이스로 구현된 클래스는 표 13-1과 같습니다.

표 13-1 List 인터페이스의 구현체

인터페이스	구현체	설명
List	ArrayList	순서가 존재하며 중복을 허용하는 선형 구조의 데이터 집합
	LinkedList	
	Vector	
	...	

- ArrayList

  일반적인 배열은 생성 후 요소를 삽입하는 과정에서 배열이 가득 찬 상황에 배열의 크기가 변하지 않지만 ArrayList는 가변적인 크기(resizeable)를 가집니다. ArrayList의 크기에 관계없이 저장 용량이 가득 찬 상황에서 요소들이 삽입될 수 있도록 크기를 재조정합니다.

  ```
  List<String> arrayList = new ArrayList<>(); // 크기를 지정하지 않음
  ```

  명시적으로 크기를 넣어 주지 않으면 java8 기준으로 10의 저장 용량을 가집니다.

- LinkedList

    양방향으로 삽입 및 삭제가 이루어질 수 있는 이중 연결 리스트 구조인 LinkedList는 연결 리스트의 장점을 가지므로 삽입, 삭제 시에 ArrayList보다 빠른 성능을 가집니다. 그러나 인덱스 기반이 아니므로 검색 시에는 모든 노드를 순회해야 하므로 ArrayList보다 성능이 낮습니다.

- Vector

    ArrayList와 내부적으로 동일한 구조를 가지지만 차별성으로 동기화(synchronized)를 지원합니다. 멀티 스레드 환경에서 Vector 클래스로 선언된 객체는 thread-safety를 보장하지만 하나의 스레드만 연산이 가능하므로 속도가 떨어지는 점이 있습니다.

13.2.1 생성 방법

각각의 구현체를 사용하기 위해 import를 선언하여 사용해 줍니다.

```
import java.util.List; // 공통 import

import java.util.ArrayList; // ArrayList를 사용하기 위한 import
import java.util.LinkedList; // LinkedList를 사용하기 위한 import
import java.util.Vector; // Vector를 사용하기 위한 import
```

ArrayList, LinkedList, Vector 등을 선언 후 초기화하는 방법은 유사하므로 ArrayList 기준으로 알아봅시다. 알아보기 전에 먼저 제네릭에 대해 살펴봅시다.

제네릭은 java1.5부터 지원하는 스펙입니다. 클래스 또는 메서드에서 사용할 타입을 외부에서 받아 사용함으로써 타입에 구애받지 않으며 컴파일 시점에 데이터 타입을 확인할 수 있습니다.

만약 제네릭을 지원하지 않는다면 어떠한 문제가 발생할까요? 제네릭에 따라 어떻게 코드가 수정되는지 알아봅시다.

제네릭을 사용하지 않는 배열 클래스입니다.

collections/generic/BasicArrayList.java

```java
package collections.generic;

public class BasicArrayList {
    private Object[] array = new Object[10];
    private int index = 0;

    public void add(Object value) {
        this.array[index++] = value;
    }

    public Object getValue(int index) {
        return this.array[index];
    }

    public int size() {
        return this.array.length;
    }
}
```

BasicArrayList 클래스의 array 멤버 변수는 모든 타입의 데이터를 저장할 수 있도록 Object 타입으로 선언되어 있습니다. 모든 타입의 데이터를 추가하고자 Object 타입의 add 메서드를 사용하고, 값을 가져오기 위한 메서드 getValue의 반환 타입도 Object로 선언되어 있습니다. 데이터가 정상적으로 삽입되었는지 확인할 때 size() 메서드로 크기를 구할 수 있습니다.

아직 큰 문제점은 보이지 않습니다. 위 클래스를 사용하는 곳을 살펴 봅시다.

collections/generic/BasicArrayListExample.java

```java
package collections.generic;
```

```java
public class BasicArrayListExample {
    public static void main(String[] args) {
        BasicArrayList basicArrayList = new BasicArrayList();

        // int 타입의 값 삽입
        basicArrayList.add(1);

        // String 타입의 값 삽입
        basicArrayList.add("test");

        System.out.println("basicArrayList의 크기: " + basicArrayList.size());

        int intTypeValue = (int) basicArrayList.getValue(0);
        System.out.println("int 타입의 값: " + intTypeValue);

        String stringTypeValue = (String) basicArrayList.getValue(1);
        System.out.println("String 타입의 값: " + stringTypeValue);
    }
}
```

▶ 실행결과

```
basicArrayList의 크기: 10
Exception in thread "main" java.lang.ClassCastException: java.lang.Integer cannot be cast to java.lang.String
```

BasicArrayList의 객체를 생성하고 int 타입의 1과 string 타입의 test 값을 삽입하고 있습니다. 정상적으로 삽입되었는지 확인하기 위해 size() 메서드를 호출하여 크기를 구합니다. 다음 배열의 요소들을 각각 가져와서 출력하는 코드입니다.

각각의 요소를 가져오는 코드를 보면 타입 캐스팅을 시도하는 모습을 볼 수 있습니다. Object 타입으로 값을 가져오기 때문에 삽입할 당시의 타입으로 캐스팅이 필요합니다.

코드량이 적어서 첫 번째 요소는 int 타입, 두 번째 요소는 String 타입으로 알 수 있었지만 무수히 많은 데이터를 담을 경우 어느 위치에 어떠한 타입이 삽입되었는지 알기 어렵습니다. 잘못된 타입으로 캐스팅을 시도하면 아래와 같이 오류가 발생합니다.

```
Exception in thread "main" java.lang.ClassCastException: java.lang.Integer
cannot be cast to java.lang.String
```

Integer 타입의 값을 String 타입으로 캐스팅하여 가져오는 과정에서 오류가 발생합니다.

모든 데이터 타입을 받지 않고 필요한 타입만 받을 수 있는 클래스를 만들어서 사용하면 되지 않을까? 라는 생각이 들 수 있습니다. int와 String 타입을 받는 배열 클래스를 각각 만들어서 어떠한 문제가 발생할 수 있는지 확인해 봅시다.

collections/generic/IntArrayList.java

```java
package collections.generic;

public class IntArrayList {
    private int[] array = new int[10];
    private int index = 0;

    public void add(int value) {
        this.array[index++] = value;
    }

    public int getValue(int index) {
        return this.array[index];
    }

    public int size() {
        return this.array.length;
    }
}
```

collections/generic/StringArrayList.java

```java
package collections.generic;

public class StringArrayList {
    private String[] array = new String[10];
```

```
    private int index = 0;

    public void add(String value) {
        this.array[index++] = value;
    }

    public String getValue(int index) {
        return this.array[index];
    }

    public int size() {
        return this.array.length;
    }
}
```

각각의 두 클래스를 살펴보면 array멤버 변수의 타입은 int, String 타입으로 선언되어 있으며 add(…)와 getValue 메서드의 파라미터와 반환 타입은 클래스에 맞는 타입으로 선언되어 있습니다. 이렇게 사용할 수는 있지만 타입만 다른 코드 중복이 발생합니다. 또, 배열에 담을 타입의 종류에 따라 배열 클래스를 여러 개로 만들어야 하므로 타입만 다른 코드가 중복적으로 발생할 수 있습니다.

이러한 문제를 해결하고자 java1.5부터 제네릭을 지원합니다. 제네릭을 사용한 ArrayList의 생성과 선언을 알아 봅시다.

```
1. List objectArrayList = new ArrayList();
2. List<Integer> arrayIntegerList1 = new ArrayList<Integer>();
3. List<Integer> arrayIntegerList2 = new ArrayList<>();
4. List<String> arrayStringList1 = new ArrayList<>(5);
5. List arrayStringList2 = new ArrayList<Integer>();
6. List<String> arrayStringList2 = new ArrayList<String>(){{
    add("APPLIE");
    add("BANANA");
    add("GRAPE");
}};
```

1. 타입을 지정하지 않으면 Object 타입으로 사용됩니다.
2. ArrayList 생성 시, 제네릭 타입을 전달합니다.
3. Java1.7부터 ArrayList 생성 시, 자료형에서 〈제네릭 타입〉을 정의하면 생성자의 제네릭 타입을 정의하지 않아도 됩니다.
4. 생성과 동시에 초기 저장 용량을 명시적으로 지정할 수 있습니다.
5. 생성자에서 명시적으로 제네릭 타입을 정의하여 자료형의 〈〉을 생략할 수 있습니다.
6. 생성과 동시에 데이터를 삽입할 수 있습니다. 삽입할 데이터는 List에 선언된 타입만 가능합니다.

왜 ArrayList 타입이 아닌 List 타입으로 생성하나요?

List 인터페이스의 구현체입니다. 만약 출석부에 해당되는 자료구조가 필요하여 ArrayList로 선언한 코드가 존재한다고 가정해 봅시다.

```
ArrayList attendanceBook = new ArrayList<String>();
attendanceBook.add("상우");
attendanceBook.add("은주");
attendanceBook.add("은실");

// 특정 로직 수행
attendanceBook.remove("상우");
```

한 개발자가 학생들의 이름을 담은 출석부를 이용하여 특정한 로직을 수행하고 다시 학생을 출석부에서 제거하는 프로그램을 구현했다고 생각해 봅시다(삽입과 삭제가 빈번히 일어나는 로직이라 가정합니다). 지금은 학생 수가 적지만 전국의 모든 대학생의 출석부를 만든다고 가정하면 출석부에 담을 학생 수는 아주 많을 것입니다.

눈치가 빠른 독자들은 ArrayList는 삽입과 삭제에 대한 연산이 효율적이지 못해서 링크드리스트로 데이터를 담아야 될 것 같아요! 하고 생각할 수도 있겠습니다. 네, 맞습니다. 삽입과 삭제가 빈번히 일어나지 않고 데이터 조회를 주로 사용하는 메서드면 ArrayList

로 데이터를 담아 두면 되는데, 조건에서 삽입과 삭제가 빈번히 일어난다는 조건을 걸어 두었기 때문에 이중 연결리스트로 이루어진 LinkedList로 데이터를 담아 두는 것이 효율적입니다.

그럼 코드를 수정해 볼까요?

```
LinkedList attendanceBook = new LinkedList<String>(); // ArrayList ->
LinkedList
attendanceBook.add("상우");
attendanceBook.add("은주");
attendanceBook.add("은실");

// 특정 로직 수행
attendanceBook.remove("상우");
```

수정은 간단합니다. ArrayList 타입을 LinkedList 타입으로 바꾸어 주면 됩니다. 수정 전에 attendanceBook의 타입이 ArrayList이므로, LinkedList 타입으로 수정할 때 수정을 두 번 했습니다. 변수와 생성자 타입 두 군데를 수정해 주었습니다.

```
List attendanceBook = new LinkedList<String>();
...
```

ArrayList와 LinkedList는 List의 구현체이므로 변수의 타입을 List 인터페이스로 선언하여 생성하면 생성자 부분만 수정하기 때문에 코드의 유연성이 높아집니다.

13.2.2 삽입 테스트

ArrayList와 LinkedList의 차이점을 좀 더 자세히 알아봅시다. ArrayList는 배열을 사용하여 데이터를 저장하는데, ArrayList가 가득 찬 상황에서 데이터를 삽입하기 위해 배열의 크기를 재조정합니다. LinkedList는 이중 연결리스트 구조로, 양방향으로 삽입과 삭제가 이루어질 수 있기 때문에 크기를 재조정하지 않습니다. 예제 코드를 통해 10만 개의 정수를 삽입할 때의 소요 시간을 구해 봅시다.

collections/list/AddPerformanceTest.java

```java
package collections.list;

import java.util.ArrayList;
import java.util.LinkedList;
import java.util.List;

public class AddPerformanceTest {
    public static void main(String[] args) {
        List<Integer> arrayList = new ArrayList<>(10);
        List<Integer> linkedList = new LinkedList();
        int range = 100000;

        // ArrayList add
        long startTime = System.nanoTime();

        for (int i = 0; i < range; i++) {
            arrayList.add(i);
        }
        long endTime = System.nanoTime();
        long duration = endTime - startTime;
        System.out.println("ArrayList add:  " + duration);

        // LinkedList add
        startTime = System.nanoTime();

        for (int i = 0; i < range; i++) {
            linkedList.add(i);
        }
        endTime = System.nanoTime();
        duration = endTime - startTime;
        System.out.println("LinkedList add: " + duration);
    }
}
```

코드를 실행하면 결괏값은 컴퓨터 성능에 따라 달라질 수 있지만 LinkedList가 ArrayList 보다 빠른 것을 확인할 수 있습니다.

13.2.3 자주 사용되는 메서드

List 인터페이스를 구현한 ArrayList에서 자주 사용되는 메서드를 알아봅시다.

- add(E e), add(int index, E element)

  첫 번째 인자에 인덱스가 넘어오면 해당 위치에 요소를 삽입합니다. index가 넘어오지 않으면 리스트 마지막 위치에 요소를 삽입합니다.

  ```
  list.add(1) // 데이터 1을 삽입
  list.add(1, "apple") // 1번째 위치에 "apple"을 삽입
  ```

- remove(Object o), remove(int index)

  오브젝트 타입 또는 인덱스 기반으로 리스트에서 요소를 제거합니다. 예제에 서는 remove(Object o)를 사용하여 명시적으로 요소를 넘겨주어 제거하였습니다.

  ```
  list.remove("A") // "A"와 동일한 데이터 한 개를 제거
  list.remove(2) // 2번째에 위치한 데이터 제거
  ```

- E get(int index)

  인덱스 기반으로 리스트에서 요소를 가져오는 메서드입니다.

  ```
  list.get(1) // 1번째에 위치한 데이터를 가져옵니다.
  ```

- int size()

  리스트의 크기를 반환합니다.

  ```
  list.size()
  ```

- boolean contains(Object o)

  리스트에 인자가 존재하면 true를 반환하고 존재하지 않는다면 false를 반환합니다.

  ```
  list.contains("apple") // 데이터 "apple"이 존재하면 true, 존재하지 않으면 false
  ```

- clear()

  모든 요소를 제거하여 리스트를 비워 주는 메서드입니다.

  ```
  list.clear() // 모든 요소를 제거하므로 size는 0이 됩니다.
  ```

- Iterator

  Java Collection Framework에서 컬렉션의 요소를 읽어 오기 위한 인터페이스입니다. Collection 인터페이스를 상속받은 List, Set, Map에서 사용 가능합니다.

자주 사용되는 메서드를 이용하여 예제 코드를 작성해 봅시다. LinkedList는 이중 연결 리스트로 구현된 점을 제외하고 메서드는 ArrayList와 동일합니다.

collections/list/ArrayListExample.java

```java
package collections.list;

import java.util.ArrayList;
import java.util.Iterator;
import java.util.List;

public class ArrayListExample {
    public static void main(String[] args) {
        List objectArrayList = new ArrayList();
        List<Integer> arrayIntegerList1 = new ArrayList<Integer>();
        List<Integer> arrayIntegerList2 = new ArrayList<>(); // java1.7부터
```

```java
                                            타입 생략 가능
List<String> arrayStringList1 = new ArrayList<>(5); // 초기 저장 용량 세팅
List<String> arrayStringList2 = new ArrayList<String>(){{
// 생성과 동시에 데이터 삽입
    add("APPLIE");
    add("BANANA");
    add("GRAPE");
}};

System.out.println("[ArrayList에서 자주 사용되는 메서드를 사용해 봅시다.]\n");

List<String> arrayList = new ArrayList<>();
arrayList.add("사과");
arrayList.add("배");
arrayList.add("포도");
arrayList.add("수박");
arrayList.add("귤");
arrayList.add("자두");
arrayList.add("바나나");

System.out.println("삭제 전 크기: " + arrayList.size());

System.out.println("arrayList에서 사과와 수박을 삭제합니다.");
arrayList.remove("사과");
arrayList.remove("수박");

System.out.println("삭제 후 크기: " + arrayList.size() + "\n");

String findValue = "포도";
boolean contains = arrayList.contains(findValue);
if (contains) {
    System.out.println("arrayList에 " + findValue + "가(이) 존재합니다.");
} else {
    System.out.println("arrayList에 " + findValue + "가(이) 존재하지 
        않습니다.");
}

System.out.println("0번째 인덱스의 값: " + arrayList.get(0) + "\n");

System.out.println("Iterator를 이용한 ArrayList 모든 요소 출력");
```

```java
            Iterator iterator = arrayList.iterator();
            while (iterator.hasNext()) {
                System.out.print(iterator.next());

                if (iterator.hasNext()) {
                    System.out.print("->");
                }
            }

            System.out.println("\n");
            System.out.println("arrayList의 모든 요소를 삭제합니다.");
            arrayList.clear();
            System.out.println("삭제 후 크기: " + arrayList.size() + "\n");
    }
}
```

▶ 실행결과

[ArrayList에서 자주 사용되는 메서드를 사용해 봅시다.]

삭제 전 크기: 7
arrayList에서 사과와 수박을 삭제합니다.
삭제 후 크기: 5

arrayList에 포도가(이) 존재합니다.
0번째 인덱스의 값: 배

Iterator를 이용한 ArrayList 모든 요소 출력
배->포도->귤->자두->바나나

arrayList의 모든 요소를 삭제합니다.
삭제 후 크기: 0

13.2.4 ArrayList와 Vector

Vector는 ArrayList와 구조적으로 비슷하지만 동기화(synchronized)를 지원하는 것

이 특징입니다. 동기화를 지원하므로 멀티스레드 환경에서 여러 스레드가 동일한 메서드에 접근할 수 없도록 스레드 안전(thread safe)을 충족하지만 한 스레드의 작업이 완료되기 전까지 다음 스레드들은 대기해야 하므로 어플리케이션의 성능 저하가 발생할 수 있습니다. 따라서 ArrayList를 사용하되, 동기화가 필요한 기능에 대해서만 동기화 처리를 해 주는 것이 성능 향상에 도움이 될 수 있습니다.

Vector 클래스에 구현된 메서드들을 살펴보면 synchronized 키워드를 사용하여 동기화를 보장해 줍니다.

```java
public class Vector<E> extends AbstractList<E> implements List<E>,
RandomAccess, Cloneable, java.io.Serializable {
    ...
    public synchronized boolean add(E e) {...}
    public void add(int index, E element) {...}
    public boolean remove(Object o) {...}
    public synchronized E remove(int index) {...}
    public synchronized E get(int index) {...}
    ...
}
```

예제 코드를 작성하기 전에 하나의 모임 통장에 3명의 사람이 동시다발적으로 1원씩 입금을 1,000회 요청한다고 가정해 봅시다. 총 금액은 3,000이 되어야 합니다. 모임 통장은 ArrayList 또는 Vector 클래스로 구현하여 진행하며 ArrayList를 사용한 결과와 Vector를 사용한 결과를 보면서 동기화를 지원하는 경우와 아닌 경우에 대한 결과를 볼 수 있습니다.

collections/list/multiThread/BankBook.java

```java
package collections.list.multiThread;

import java.util.ArrayList;
import java.util.List;
import java.util.Vector;
```

```java
/**
 * 통장 클래스
 */
public class BankBook {
    public List<Integer> vector = new Vector<>(); // 동기화 보장
    public List<Integer> arrayList = new ArrayList<>(); // 동기화 보장하지 않음

    public int getAmount() {
        return this.vector.size();
    }
}
```

통장 클래스의 멤버 변수로 두 가지의 자료구조를 사용하였습니다. 동기화를 보장하는 Vector와 동기화를 보장하지 않는 ArrayList를 선언했습니다. 두 가지를 번갈아 실행하며 동작을 확인해 봅시다.

collections/list/multiThread/Person.java

```java
package collections.list.multiThread;

import java.text.NumberFormat;

public class Person extends Thread {
    private BankBook bankBook;
    private String name;

    public Person(final BankBook bankBook, final String name) {
        this.bankBook = bankBook;
        this.name = name;
    }

    @Override
    public void run() {
        for (int i = 0; i < 1000; i++) {
//            bankBook.vector.add(i);
            bankBook.arrayList.add(i);
        }
        System.out.print(String.format("입금자: %s || 총 금액: %s원\n", this.name,
```

```
                NumberFormat.getInstance().format(bankBook.getAmount())));
    }
}
```

모임 통장에 입금할 사용자 클래스입니다. Thread 클래스를 상속받아 run 메서드를 오버라이드하여 사용합니다. run 메서드의 주요 기능은 모임 통장에 돈을 입금합니다. 모임 통장의 자료구조는 2가지를 사용하는데, 먼저 vector를 주석한 후, arrayList에 돈을 입금합니다.

collections/list/multiThread/Main.java

```
package collections.list.multiThread;

public class Main {
    public static void main(String[] args) {
        BankBook bankBook = new BankBook();

        // Thread 클래스를 상속받은 Person 클래스 세 개를 만들어서 호출합니다.
        for (int i = 0; i < 3; i++) {
            String name = "Person" + i;
            new Person(bankBook, name).start();
        }
    }
}
```

▶ 실행결과

```
Exception in thread "Thread-1" Exception in thread "Thread-0" java.lang.ArrayIndexOutOfBoundsException: 22
    at java.util.ArrayList.add(ArrayList.java:463)
    at collections.list.multiThread.Person.run(Person.java:18)
java.lang.ArrayIndexOutOfBoundsException: 244
    at java.util.ArrayList.add(ArrayList.java:463)
    at collections.list.multiThread.Person.run(Person.java:18)
입금자: Person2 || 총 금액: 0원
```

멀티 스레드 환경을 구성하고자 for 문을 호출하여 new Person(bankBook, name).start()로 생성자를 호출하는 동시에 start() 메서드를 호출하여 결과를 출력합니다.

Person 클래스에서 모임통장에 입금할 사용자를 ArrayList 클래스로 사용하면 위와 같은 결과가 나옵니다(개발 환경에 따라 결괏값은 다를 수 있으나, java.lang.ArrayIndexOutOfBoundsException 예외는 발생합니다). 배열의 크기에 벗어난 위치에 요소를 삽입할 때 발생하는 오류로 스레드 안전을 보장하지 못하는 것을 볼 수 있습니다.

Person 클래스에서 모임통장에 입금할 클래스를 ArrayList 대신 Vector 클래스로 선언한 뒤, 결괏값을 확인해 볼까요?

```java
public class Person extends Thread {
...
    @Override
    public void run() {
        for (int i = 0; i < 1000; i++) {
            bankBook.vector.add(i);
//          bankBook.arrayList.add(i);
        }
    ...
}
```

Person 클래스의 run 메서드에서 bankBook.vector.add(i) 라인의 주석을 풀고 아래 bankBook.arrayList.add(i)에는 주석을 적용합니다.

▶ 실행결과

```
입금자: Person1 || 총 금액: 3,000원
입금자: Person0 || 총 금액: 3,000원
입금자: Person2 || 총 금액: 3,000원
```

스레드의 실행 순서는 무작위이므로 결괏값의 입금자들의 순서는 달라질 수 있지만, 총 금액이 3,000원인 것을 확인할 수 있습니다. 세 명의 사용자가 1원씩 1000회 입금을 한 결과는 3,000원이 되어야 하므로 정확하게 일치합니다. 이렇게 Vector 클래스를 사용하면 멀티 스레드 환경에서 스레드 안전을 보장합니다.

13.2.5 연습문제

> 문제 13_2_1

아래 조건을 만족하는 디렉토리 구조를 구현해 보세요.

조건)
- 폴더 생성 및 삭제, 검색을 할 수 있습니다.
- 폴더는 트리의 노드 형태로 구성되며 부모 또는 자식 노드(폴더)를 가질 수 있습니다.
- 전체 폴더 경로 출력과 폴더의 생성 및 삭제, 단일 폴더 경로 출력을 할 수 있습니다.

예제)
'꽃/장미'
'꽃/민들레'

- 위와 같이 4개의 폴더가 생성되어 있으며 각각의 폴더는 하위 폴더를 가질 수 있습니다.
- '꽃' 폴더를 조회하면 '꽃', '꽃/장미'와 같이 하위에 존재하는 모든 폴더를 화면에 출력합니다.
- 상위 폴더가 존재하는 '민들레' 폴더를 조회하면 '꽃/민들레' 경로를 화면에 출력합니다.
- 존재하지 않는 폴더는 "'{검색한 폴더명}'이 존재하지 않습니다."라는 문구를 제공합니다.

> 13.3 Map

Java Collection Framework의 Map Interface에 대하여 알아봅시다.

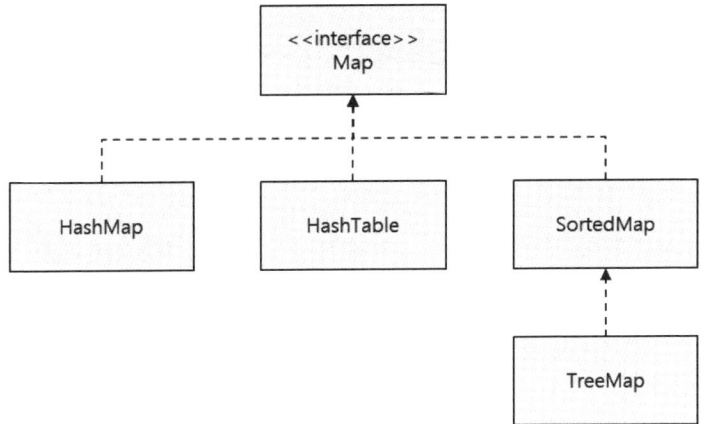

그림 13-2 Map Interface 구조

Map 인터페이스로 구현된 클래스는 표 13-2와 같습니다.

표 13-2 Map 인터페이스의 구현체

인터페이스	구현체	설명
Map	HashMap	순서를 보장하지 않으며 키(key)-값(value)의 한 쌍으로 이루어진 자료구조 키(key)는 중복을 허용하지 않고 값(value)은 중복을 허용
	HashTable	
	TreeMap	
	…	

Map 인터페이스로 구현된 클래스들을 알아봅시다.

- HashMap

  해싱 기법으로 데이터를 찾기 때문에 검색에 유리하지만 동기화는 지원되지 않습니다. key와 value에 null을 저장할 수 있습니다.

- HashTable

  HashMap과 달리 동기화(synchronize)를 지원합니다.

- TreeMap

  데이터 삽입 시, 내부적으로 정렬을 지원합니다. key를 기준으로 정렬을 수행하기 때문에 key에 null을 저장할 수 없습니다. HashMap과 동일하게 동기화는 지원되지 않습니다.

실생활에서 예를 들어, 주민등록증을 생각해 봅시다. 주민등록증으로 이름, 주민등록번호, 주소 등 소유자의 정보를 알 수 있습니다. 주민등록번호가 같은 경우는 없지만, 이름이 같은 경우가 종종 있습니다. 간단하게 주민등록증을 Map으로 표현해 볼까요?

Key	Value
901213-1234567	손상우

```
Map<String, String> map = new HashMap<>(); // key와 value는 String 타입
map.put("901213-1234567", "손상우");
```

주민등록번호는 한 사람당 하나만 가질 수 있으며, 같은 주민등록번호는 존재할 수 없기 때문에 주민등록번호를 중복을 허용하지 않는 Key로 둡니다. 주민등록번호는 다르지만 이름이 같을 경우가 있으므로 중복을 허용하는 Value에 소유자 이름을 저장하여 하나의 Map을 구성합니다. 이렇게 key와 value의 대응관계로 이루어진 자료구조 Map은 개발을 할 때 자주 사용됩니다. 다른 예로, 사전을 구현할 때에도 {apple:사과}, {car:자동차}, {book:책} 등 일대일 또는 value의 타입을 리스트로 두어 일대다 구조도 구현할 수 있습니다.

13.3.1 생성 방법

Map 객체를 생성하는 방법은 앞 챕터의 ArrayList 생성 방법과 유사합니다. 인터페이스 타입으로 제네릭을 지원하여 사용할 수 있습니다.

```
1. Map objectMap = new HashMap();
2. Map<String, String> map1 = new HashMap<String, String>();
3. Map<String, String> map2 = new HashMap<>();
4. Map map3 = new HashMap<String, String>();
5. Map dictionary = new HashMap<String, String>(){{
       put("apple", "사과");
       put("car", "자동차");
       put("book", "책");
}};
```

1. 타입을 지정하지 않으면 key와 value는 Object 타입으로 사용됩니다.
2. 생성자의 제네릭 타입을 전달합니다.
3. Java1.7부터 HashMap 생성 시, 자료형에서 〈제네릭 타입〉을 정의하면 생성자의 제네릭 타입을 정의하지 않아도 됩니다.
4. 생성자에서 명시적으로 제네릭 타입을 정의하면 자료형의 '〈〉' 생략 가능
5. 생성과 동시에 데이터를 삽입할 수 있습니다. 삽입할 데이터는 Map에 선언된 타입만 가능합니다.

13.3.2 자주 사용되는 메서드

List 인터페이스를 구현한 ArrayList에서 자주 사용되는 메서드를 알아봅시다.

- put(K key, V value)

  데이터를 삽입할 때 사용하는 메서드입니다.

  ```
  map.put("apple", "사과"); // apple:사과 대응관계로 구성
  ```

- replace(K key, V value)

  key에 해당되는 value값을 치환합니다.

```
// {can:~ 할 수 있다} 존재한다는 가정
map.replace("apple", "~할 수 있다, 깡통")
```

- remove(Object key)

  map에서 key를 제거하며 대응되는 value도 함께 제거됩니다.

  ```
  map.remove("apple")
  ```

- V get(Object key)

  key에 대한 value값을 반환합니다.

  ```
  // 반환 타입은 String입니다.
  map.get("apple"); // "사과"를 반환합니다.
  ```

- boolean containsKey(Object key)

  key가 존재하면 true, 존재하지 않으면 false를 반환합니다.

  ```
  map.containsKey("empty");
  ```

- int size()

  map에 존재하는 데이터의 개수를 반환합니다.

  ```
  map.size();
  ```

- clear()

  모든 데이터를 제거합니다.

  ```
  map.clear(); // 모든 데이터가 삭제되므로 size는 0이 됩니다.
  ```

데이터의 삽입부터 삭제, 가져오기, 해당 key에 대한 존재 여부와 map의 크기 및 모든 데이터를 제거하는 메서드까지 Map에서 기초적인 메서드를 알아 보았습니다. 이 밖에도 데이터를 삽입할 때 key가 존재하지 않으면 삽입하는 메서드, map이 비어있는지 확인하는 메서드 등 다양한 메서드들을 제공하므로 필요에 따라서 사용합니다.

Map 인터페이스로 구현된 클래스 중 HashMap을 이용하여 지금까지 배운 내용들을 활용하여 간단한 사전을 직접 코드로 구현해 보고 결괏값을 확인해 봅시다.

collections/map/HashMapExample.java

```java
package collections.map;

import java.util.HashMap;
import java.util.Map;

public class HashMapExample {
    /**
     * 간단한 사전을 Map으로 구현해 봅시다.
     * @param args
     */
    public static void main(String[] args) {
        Map objectMap = new HashMap();
        Map<String, String> map1 = new HashMap<String, String>();
        Map<String, String> map2 = new HashMap<>();
        Map map3 = new HashMap<String, String>();
        Map map4 = new HashMap<String, String>(){{ // 생성과 동시에 데이터 삽입
            put("apple", "사과");
            put("car", "자동차");
            put("book", "책");
        }};

        System.out.println("[HashMap에서 자주 사용되는 메서드를 사용해 봅시다.]\n");

        Map<String, String> dictionary = new HashMap<>();
        dictionary.put("student", "학생");
        dictionary.put("school", "학교");
        dictionary.put("book", "책");
        dictionary.put("pencil", "연필");
```

```java
        dictionary.put("blackboard", "칠판");
        dictionary.put("education", "공부"); // 잘못된 데이터

        System.out.println("[사전 데이터 삽입 후 출력 결과]");
        print(dictionary);

        System.out.println("[잘못된 education 값을 변경]");
        dictionary.replace("education", "교육");
        //dictionary.put("education", "교육") // replace -> put으로 대체 가능합니다.
        System.out.println(String.format("  변경된 education 값: %s\n",
        dictionary.get("education")));

        System.out.println("[pencil 키의 존재 여부 확인]");
        if (dictionary.containsKey("pencil")) {
            System.out.println("  pencil 키가 존재합니다.\n");
        } else {
            System.out.println("  pencil 키가 존재하지 않습니다.\n");
        }

        System.out.println(String.format("현재 사전 데이터의 크기: %s", dictionary.
        size()));
        dictionary.clear();
    }

    /**
     * map에 대한 모든 데이터를 출력합니다.
     * @param map
     */
    public static void print(Map<String, String> map) {
        map.forEach((key, value) -> System.out.println(String.format("  %s = %s", key, value)));
        System.out.println("");
    }
}
```

▶ 실행결과

[HashMap에서 자주 사용되는 메서드를 사용해 봅시다.]

[사전 데이터 삽입 후 출력 결과]

```
    blackboard = 칠판
    education = 공부
    student = 학생
    school = 학교
    book = 책
    pencil = 연필

[잘못된 education 값을 변경]
    변경된 education 값: 교육

[pencil 키가 존재 여부 확인]
    pencil 키가 존재합니다.

현재 사전 데이터의 크기: 6
arrayList의 모든 요소를 삭제합니다.
삭제 후 크기: 0
```

예제 코드에서는 영어 단어 하나당 뜻이 하나인 구조로 map을 생성하여 사용하고 있지만 일반적인 영어 사전을 살펴보면 단어마다 뜻이 하나가 아닌 여러 개가 존재합니다. 앞서 배운 내용들을 활용하여 여러 개의 뜻을 담을 수 있는 자료구조를 생성하고 데이터 삽입과 삭제, 영어 단어를 가져와서 출력하는 코드를 작성해 보세요.

13.3.3 연습문제

문제 13_3_1

어느 중학교의 전산 시스템을 새로 구축하기 위해 학년별 출석부 프로그램이 필요합니다. Map을 이용하여 필요 조건에 맞는 프로그램을 구현해 보세요.

> 필수조건)
> 학생을 입력할 수 있어야 합니다.
> 학생을 출석부에서 제거할 수 있어야 합니다.
> 학년, 학반, 이름으로 검색이 가능하여야 합니다.

13.4 Set

Java Collection Framework의 Set Interface에 대하여 알아봅시다.

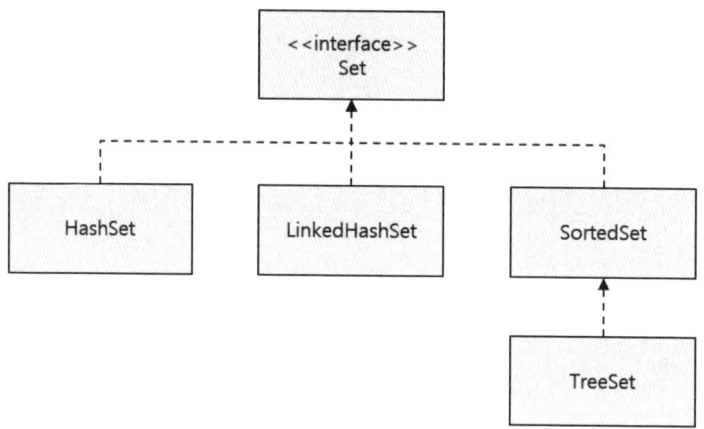

그림 13-3 Set Interface 구조

Set 인터페이스로 구현된 클래스는 표 13-3과 같습니다.

표 13-3 Set 인터페이스의 구현체

인터페이스	구현체	설명
Set	HashSet	중복과 순서를 보장하지 않는 자료구조
	TreeSet	
	LinkedHashSet	
	...	

Set 인터페이스로 구현된 클래스들을 알아봅시다.

- HashSet

  중복을 허용하지 않고 순서에 관계없이 데이터가 삽입됩니다.

- TreeSet

    삽입된 데이터는 오름차순으로 정렬되는 것이 특징입니다. 중복을 허용하지 않으며, 정렬이 필요한 데이터 집합이 필요한 경우 사용할 수 있습니다.

- LinkedHashSet

    HashSet과 다른 점은 데이터가 삽입된 순서대로 데이터가 저장됩니다.

각각의 구현체는 Set의 특징인 중복을 허용하지 않는 점은 동일하지만 순서에 있어 서로 다른 특징을 가집니다. 이 특징들은 '구현체에 따른 삽입 테스트'에서 더 자세히 알아봅시다.

우리는 List와 Map을 배워 보았습니다. List는 순서가 있는 중복된 데이터의 집합이며 Map은 key-value의 일대일 대응을 가진 집합이므로 상황에 맞는 자료구조를 선택하여 개발하는 것이 일반적입니다. 그럼 Set은 어떠한 상황에서 사용할 수 있을까요?

예를 들어, 동일한 ID로는 중복하여 설문을 할 수 없는 설문조사 프로그램을 개발할 때 사용자의 ID를 담는 자료구조로 Set을 선택하여 사용자 ID를 담아서 중복을 걸러 여러 번 참여할 수 없도록 만들 수도 있겠죠? 또, 복권의 한 종류인 로또는 1~45개의 번호 중 중복이 없는 6개의 번호를 선택하여 추첨번호 6개의 숫자와 비교하여 당첨금을 지급하는 방법으로써 Set 자료구조로 구현할 수 있습니다.

13.4.1 생성 방법

```
1. Set set1 = new HashSet();
2. Set<Integer> set2 = new HashSet<Integer>();
3. Set<Integer> set3 = new HashSet<>();
4. Set<String> set4 = new HashSet<>(5);
5. Set<String> set5 = new HashSet<String>(){{
       add("computer");
       add("mouse");
```

```
        add("keyboard");
}};
```

1. 타입을 지정하지 않으면 Object 타입의 데이터를 저장할 수 있습니다.
2. 생성자의 제네릭 타입을 전달합니다.
3. Java1.7부터 HashSet 생성 시, 자료형에서 〈제네릭 타입〉을 정의하면 생성자의 제네릭 타입을 정의하지 않아도 됩니다.
4. 생성자에서 명시적으로 제네릭 타입을 정의하면 자료형의 '〈〉' 생략 가능
5. 생성과 동시에 데이터를 삽입할 수 있습니다. 삽입할 데이터는 Set에 선언된 타입만 가능합니다.

13.4.2 구현체에 따른 삽입 테스트

일반적으로 HashSet을 자주 사용하지만 순서를 보장하거나 삽입된 순서대로 데이터가 저장되어야 하는 경우가 필요할 수 있습니다. 아래 예제를 통해서 세 개의 구현체를 삽입 후에 어떻게 데이터가 저장되는지 삽입 후 출력을 통해 알아봅시다.

collections/set/AddSetExample.java
```java
package collections.set;

import java.util.HashSet;
import java.util.LinkedHashSet;
import java.util.Set;
import java.util.TreeSet;

public class AddSetExample {
    public static void main(String[] args) {
        Set<Integer> set = new HashSet<>();
        Set<Integer> treeSet = new TreeSet<>();
        Set<Integer> linkedHashSet = new LinkedHashSet<>();
```

```
        int[] datas = {10, 20, 40, 50, 30, 60, 90, 80, 70, 100};
        for (int data : datas) {
            set.add(data);
            treeSet.add(data);
            linkedHashSet.add(data);
        }

        System.out.println("[Set 클래스의 데이터 삽입 후 결과]");
        System.out.println("  HashSet 결과: " + set);
        System.out.println("  TreeSet 결과: " + treeSet);
        System.out.println("  LinkedHashSet 결과: " + linkedHashSet);
    }
}
```

▶ 실행결과

```
[Set 클래스의 데이터 삽입 후 결과]
  HashSet 결과: [80, 50, 20, 100, 70, 40, 10, 90, 60, 30]
  TreeSet 결과: [10, 20, 30, 40, 50, 60, 70, 80, 90, 100]
  LinkedHashSet 결과: [10, 20, 40, 50, 30, 60, 90, 80, 70, 100]
```

10 ~ 100까지 순서가 없는 정수 리스트를 반복문을 통해 HashSet, TreeSet, Linked HashSet 객체에 삽입해 보았습니다. 먼저 HashSet의 결과를 보면 10 → 20 → 40 ⋯ 순으로 삽입을 하였는데 출력 값으로 80 → 50 → 20 ⋯ 순으로 출력되는 것으로 보아 삽입 순서에 따른 데이터 저장을 보장하지 않음을 확인할 수 있습니다.

TreeSet은 기본값으로 데이터를 오름차순으로 정렬하기 때문에 데이터 삽입 순서와 관계없이 오름차순으로 정렬된 모습을 확인할 수 있습니다. LinkedHashSet은 HashSet 과 다른 결괏값을 출력합니다.

```
int[] datas = {10, 20, 40, 50, 30, 60, 90, 80, 70, 100};
// 10 -> 20 -> 40 -> 50 -> 30 -> 60 -> 90 -> 80 -> 70 -> 100 순으로 데이터가 삽입된다.
```

datas 리스트를 보면 LinkedHashSet으로 10 ~ 100까지 순서가 없는 정수의 집합 데이터를 삽입하면 삽입한 순서대로 데이터를 저장합니다.

13.4.3 중복 테스트

Set 구현체에 중복된 정수 리스트를 삽입하여 중복을 허용하지 않는 결괏값을 확인해 봅시다.

collections/set/duplicateSetExample.java

```java
package collections.set;

import java.util.HashSet;
import java.util.Set;

public class duplicateSetExample {
    public static void main(String[] args) {
        Set<Integer> set = new HashSet<>();

        int[] datas = {1, 2, 3, 1, 2, 4};
        for (int data : datas) {
            System.out.println(String.format("데이터 %s을(를) 삽입합니다.", data));
            if (set.contains(data)) {
                System.out.println(String.format("\n%s은(는) 중복 데이터입니다.\n", data));
            }
            set.add(data);
        }
        System.out.println("");

        System.out.println("[HashSet에 데이터 삽입 후 결과]");
        System.out.println("  HashSet 결과: " + set);
    }
}
```

▶ 실행결과

데이터 1을(를) 삽입합니다.
데이터 2를(를) 삽입합니다.
데이터 3을(를) 삽입합니다.
데이터 1을(를) 삽입합니다.

1은(는) 중복 데이터입니다.

데이터 2를(를) 삽입합니다.

2은(는) 중복 데이터입니다.

데이터 4를(를) 삽입합니다.

[HashSet에 데이터 삽입 후 결과]
  HashSet 결과: [1, 2, 3, 4]

```
int[] datas = {1, 2, 3, 1, 2, 4};
```

datas 변수의 값을 보면 1, 2는 중복 데이터입니다. 이 리스트의 값들을 Set로 삽입하는 과정입니다. if 문의 조건 중 contains 메서드는 해당 Set의 데이터 중에서 같은 값이 존재하는지 판별하는 메서드입니다. contains를 이용하여 중복 데이터를 찾을 수도 있으며, 중복된 값을 삽입하더라도 오류가 발생하지 않습니다.

1 → 2 → 3 순으로 데이터를 삽입하고 다시 1 → 2 → 4를 삽입하는 과정에서 1, 2는 이미 Set에 존재하는 데이터이므로 삽입을 무시합니다. 4의 값은 Set에 존재하지 않으므로 삽입되며 Set의 값은 [1, 2, 3, 4] 결과로 출력됩니다.

13.4.4 자주 사용되는 메서드

Set 인터페이스의 구현체 중에서 자주 사용되는 메서드를 알아봅시다.

- add(E e)

    데이터를 삽입할 때 사용하는 메서드입니다.

    ```
    set.add(1) // Set을 생성할 때 사용된 타입에 따라서 삽입될 데이터 타입이 달라집니다.
    ```

- remove(Object o)

    인자와 같은 값을 삭제합니다.

    ```
    set.remove("test")
    ```

- boolean contains(Object o)

    인자와 같은 값이 존재하면 true, 존재하지 않으면 false를 반환합니다.

    ```
    set.contains(10) // 10이 존재하면 true, 10이 존재하지 않으면 false
    ```

- int size()

    set에 존재하는 데이터의 개수를 반환합니다.

    ```
    set.size();
    ```

- clear()

    모든 데이터를 제거합니다.

    ```
    set.clear(); // 모든 데이터가 삭제되므로 size는 0이 됩니다.
    ```

- boolean isEmpty()

    데이터가 1개 이상일 경우 false를 반환하고 0개일 경우 true를 반환합니다.

    ```
    set.isEmpty();
    ```

Set 인터페이스로 구현된 클래스 중 HashSet을 이용하여 지금까지 배운 내용들을 직접 코드로 구현하여 결괏값을 확인해 봅시다.

collections/set/HashSetExample.java

```java
package collections.set;

import java.util.HashSet;
import java.util.Set;

public class HashSetExample {
    public static void main(String[] args) {
        Set set1 = new HashSet();
        Set<Integer> set2 = new HashSet<Integer>();
        Set<Integer> set3 = new HashSet<>(); // java1.7부터 타입 생략 가능
        Set<String> set4 = new HashSet<>(5); // 초기 저장 용량 세팅
        Set<String> set5 = new HashSet<String>(){{ // 생성과 동시에 데이터 삽입
            add("computer");
            add("mouse");
            add("keyboard");
        }};

        Set<Integer> hashSet = new HashSet<>();

        int[] datas = {10, 20, 40, 50, 30, 60, 90, 80, 70, 100};
        for (int data : datas) {
            hashSet.add(data);
        }

        System.out.println("[HashSet의 데이터 삽입 후 결과]");
        System.out.println("  HashSet 결과: " + hashSet);
        System.out.println("");

        System.out.println("[데이터 50의 존재 여부 확인]");
        if (hashSet.contains(50)) {
            System.out.println("데이터 50을 포함합니다.\n");
        } else {
            System.out.println("데이터 50을 포함하지 않습니다.\n");
        }
```

```java
            System.out.println("데이터 삭제 전 hashSet 크기: " + hashSet.size());

            hashSet.remove(10);
            hashSet.remove(20);
            hashSet.remove(40);

            System.out.println("데이터 삭제 후 hashSet 크기: " + hashSet.size());
            System.out.println("");

            hashSet.clear();
            System.out.println("clear 메서드 호출 후 hashSet 크기: " + hashSet.size());
            System.out.println("");

            if (hashSet.isEmpty()) {
                System.out.println("데이터가 존재하지 않는 빈 hashSet입니다.");
            } else {
                System.out.println("데이터가 하나 이상 존재하는 hashSet입니다.");
            }
        }
    }
```

▶ 실행결과

[HashSet의 데이터 삽입 후 결과]
  HashSet 결과: [80, 50, 20, 100, 70, 40, 10, 90, 60, 30]

[데이터 50의 존재 여부 확인]
  데이터 50을 포함합니다.

데이터 삭제 전 hashSet 크기: 10
데이터 삭제 후 hashSet 크기: 7

clear 메서드 호출 후 hashSet 크기: 0

데이터가 존재하지 않는 빈 hashSet입니다.

13.4.5 연습문제

문제 13_4_1

HashSet을 이용하여 정수 1~45 중 임의의 값 6개를 받은 뒤, 당첨 번호와 비교하여 일치하는 개수만큼 금액을 가지는 복권의 한 종류인 로또 프로그램을 구현해 보세요.

조건)
당첨 번호: 15, 27, 13, 12, 41, 43

등수	일치하는 번호 개수	금액
1	6	100,000,000원
2	5	50,000,000원
3	4	1,000,000원
4	3	50,000원
5	2	5,000원

찾아보기

ㄱ ~ ㅅ

간선	152
기저 조건	87
깊은 복사	28, 29, 30
깊이	152
너비 우선 탐색	158
노드	44
높이	153
다차원 배열	33
단일 연결 리스트	49, 50
데크	141
동기화	304
루트 노드	152
리프 노드	152
배열	10
배열 초기화	12
배열의 반복문	16
배열의 복사	26
배열의 선언	11
버블 정렬	234
병합 정렬	266
부모 노드	153
비선형 구조	2
삽입 정렬	248
서브 트리	153
선택 정렬	242
선형 구조	2
셸 정렬	256
소수	23
스택	110
스택의 특징	111

ㅇ ~ ㅎ

알고리즘	4
얕은 복사	27, 28
연결 리스트	44
연결리스트 검색	48
연결리스트 삭제	47
연결리스트 삽입	45
연결리스트 특징	45
완전 이진 트리	162
원형 단일 연결 리스트	49, 71
원형 큐	135
이중 연결 리스트	49, 60
이진 탐색 트리	167
이진 탐색 트리 삭제	181
이진 탐색 트리 삽입	172
이진 탐색 트리 특징	167
이진트리	154
자료구조	2
자료형의 따른 배열의 초깃값	13
자식 노드	153
재귀	84
제너릭	292
전위 순회	195
중위 순회	197
차수	153
최대 힙 트리	204
최소 힙 트리	203, 204

퀵 정렬	276
큐	122
큐의 특징	123
트리	150, 151
트리 순회	158, 193, 194
트리의 특징	151, 152, 153
팩토리얼	89
피벗	276, 277
피보나치 수열	91
하노이의 탑	95, 96
형제 노드	153
후위 순회	200
힙 트리	202

A ~ P

ArrayList	291
ArrayList와 Vector차이	303
bubble sort	234
Collections framework	290
deep copy	28, 29, 30
dequeue	128, 133, 134, 140
enqueue	127, 133, 140
FIFO	122
HashMap	309
HashSet	316
HashTable	309
insertion sort	248
JVM 스택 영역의 메모리 할당	85
LIFO	110
LinkedHashSet	317
LinkedList	292
List	290
List의 자주 사용되는 메서드	300, 301
Map	308, 309
Map에서 자주 사용되는 메서드	311, 312
merge sort	266
pivot	276, 277
pop	116, 120
push	115, 119

Q ~ V

quick sort	276
selection sort	242
Set	316
Set에서 자주 사용되는 메서드	321, 322
shallow copy	27, 28
shell sort	256
StackOverflowError	87
TreeMap	310
TreeSet	317
Vector	292

자료구조와 알고리즘을 함께 Java!

퀴즈로 쏙쏙 이해하는 초보자를 위한 입문서

초판 1쇄 발행 | 2021년 4월 23일

지은이 | 손상우
펴낸이 | 김범준
기획·책임편집 | 김용기
교정교열 | 윤모린
편집디자인 | 한지혜
표지디자인 | 이창욱

발행처 | 비제이퍼블릭
출판신고 | 2009년 05월 01일 제300-2009-38호
주소 | 서울시 중구 청계천로 100 시그니처타워 서관 10층 1011호
주문/문의 | 02-739-0739   **팩스** | 02-6442-0739
홈페이지 | http://bjpublic.co.kr   **이메일** | bjpublic@bjpublic.co.kr

가격 | 25,000원
ISBN | 979-11-6592-057-9
한국어판 © 2021 비제이퍼블릭

이 책은 저작권법에 따라 보호받는 저작물이므로 무단 전재와 무단 복제를 금지하며,
내용의 전부 또는 일부를 이용하려면 반드시 저작권자와 비제이퍼블릭의 서면 동의를 받아야 합니다.

잘못된 책은 구입하신 서점에서 교환해드립니다.

소스코드 다운로드 | https://github.com/bjpublic/javarithms